JN436515

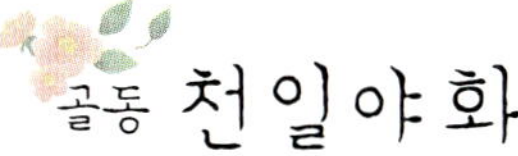
골동 천일야화

초판 1쇄 인쇄 • 2012년 11월 30일

지은이 • 김대하
펴낸이 • 이승훈
펴낸곳 • 해드림출판사

등록번호 • 제387-2007-000011호
등록일자 • 2007년 5월 4일
주소 • 서울시 구로구 온수동 47-1 청곡빌딩 510호
전화번호 • 02-2612-5552
팩스 • 02-2688-5568
e-mail • jlee5059@hanmail.net

* 책값은 표지에 있습니다.
* 잘못된 책은 바꿔 드립니다.

ISBN 978-89-93506-56-3

골동 천일야화

김 대 하

해드림

책을 펴면서

나를 살 찌웠던 밭

이 이야기를 들려 드리게 된 동기가 있다. 지난 2009년 10년간의 강의를 끝내고 교단을 내려온 뒤, 고도자기 감정서로서 한국 최초의 연구서적인 『고미술 감정의 이론과 실기』를 출간하게 되었는데, 처음 고미술을 접하던 때 좌충우돌하고 동분서주하면서 전국에 흩어진 골동품 이삭을 줍던 경험과 좋고 나빴던 숨겨진 이야기 보따리를 풀어보라는 많은 지인의 권유가 있었던 것이다. 그래서 우선 서른 꼭지와 그 사이 사이에 고미술에 대한 토막 지식 다섯 꼭지를 끼워 세상 사람들과 담소를 나누는 마음으로 「상권」을 묶어 보았다.

이 책 내용은 술판에 떠돌아다니는 근거 없는 남의 이야기가 아닌 필자가 직접 체험하고 눈으로 본 실화들임을 밝혀둔다.

필자가 1965년 고미술 시장에 첫발을 디디면서 선배들한테 들은 첫마디가 "지금 다 쓸어 먹고 없어 이삭줍기하는데 뭘 먹을 게 있다고 이 바닥에 들어왔느냐."라는 핀잔이었다.

그로부터 십여 년이 지나고서 새로 입문하는 후배들에게 십 년 전 선배들한테서 들었던 "지금 다 쓸어 먹고 없어 이삭줍기하는 판국에 뭘 먹을 게 있다고 이 바닥에 들어왔느냐."라는 말을 그대로 전하게 되었다.

내게 이 말을 들은 후배는 그 후 새로 입문하는 신입 상인들에게 아마도 똑같은 말을 하였을 것이고, 지금도 그와 같은 말을 듣는 신참들도 있을 것이라고 짐작한다.

이삭줍기하는 밭에 뛰어들어 좌충우돌 부지런히 설치고 다닌 덕분에 일반인들이 모르는 새로운 세계를 경험하게 되었고, 이삭들의 아름다움으로부터 찌들은 내 영혼도 치유되고 있음을 알게 되면서 내 삶이 한층 살찌게 되었다.

그러나 아쉬운 점 하나가 있다. 이삭줍기 밭 한가운데 우뚝 서서 사방을 둘러보니, 나를 살찌웠던 이 밭이 언제인가부터 무지와 거짓으로 오염되어, 허위가 참이 되고 가짜가 진짜로 둔갑하여 활개치는 그런 위선자들에게 더 큰 박수를 보내는 비상식적 현실이 보이는 것이다. 비단 이런 사정은 고미술 시장 바닥만이 아닐 것이라고는 하지만, 그래도 내 삶의 고향과도 같은 이곳이 아무렇게나 무질서 속에 내팽개친 현실이 참으로 안타깝기만 하다.

'벼는 익을수록 고개를 숙인다.' 라고 한다. 이 말은 삼척동자라도 그 뜻을 알고 있을 정도로 입으로 외우기는 쉬운 말이나 실천하기에는 매우 어려운 일이다.

통계상 운전 면허증을 받고 삼 년이 지나기 전에 교통사고를 내는 확률이 가장 높다고 한다.

입문한 지 채 십 년도 안 된 설익은 골동장이가 골동에 대한 참된 가치도 아직은 잘 이해하지 못하면서 마치 천하제일인 양, 시장 바닥을 휘젓고 다니며 흙탕물을 일으키는가 하면, 오륙 년 정도 도서관에서 몇 권 책을 끼고 살았다고는 하나 실물 경험이 미미한 일부 사람들이 이 바닥 최고의 권위자 행세를 하며 설쳐대도 그것이 통하는 바닥이 바로 이 바닥, 이 사회이다.

우리 모두 '익은 벼'의 교훈을 되새겨 볼 일이다. 사람은 지식이나 학문의 성취도에 앞서 인간 수양이 우선 되어야 한다.

책에 없는 것이 장바닥에는 있고, 장바닥에 없는 것이 책 속에 있으므로 선비든 상인이든 수집가든 언제나 보고, 듣고, 읽고 하는 배움과 더불어 수양을 게을리하지 말 것을 당부 드리고 싶은 마음에서 몇 자 적어 보았다.

만약 독자들이 이 이야기가 재미있어 나머지 이야기들도 마저 듣기를 원한다면 못다 한 다른 서른 꼭지 정도의 이야기를 묶어 다음 「하권」으로 엮어 볼까 한다.

2012년 11월 김 대 하

| 목 차 |

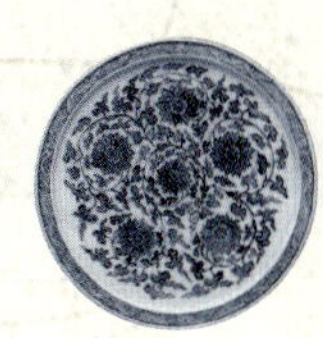

네 번째 꾸러미

다섯 번째 꾸러미

1960년대의 인사동 골동 시장 풍경

변조된 남송백자에 얽힌 기막힌 이야기

추석날의 가짜 금관 이야기

*덤으로 끼어들기 하나
_한국 고미술 시장의 과거와 현재 그리고 미래

가짜 이도차완[井戶茶碗]의 억지 판매

친구를 속여 먹은 부도덕한 교수님

도굴꾼 집에서 청자매병 흥정 도중에 발생한 사망 사고

1960년대 인사동 골동 시장의 풍경

바로 엊그제 같기만 한 1966년 필자가 처음 골동계 문턱을 밟았을 때의 인사동 풍경들이 45년을 훌쩍 넘긴 지금 생각해보면 무성음 흑백 영상을 보는 듯 격세지감을 느끼게 된다.

올챙이 시절 대부분 그러하였겠지만 약 10L 용량 정도의 작은 가방 하나 어깨에 메고 전국 방방곡곡을 누비면서 수집한 골동품 도자기들은, 부산의 이런저런 수집가들이나 부산에서 하나밖에 없는 골동 가게에 나누어 준다.

이들 도자기는 대부분 도굴꾼에 의해 발굴된 도굴품으로 이미 바닥 상인들의 손을 몇 차례 거쳐 우리처럼 외지에서 온 거간꾼들의 손에 들어온다.

부산 거간꾼들의 일반적인 코스는 부산에서 그레이하운드 버스(당시 신흥여객)로 약 10시간 만에 전주에 도착하여 여인숙에 베이스캠프를 설치하고 전주 인근 이곳저곳을 두루 돌아다니며 골동품을 수집하는데, 이삼일 정도 돌아다니면 레이션 박스(미군 전투용 비상식량 박스로 지금의 라면박스보다 좀 크다.) 두 개 정도의 물량을 채울 수 있다. 더는 욕심이 나도 팔이 두 개밖에 없어서 작은 가방은 어깨에 메고 한 손에 박스 하나씩을 들고 10시간 이상 걸려 부산으로 오게 된다(두 개 이상의 짐은 버스에 실어주지도 않는다).

이것이 부산 거간꾼들의 퍼블릭 코스(Public-course)지만 골동품들이 허구한 날 내가 오기만을 손꼽아 기다려 주는 것도 아니다. 부산, 대구, 대전, 서울 등 여러 지역의 거간꾼들이 거의 이곳을 거쳐 가기 때문이다. 어떤 때는 하나의 물건을 놓고 여러 지역의 거간꾼들끼리 경쟁하는 예도 자주 있었다.

행상은 타이밍이 중요하다. 타이밍을 놓쳐 전주에서의 수집이 별로 재미를 보지 못하였을 때는 다음 코스인 영산포로 가게 되는데, 가는 도중 광주에서 일박하면서 이 가게 저 가게를 한 바퀴 순회하면서 마음에 드는 물건이 있으면 돈을 지급하고 물건은 맡겨둔 채 영산포로 간다. 돌아갈 때는 어차피 이곳을 거치게 되니까 말이다. 그리고 그때는 특히 시골 버스는 중간마다 검문검색이 아주 심할 때였으므로 재수 없이 검문에 걸리기라도 하면 장사는 헛장사가 되고 만다.

이곳 영산포는 금은방을 하면서 골동품을 취급하는 가게가 딱 하나 있었으나, 이 가게를 목표로 간 것은 아니고 목적지는 영산강변의 '제일여관' 이다. 이 여관, 이 방 저 방에는 도굴꾼들로부터 직접 도굴품을 거두어들이는 장물꾼들이 진을 치고 있었는데, 한 사람당 몇 명의 도굴꾼들을 거느리고 있었고, 매일 오후 해거름이면 모두 버스 정류장으로 나갔다. 일꾼(도굴꾼)들이 작업을 끝내고 돌아오는 시간이기 때문에 혹시 다른 곳으로 새어버리지나 않을까 하는 노파심에서였다. 날이면 날마다 도자기가 나오는 것이 아녀서 그동안 작업비(경비 등)를 지원해 준 돈을 회수하려면 이들도 어쩔 수 없었나 보다.

우리 거간꾼들은 이들 도굴품 장물꾼들이 가지고 들어오는 보따리를 기다린다. 그러나 그 보따리 안의 물건은 우리 같은 올챙이에게는 잘 보여주지도 않았다. 그들도 서울 대상들의 자금 지원으로 움직이고 있기 때문에 제법 값나가는 물건은 감추어 두고 이른바 '섭치' 라고 하는 저가품들만 우리 몫으로 돌아왔다. 우리 올챙이들은 타이밍이 잘 맞아 그것이라도 돌아오면 감지덕지했다. 이렇게 또 한 박스 또는 두 박스를 꾸려 광주 경유 부산으로 돌아왔다.

이야기가 나온 김에 하나 더 해보자. 보부상 모양 전국을 누비며 거간꾼으로 돌아다닌 지 5년 만에 그동안의 경험과 인맥들을 믿고, 1970년에 나도 고미술품 가게를 열게 되었다. 가게를 열려면 진열할 물건과 수집가들에게 선보일 물건들이 있어야 한다. 뒤에 나오는 서울에서의 조선 후기 백자만으로는 부족한 것 같아 영산포 제일여관으로 갔다. 그곳에 도굴꾼들을 거느리고 있던 '성' 씨라는 사람 물건으로 여관 마당에 그 당시에는 잘 팔리지 않는 저가품들이 여남은 박스가 쌓여 있다는 것을 잘 알고 있었으므로 그것을 흥정하기 위해서였다.

가랑비가 부슬부슬 내리던 시골 여관 마루에 차린 맥주 상 앞에 앉아 흥정을 했다. 성씨는 나보다 많이 연배이셨다. 나는 원래 됨됨이가 머릿속으로 계산하면서 둘러서 이야기를 할 줄을 모른다. 그래서 단도직입으로,

"성 선생님, 사실은 제가 이번에 가게를 하나 열려고 하는데, 물건이 좀 많이 필요합니다. 그래서 드리는 말인데, 저기 마당에 쌓아둔 저거 몽땅 내게 주시지요."

이 능구렁이 같은 아저씨는 내가 갑자기 왜 왔는가를 이미 짐작을 하고 있었던 것 같았다. 하긴 부산에서 방귀만 뀌어도 서울에 앉은 방석이 들썩거린다는 좁은 이 바닥에 김 아무개가 가게를 열게 되었다는 이야기가 이곳 영산포 제일여관까지 들려 왔나 보다.

"가게를 하면 좀 좋은 물건이 필요할 텐데, 왜 하필 저 섭치들을 가져가려고 그래?"

"좋은 물건은 어디 내 몫이 남아 있겠습니까? 그리고 있다고 해도 자금이 없어요. 어찌 되었든 저기 저것들은 일 년 넘게 저렇게 있던데 이제 그만 내게 넘겨 주이소."

"그러면 얼마 주겠소?"

"보지 않고 박스 당 얼마씩 드리면 되겠습니까?"

비 오는 날 맥주잔 기울이며 한 박스에 얼마씩 하며 흥정이 그렇게 쉽게 끝났다.

그러나 나는 박스 내용물은 전연 알 수도 없었고, 그 자리에서 그 많은 물건을 일일이 뜯어서 확인해 보지도 않은 채 다음 날 일

찍 부산으로 돌아왔다. 그 물건들은 수일 뒤 믿을 만한 사람들을 시켜 운반케 하였다.

이런 일이 있은 뒤부터 어디에서 물건 있다고 전화가 오게 되면, "야, 그거 안 보고 얼마 하자."라는 흥정 방법이 골동 업계에 회자되곤 하였다.

이제 다음 작전으로 서울 종로구 인사동으로 갔다. 전라도를 위시하여 수집된 도자기들은 청자나 분청사기 종류가 대부분이었고, 대구나 경주 등지에서는 토기들이 주류를 이루었다. 해서 전세품인 조선시대 백자는 인사동에서 공급받아 부산이나 대구 등지에 팔았기 때문에 전라도 쪽보다 더 친밀한 거리였다.

당시 인사동은 시골장터처럼 수십 개 소의 가게들이 다닥다닥 붙어 좌우로 늘어서 있었고, 어떤 가게는 시골장터 좌판처럼 나무 판자 위에 이런저런 도자기들을 빼곡히 늘어놓았다. 지금은 한 점에 수천만 원 호가할 수 있는 조선 후기 청화백자로 구름 용 무늬, 봉황 무늬, 구름 학 무늬, 모란 무늬, 매죽 무늬, 풀꽃 무늬 등 당시 흔하디흔한 청화백자 병, 단지, 연적 등이 가게마다 산더미같이 쌓여 있었다. 이때는 이 정도의 19세기 청화백자 정도는 골동품 축에도 들지 못하였다. 예를 들면 지금은 천만 원 이상 호가하는 19세기 말기에 번조된 백자 청화 구름 용 무늬 큰 항아리(일명 용준 또는 용충) 정도도 마루 밑에 먼지를 뒤집어쓰고 처박혀 있던 시절이었다.

시골로 다니면서 어쩌다 괜찮은 물건이라도 건지게 되면, 시원시원하게 거래하던 '대성당' 이라는 가게가 인사동 골목길 안에 있었다. 이 가게 역시 벽에 나무판자로 횡으로 몇 층의 선반을 만들어 앞에서 말한 조선 후기 청화백자들이 층마다 열을 세워 놓았다. 이 정도의 물건들은 너무 흔해서 아무도 사가는 골동 수집가들이 없었고, 일본 관광객이나 간혹 시골에서 온 우리 올챙이들이 한두 점씩 사가곤 할 정도였다. 전국이 반나절 생활권인 요즘같이 교통편이 편리하지 못하고 서울 나들이 한 번 하려면 '은하호' 라는 이름의 야간열차로 시커먼 석탄 연기 마시며, 12시간 이상 와야 하는 불편한 교통 때문이기도 했을 것이다. 물론 고속도로라는 용어조차도 들어보지 못했을 때였다.

이날도 단골로 자주 가던 '대성당' 주인 정 선생과 인사동 사거리에 있는 계단 소리가 유난히도 삐걱거리던 목조 건물 이 층 다방에 마주앉아, 이렇게 저렇게 말을 돌릴 줄 모르는 성질이라 영산포에서처럼,

"정 선생님, 제가 이번에 가게를 열려고 하는데 좀 도와주셔야 하겠습니다."

"아, 그래요? 나 소문 들었어요. 물론 당연히 도와드려야지, 하하. 그런데 내가 어떻게 도와드려야 하지요?"

시간을 두고 뜸을 들이고 할 것도 없었다. 저돌적으로,

"벽에 진열된 물건들 몽땅 내게 양보하세요."

이렇게 말하는 나를 빤히 쳐다보더니,

"그래 좋소. 값은 어떻게 쳐 주실라요?"

내친김에 용기를 내어,

"그 뭐 먼지만 앉아 있는 물건들인데, 하나하나 흥정할 것 없이

한 줄에 얼마씩 계산합시다."

이렇게 한 두어 번 밀고 당기고 하다가 만족한 가격에 흥정을 하고 그 자리에서 인부들을 불러 박스 포장을 하여 손수레에 싣고 내가 단골로 묵던 청계천 3가 여관의 제일 큰 방을 얻어 늘어놓고 보니, 내가 잠잘 자리조차 나오지 않을 정도로 양이 많았다.

이것이 한국 골동 메카인 인사동 당시의 풍속도였다. 그때 사오천 원 정도였던 청화백자 모란 무늬 단지 한 점이 요즘 수백만 원을 호가하고 일이천 원하던 청채 붕어모양 연적 한 점이 오십만 원 이상, 몇 만 원에도 팔리지 않고 마루 밑에 뒹굴던 용 무늬 항아리는 천만 원을 호가할 정도로 골동품 도자기는 귀해질 대로 귀해졌다.

오늘 천연색 3D 디지털 시대 사거리에 서서 엊그제의 무성음 흑백 필름의 활동사진을 감상해 본다.

변조된 남송백자에 얽힌 기막힌 이야기

1.

40년도 더 지난 1960년대 후반쯤 부산에 세 사람만 들어서면 궁둥이가 서로 닿을 만한 비좁은 공간의 「칠보사」라는 골동 가게가 있었다.

부산에서 단 하나밖에 없는 골동 가게이니만큼 부산의 나까마(거간꾼)들은 아침부터 이곳으로 다 모여들었다.

주) 상인들의 신분 급수

첫째, 좌상(坐商)- 말 그대로 앉아서 장사하는 사람이라는 의미로 즉 가게를 운영하는 사람들을 일컫는다. 좌상이 되려면 골동품을 보는 안목도 있어야 하고, 어느 정도 자금도 있어야 하므로 아무나 좌상이 되기 어렵다. 그리고 좌상은 가게를 지키고 있어야 하므로 특별한 경우를 제외하고는 지방 출장 같은 것은 하지 않는다. 그러나 이 경우는 서울 좌상들의 경우이고, 지방 좌상들은 그렇지 못하고 경우에 따라서는 행상들처럼 부지런히 지방으로 돌아다니며 물건들을 사들여야 할 때도 있다.

둘째, 거간꾼– 흔히들 나까마(일본말)라고 불리는 상인들로서 자신의 가게는 없으나 고객을 확보하고 있으면서 어느 좌상으로부터 위탁받은 골동품을 자기의 단골에게 매매를 알선한다든지 반대로 고객으로부터 청탁받은 종류의 물건을 수소문하여 납품한다든지 하는 상인을 말하는데, 이름 있는 거간꾼은 웬만한 좌상보다 훨씬 수입이 많으며 규모가 작은 좌상들에게는 인기가 높다.

셋째, 행상– 흔히들 가이다시(일본말)라고 불리는 자들로서 전국 각지로 돌아다니면서 지방 좌상들이나 지방 거간꾼이나 지방 행상들 등 모든 사람을 만나면서 사고팔고 하는 상인들을 말한다.

넷째, 서울은 행상을 하지 않는 고급 거간꾼들이 있지마는, 서울을 제외한 부산, 대구 등 대도시를 포함한 지방에서는 거간꾼과 행상이 딱히 구별되지 않고 겸하는 경우가 대부분이다.

당시 근거지가 불확실한 부산의 골동 거간꾼들은 딱히 모여 재잘거릴 만한 곳이 없었다. 물론 그 당시에도 요즘의 '커피숍' 과는 격이 떨어지는, 그래도 앉아서 잡담을 나눌 수 있는 '다방' 이라는 곳이 있긴 했지만, 마담들의 따가운 눈총을 받아가며 오랜 시간을 죽치고 앉아 있을 수 없는 일이기도 하지만, 부산의 유일한 골동 가게인 이곳에 와야만 이것저것 정보를 얻을 수 있을 뿐만 아니라, 시골에서 누가 무얼 들고 오는지도 살펴보아야 하고, 서울에서 어떤 거상이 와서 무얼 구하고 있는지, 또는 부산의 어느 소장가가 왕림하시어 어떤 도자기를 사 가는지 등을 잘 살피기 위해서였다. 이런 것들은 듣기 좋은 이름으로 프리랜서들이 살아가는데 필요한 귀중한 정보들이기 때문이었다. 그러니 가게 주인인 김 씨는 낚시꾼이 잡아놓은 고기를 가로채 가는 갈매기 떼 같은 거간꾼

들을 곱게 볼 리가 없었다. 가게 안에 좀 오래 있으려 치면 인상을 쓰면서 쫓아내곤 하였다. 그럴 땐 건너편 은행으로 들어가서 잠깐 앉아 있다가 나오곤 했는데, 여름이면 시원한 에어컨 바람에 땀을 식힐 수 있어 좋았고, 겨울에는 따뜻한 스팀 난방으로 언 몸을 녹일 수 있어 참 좋은 피서 피한처였다. 이러한 명당 역시 장시간 죽치고 있을 수는 없었다, 단골손님이 되어버린 이 골동 거간꾼들은 경비원에게 금방 쫓겨나오곤 했었다.

'굼벵이도 구르는 재주가 있다.' 라고 요놈의 몹쓸 거간꾼 겸 행상들도 가끔은 시골로 돌아다니며 제법 쓸 만한 골동품들을 사 와서 좋은 값으로 공급해 주기도 하였고 시골의 이곳저곳의 정보들도 물어 오기 때문에 가게 주인 김 씨와 거간꾼들 사이는 악어와 악어새처럼 떨어질 수 없는 관계가 되었던 것이다.

어느 무더운 여름날, 마나님 엉덩짝만 한 '칠보사' 에서 드디어 한 판 전쟁이 터져버렸다. 우리 악어새들을 모아놓고 악어인 칠보사 주인 '손꼬부랭이' 김 씨의 피를 토하는 하소연이 쏟아졌다.

"보소! 지나가는 사람들아, 내 말 좀 들어보소! 천하에 때려죽일 저놈이 내 재산 들어먹고 오리발 내밀고 있다 아잉기요. 아이고, 이 일을 어쩌면 좋겠소!"

하면서 휘어진 손가락을 불끈 쥔 주먹으로 달구어진 아스팔트를 내려치면서 억울함을 호소했다.

우리 악어새들은 흥분한 악어를 일단은 달래야 하겠기에 가까운 선술집으로 모시고 가서 소주잔을 기울면서 자초지종을 물어보았다.

"김 선생 와 이라능기요? 호랑이한테 물려가도 정신만 차리면 산다고 캤는데 마 정신부터 차리고 자초지종 이야기를 좀 해 보이소."

사실은 악어의 억울함을 달래기에 앞서 무슨 일인지 궁금증부터 풀고 싶은 마음이 앞섰기 때문이었다.

고개를 푹 숙이고 옆에 앉아있던 나까마 '손 달랑이'의 이마빡을 쿡 쥐어박으며 "아, 이 자식이 내 물건을 가지고 서울에 큰손님이 있으니 아주 좋은 값으로 팔아주겠다고 하기에 물건을 건네주었더니, 글쎄 물건 판 돈 가방을 열차 안에서 도둑맞았다고 안카나, 이런 생사람 잡아먹을 거짓말이 세상에 어디 있겠노, 응? 야, 너그들 같으면 그 말을 믿겠나? 아이 씨, 복장 터져 죽겠네."

옆에서 장단 맞추고 있던 우리 악어새들의 관심사는 잃어버렸다는 돈 가방보다 서울의 큰손에게 큰돈을 받을 만한 물건이 도대체 얼마나 좋은 물건이며 어떤 종류의 물건인가에 초점을 맞추었다. 그리고 넌지시 물어보았다.

"아니 무슨 물건인데 그렇게 난립니까? 웬만하면 적당히 타협하시지요, 그마."

악어가 펄쩍 뛰었다.

"뭐시라? 뭐가 어쩌고 어째? 너그들 초록은 동색이라고 이놈 편들고 있나? 그 물건이 어떤 물건인지 알기나 알고 떠들고 있나? 이 자식들아!"

그러고는 고래고래 고함을 지르며 앞에 놓인 소주잔을 홀짝 들이켰다.

벌써 빈 병이 제법 나뒹굴고 있었고, 술기운이 오른 악어새 옆에 호랑이에 물린 토끼모양 찍소리 없이 소주잔만 비우고 있던 '손 달랑이'가 술기 오른 얼굴을 들며 드디어 입을 열었다. 충청도 특유의 발음으로,

"뭐 그렇게 대단한 것도 아니여. 그 있잖어. 미시마(분청사기) 자라병 철채 흑상감 말이여. 껌은 거 말이여."

그 순간 머리가 띵해졌다. 설명을 들어보니 분청사기 상감철채(일명 역상감이라고도 함) 모란문 자라형 병으로서 크기도 제법 큰 것이었던 것 같다.

이는 상태만 양호하다면 틀림없는 보물급이다. 듣던 악어새들이 머리가 띵할 만하였다. 그도 그럴 것이 박물관 도록에서만 보았지, 아직 실물은 만져보지도 못한 대단한 도자기이기 때문이었다.

이제 그 값이 문제였다. 그 정도로 큰 물건이면 얼마짜리나 될까? 시골 거간꾼들은 그 값을 가늠하기가 어렵다.

"야! 달랭이 그걸 얼마나 받았는데? 돈을 가방 안에 넣고 올 정도면 제법 큰돈을 받았겠네?"

"뭐 별로 많이 못 받았어. 10만 원밖에 못 받았어."

그 당시 아마 100원짜리 지폐가 가장 큰 고액권이었다고 기억된다. 그러면 만원 묶음이 10묶음이다. 그 시절 작은 양옥집 한 채가 100~150만 원 정도 할 때였다. 이 말을 듣던 꼬부랭이 악어가 펄쩍 뛰었다.

"야, 요놈의 시끼야. 지랄하고 자빠졌네. 그게 이십만 원도 넘는 물건이야. 이 때려죽여도 시원찮을 넘의 새끼야!"

▲ 본문 내용과 비슷한 분청사기 역상감 모란무늬 자라모양 병

또 막간을 정리할 겸 악어새들이 끼어들었다.

"그래, 그 큰돈을 어쩌다 도둑을 맞았는데?"

"밤차를 타고 오는데 추풍령 넘어올 때쯤 깜빡 눈을 붙이고 깨어보니, 선반 위에 얹어 두었던 가방이 감쪽같이 없어졌어야."

변명거리를 열심히 연구한 것 같기는 하였지만 참으로 어설픈 거짓말이란 게 눈에 훤히 보였다, 원래 이 달랑이는 주사가 심하며 거짓말을 밥 먹듯이 하는 친구였지만, 거짓말 짜 맞추기도 이 정도의 바보 같은 짜 맞추기가 있겠나 싶을 정도였다.

그 시절 경부선 야간열차는 유일하게 침대칸이 있는 열차였는데 우리 악어새들도 중요한 골동품이나 현금을 몸에 지니고 서울에 장사 나갈 때는 주로 침대칸을 이용하는 것이 상식으로 통하고 있을 때인데, 그렇게 거금을 지니고 특히 그것도 3등 칸 선반 위에 올려놓고 잠을 잤다니 이 말을 누가 믿겠나.

"아이쿠! 허파 뒤집어 저 말도 안 나오네. 후유, 누가 날 좀 살려주이소!"

악어는 가슴을 치며 억울함을 토한다.

처음 물건을 가지고 갈 때는 위탁으로 십오만 원으로 정하고 가져갔다고 하였다. 독자들은 그 정도 큰돈이 걸린 문제면 사법 당국에 의뢰하면 해결될 일일 텐데 왜 그렇게 싸우고 야단이냐고 의아해 할 사람들이 많겠지만, 악어는 제주도에서 출토된 도굴품을 샀기 때문에 경찰에서 알게 되면 두 사람 모두 조사를 받아야 하기 때문이었다.

물론 악어가 옛날부터 소장하고 있던 물건이라고 하면 어쩔 수 없는 일이 되겠지만, 일단 문제가 제기되면 이것저것 귀찮은 일이 많아진다.

이렇게 한 병 두 병 빈 병이 늘어 가면서 야간 통금 시간이 가까워져 오고 당사자 두 사람만 남겨둔 채 한 사람 두 사람 자리를 일어났다.

이런 일이 있은 지 며칠 동안 우리 악어새들은 서로 수군수군하는 가운데 열흘 정도 흘러간 어느 날 부산 거간꾼들은 여느 때와 같이 칠보사 앞 은행 앞에 모여 그날도 수군거리고 있을 때, 갑자기 '달랑이'와 '두꺼비' 그리고 '손 꼬부랭이' 이 세 사람이 그 좁은 가게에서 뒤엉켜 서로 피투성이가 되어 난리가 나고 있었다.

드디어 10여 일 만에 2차전이 전개되는 순간이었다. 일차전과 다른 점은 일 차전 때 보이지 않던 '두꺼비'가 싸움의 중심인물이 되어 있다는 점이었다.

"내가 전주 '은 선생'에게 칠보사가 소장하고 있던 고려백자 진사 혼령통을 20만 원에 팔기로 약속을 해 두었는데, 내가 집을 비운 동안 이 자식이 혼자 팔아 처먹고 나만 개망신을 당했다 말이다. 이 배신자 놈을 죽여 버리겠어."

2.

이 시절에는 불과 대 여섯밖에 되지 않는 부산 거간꾼들은 오늘의 동업자가 내일의 경쟁자가 되고 내일의 경쟁자가 다음날 동업자가 되는 돌고 도는 인간관계의 연속선상이었다.

피난시절 이후 부산의 유명한 명소가 되어버린 40계단 위에 피난민촌이었던 동광동 판자촌이 그때까지도 남아 가난한 서민들의 생활공간으로 자리하고 있었고, 이 마을에 주인공인 '달랑이' 와 '두꺼비' 가 옆집으로 서로 나란히 사이좋게 살고 있었다.

두꺼비의 활동 범위는 전국적인데 반해, 달랑이는 부산을 벗어나지 못한 거간꾼이었다. 이 두 사람이 의기투합하여 구두로나마 분업 형태의 동업 계약을 체결하고 작업에 들어갔었는데, 두꺼비와 잘 아는 전주에 살고 있던 '은 선생' 이란 분에게 칠보사 소장품 고려백자 진사 불경통[사실은 남송 시기 백자 혼령통이지만 그 당시는 아무도 남송백자를 본 사람이 없었음으로 그것을 고려백자 불경통(경전 보관통)으로 오해하고 있었다.]을 진품이 맞으면 30만 원에 팔기로 흥정을 하고 은 선생이 부산으로 오는 날 전보를 치겠노라고 약속이 되어 있었다.

부산까지 10시간이 소요되는 지루한 버스를 타고 오던 중, 부산의 삼촌 집에 가던 순진한 시골처녀를 꾀어서 도착 후 자기 집에서 그리 멀지 않은 영주동 어느 여인숙에서 이삼일을 보내버렸다.

아무리 연애질도 좋지만 '은 선생'과의 사업 약속이 더욱 중요함으로 혹시 전보라도 오지 않았나 해서 집에 잠깐 들러보고 다시 온다는 것이 여우 같은 마누라한테 잡혀 빠져나올 수가 없었다고 했다.

하룻밤이 지나도 남자는 오지 않으니 여인숙 주인은 방값도 내지 않고 사라진 남자가 의심스러워 밀린 방값을 독촉하니, 순진한 처녀는 겁이 덜컹 났다. 그래서 자기 삼촌에게 전화하여 삼촌이 여인숙으로 오게 되었고 숙박부에 기재된 주소를 근거로 '혼인빙자 간음죄'로 경찰들에게 연행되어 유치장 신세가 되어버렸다.

두꺼비가 유치장에 있는 동안에 은 선생으로부터 전보가 왔다.(이 시절에는 영업집과 부잣집을 제외한 웬만한 개인 집에는 전화가 없었다.) 달랑이와 자기 남편이 동업을 하고 있음을 잘 아는 아주머니는 이 전보를 당연히 달랑이에게 보였고, 달랑이는 은 선생을 마중하여 약속한 '고려백자 진사 혼령통'을 다시 흥정하여 20만 원을 받고 팔았다.

그런데 이 고려백자 진사 혼령통을 사서 전주로 돌아온 은 선생은 작품에 손때가 너무 많이 묻어 있는지라 때를 제거하기 위하여 과산화수소액에 담가 두었다가 다음날 아침 꺼내보니 이 작품의 가치를 결정하는 12동자의 눈에 박혀있던 붉은색 진사가 온데간데없이 사라져버리고 없었다. 그는 가슴이 철렁 내려앉았다. 진사가 없으면 몇 만 원도 안 된다. 아차. 이놈들에게 속았구나. 하고 물리려고 부산으로 가려는 참에 부산으로부터 「큰 물건이 있으니 빨리 부산으로 오세요.」라는 내용의 전보가 왔다. 그렇잖아

◀ 본문 내용과 유사한 남송백자 혼령통

도 이 나쁜 놈들을 잡으러 가려는 참인데 다음날 당장 내려와서 태연하게 달랑이를 만났고 전보의 그 물건을 보았던 것이다.

"손 형, 내가 지금 돈을 가지고 오지 못하였으니 나와 함께 전주로 갑시다. 집에 가서 돈을 드리리다."

바로 이전에 크게 재미를 본 터라 아무 의심 없이 은 선생 집으로 함께 갔다. 집에 도착하자마자 진사가 사라진 그 혼령통을 꺼내와 보이며,

"야, 이 개 같은 나쁜 놈아! 니가 감이 누구를 사기 치려고 그래? 이틀 안으로 내 돈 20만 원 가져와서 이 물건들 찾아가! 그렇지 않으면 다시는 이 물건들 볼 생각도 말아, 잉!"

귀싸대기 한 대 얻어맞고 어깨 쳐진 몸으로 부산으로 내려오면

서 연구에 연구를 거듭한 것이 앞에서 말한 열차 도난 사건의 시나리오였다.

3.

그러면 그렇게 사람을 반하게 만든 그 아름답던 진사는 하룻밤 사이에 어디로 사라졌을까? 내용은 이렇다.

서울에서 도자기 수리 전문가인 동시에 고급 거간꾼이었던 안 선생이란 분이 부산 칠보사에 소장되어 있던 고려백자(남송백자) 불경통을 2만 원에 사서 서울에 올라와 여러 선배에게 물어보니 이것은 고려백자가 아니고 중국 도자기 같다고 했단다.

이런 사실도 모르고 서울로 수금하러 올라온 손 꼬부랭이 김 영감에게 물건을 도로 내어놓으며 여러 선배로부터의 결론을 말해 주었다.

“그렇다면 좋습니다. 그런데 당신은 손재주가 좋으니 이참에 목에 둘려 있는 12동자들의 눈에 진사라도 밖아 주시오.”

하고 청을 했더니, 안 씨가 샀던 물건 돌려주기가 미안한 참에,

“그럽시다. 까짓 것”

하고 쾌히 승낙하였다. 이렇게 해서 탄생한 변조품이었으니 독한 화공약품에 당연히 견딜 수가 없었다.

혼인빙자 간음죄로 영창에 갇혀 있던 두꺼비는 고소인과의 원만한 합의를 보고 고소 취하로 풀려나오게 되었다.

집으로 돌아온 두꺼비에게 제일 먼저 처리해야 할 일은 전주의 은 선생과의 거래 약속이므로 동업자인 달랑이에게,

“야, 달랑이. 은 선생으로부터 아무 연락 못 받았나?”

하고 다급하게 물어보아도,

"아니 난 아무 연락도 못 받았어여."

하고 시치미를 뚝 때었다. 그러니 이 두꺼비 마음이 급하게 되었다. 한시바삐 전주로 가서 미루어왔던 거래를 성사시켜야 할 판이었다.

"은 선생님, 그간 별고 없었능기요? 제가 왔습니다."

"응, 그래. 니 참 잘 왔다. 내가 그간 별고가 좀 있었지이잉."

하면서 대청에서 막 내려오려던 참에 부엌문이 급하게 열리면서,

"야, 이놈의 사기꾼놈아! 니가 감히 우리 집을 고렇게고름 얕볼 수가 있어? 이 개 백정 놈아!"

여자의 손톱에 할퀴고 와이셔츠가 찢어질 정도로 남자의 주먹에 두들겨 맞고 해서 몰골이 말이 아니었다고 했다.

분기탱천한 두꺼비는 내일 아침에 출발하는 버스를 기다릴 여유마저 없이 당일 오후에 출발하는 부산행 야간열차 안에서 요놈의 배신자 달랑이를 어떻게 찢어 죽여야 하나, 하고 분을 삭이지 못하고 부산에 도착하자마자 조반도 거른 채 칠보사로 달려가 달랑이의 멱살을 잡고 늘어졌다.

전후 사정을 알게 된 손 꼬부랭이도 요 달랭이의 야비한 배신감에 치를 떨며 그동안 다소 억눌려 있었던 분통이 다시 화산처럼 폭발하게 되어 이런 코믹한 삼파전이 전개되게 되었던 것이다.

추석날의 가짜 금관 이야기

필자가 골동계의 올챙이 시절이었던 1967년도 추석을 이틀 앞두고 평소에 자주 만났던 나보다 연배이신 경주 강(이북 피난민이었지만 경주에 오래 살았기 때문에 경주 강이라는 닉네임이 붙어 다녔다.)이라는 사람으로부터 흥미로운 제안을 받았다.

그날도 부산의 골동 거간꾼들이 자주 모이던 중앙동 작은 다방 구석진 자리에서 커피를 홀짝거리며 창밖에 지나가는 이런저런 사람들을 별 의미 없이 바라보고 있는데 경주 강이 헐레벌떡 들어오자마자 숨 들이켤 틈도 없이,

"이봐, 김 선생. 지금 호리다시(값싼 투자로 횡재할 수 있는 물건의 일본 속어) 물건이 있는데, 나랑 함께 안 가겠어?"

억센 평안도 악센트로 나를 향해 한마디 던졌다.

"호리다시라니, 뭔데요?" 귀중한 정보를 내게 전하고자 급히

달려온 듯 테이블 위의 엽차 잔을 들고 단숨에 들이키면서,

"내가 정말 믿을만한 놈으로부터 방금 들은 정보인데 말이야."

답답했다.

"도대체 뭔데 그렇게 뜸을 들이고 그래요? 신라 금관이라도 어디서 하나 나왔나요?" 순간 경주 강이 눈을 동그랗게 크게 뜨고 놀란 표정을 지으면서 나를 빤히 들여다보며,

"어! 김 선생 벌써 알고 있었어?"

이것이 연기라면 배우 뺨치는 명연기였다.

"알긴 뭘 알아. 도대체 뭔데 그래?"

행여 남이 들을세라 상체를 앞으로 바짝 밀어붙이고 착 가라앉은 작은 목소리로,

"맞아, 모자야 모자. 모자(금동관)가 하나 떴어."

순간 머리가 띵하니 눈앞이 침침해졌다.

"어딘데요?"

"그건 가게 되면 이야기해 줄게. 지금은 말하기 곤란해."

"그래요? 갑시다. 그렇지만, 모레가 추석인데 추석이나 지내고 갑시다."

"이런 제기랄. 아 지금 추석 명절 따질 땐가? 이런 원. 그러다 대구나 서울 사람에게 뺏겨요! 에이 제기랄. 알아서 해!"

이때만 해도 나는 골동계에 이제 막 입문한 처지라 경험이 없음은 당연지사, '그래 큰놈이 터졌을 때 한 건 때리자. 이런 기회가 오고 또 오는 것도 아니지 않겠나?' 이렇게 허황한 욕심이 꿈틀거렸다. 이 또한 경험이 얕아서였다. 오랜 세월 이 바닥에서 시달렸

다면, '흥!' 하고 콧방귀나 날릴 이야기를 이 올챙이는 우물쭈물하다가 행여 다른 놈에게 빼앗길세라 갑자기 마음이 급해졌다.

"알았어. 갑시다. 강 선생 추석은 모레니까 지금 갔다가 내일 돌아오면 되겠지 뭐."

경주 강은 택시를 잡고 충무로 시외버스 터미널로 가자고 했다. 그리고 택시 안에서 나를 보지도 않은 채 아주 심각한 얼굴로,

"진주야, 진주."

충무동 시외버스 터미널에서 당시 가장 빠른 버스인 그레이하운드에 올랐다. 그때만 하여도 부산은 서면만 지나면 비포장도로의 연속이기 때문에 흙먼지를 뒤집어써야 했다. 지금처럼 에어컨은 꿈에서도 보지 못할 첨단 기기다. 그뿐만 아니라 구포에서 약 15분 이상 정차하고, 김해에서 20분 정도, 그리고 마산에서는 약 30분 정도 정차하게 되었었다. 목적지 진주 도착까지는 약 4시간 30분 이상 소요되던 시절이었다.

해가 뉘엿뉘엿 서산으로 기울고 있을 즘에 도착하여 급한 마음에 물건이 있다는 집부터 가 보았다. 그런데 자그마한 전형적 시골 초가집에는 사람의 인기척이라고는 찾아볼 수가 없었다.

나는 마구간을 위시하여 집 안 이곳저곳을 살펴보고 있었는데, 집 뒤쪽에 있는 소죽 끓이는 부엌에 걸린 큰 가마솥 위쪽 벽에 까치호랑이 그림이 한 장 걸려 있었다. 언제부터 여기 이렇게 걸어두었는지는 알 수 없었으나, 그 그림에는 그을음이 내려앉아 언뜻 보기에는 상당이 오래된 것처럼 보였다. 실은 이러한 징조를 보았으면 만사 포기하고 부산으로 돌아오는 것이 정석인데, 너무나 무

경험에다 금관을 만져본다는 허황한 욕심에 판단이 흐려졌다.

이렇게 이곳저곳 구경하고 있는데 등 뒤에서, "누구요?"라며 인기척이 났다. 돌아보니 연로하신 할머니 한 분이 지팡이를 짚고서 계셨다. 경주 강이

"주 씨 어디 가셨습니까?"

"음 약초 캐러 가서 아직 안 왔어 내일쯤이나 돼야 오지 싶다."

어쩔 수 없이 우선 이른 저녁 식사부터 한 후 허름한 여인숙을 정하고 내일까지 기다리는 수밖에 다른 방법이 없었다.

다음날 아침부터 경주 강은 바쁘게 여인숙을 들락거리고 있었다. 보기에는 주 씨라는 사람이 이제나 왔나! 저제나 왔나 하고 들락거리는 것처럼 보였지만, 사실 이 햇병아리 호구를 어떻게 요리하면 맛이 좋을까 하고 사기 동업자인 주 씨와 실수 없는 작전을 위하여 긴급회의를 하고 다녔던 것이다.

어쨌든 좀 늦은 오후 시간에 강 씨로부터 드디어 오매불망 기다리던 약초꾼 주 선생이 집에 왔다는 반가운 소식을 듣고 왔다.

경주 강을 따라 어제 갔었던 주 선생 집으로 가니, 대춧빛 얼굴을 한 약 40대 중반으로 보이는 전형적 시골 농사꾼 한 사람이 나오면서 경주 강 씨와 수인사를 나누고서 나를 소개해 주었다.

이런저런 의례적 인사를 나누고 작은 골방으로 들어가서 겹겹으로 싼 보따리를 풀어 도금한 금속편들을 늘어놓고 이리저리 대략적인 조립을 해보는데, 심하게 부식은 되었지만 틀림없는 출자형(出字形) 신라 양식의 금동관이었다.

신라 시대 금동관이 맞구나 하고 생각하는 순간 가슴은 콩닥콩

닥 요동을 쳤다. 골동계 입문한 지 얼마 되지도 않아서 이런 횡재를 하게 될 줄이야 꿈엔들 생각했겠나?

밀고 당기는 흥정이 시작되었다. 노련한 그들이 흥분한 나를 놓칠 리 없었다. 흥정에서 완패였다. 이들은 처음부터 금동관으로는 도저히 상상도 할 수 없는 싼값을 요구해 왔으나, 사실 나는 현재 시가를 알 턱이 없었다. 그래서 달라는 값에 무조건 반값 정도를 제시했더니 이 약초꾼이 금속 파편들을 하나하나 조심스럽게 챙기면서 보따리에 다시 싸기 시작했다. 급한 것은 내 쪽이었다 마음이 급했다. 이런저런 내 일거수일투족 하나하나 놓치지 않고 나를 아주 가지고 놀고 있었다.

이들은 얼마나 즐거웠을까? 햇병아리 한 마리 잡아놓고 요리조리 얼리다 현금 한 보따리 받아 챙기게까지 되었으니 말이다.

아무튼 흥정은 끝났고 지급 문제만 남았다. 우체국에 가서 집으로 전화하여(당시는 시외전화를 하려면 우체국에 가서 시외전화 신청서를 작성하여 제출하고 약 20분 이상 기다려야만 연결될 때였다.) 고등학교 다니던 생질녀 편으로 현금 오만 원 가지고 진주 000 여인숙으로 오도록 했다.

현금 다섯 다발(당시 가장 큰 고액권은 100원권이었으니 만원 묶음 5다발이었다.)을 지급하고 금속편 보따리를 무릎 위에 고이 모시고 아침 점심을 연속으로 굶은 채 집으로 돌아왔다.

이틀 뒤 작은 금속편 하나를 휴대하고 부산에서 유일하게 한 곳밖에 없는 '칠보사' 김 선생에게 보였다. 김 선생은 한참 동안 확대경으로 요리조리 살펴보고 나서,

“에이! 이건 청동도 아니고 함석쪼가리에 도금한 고약한 가짜구나. 하하”

순간 정신이 아찔하였다. 그리고 너무 부끄러웠다. 몽롱한 정신으로 가게 문을 나서서 건너편 다방으로 갔다. 커피 한 잔 마시며 콩닥거리는 심장을 다소 진정시키며 그동안 일어났던 일들은 반추해보았더니 경주 강이 나를 유인하여 진주까지 갔던 일, 약초꾼 초가집 소죽 가마솥 위의 까치호랑이 그림, 그리고 어딘지 계속 들락거리던 경주 강씨의 수상쩍은 행동 등 이 모든 것이 의심스럽다는 생각으로 가슴속으로 다가왔다.

그러고 보니 약초꾼이라면서도 집 안 어디에도 약초 같은 것은 단 한 뿌리도 보이지 않았었다.

집에는 사실을 알릴 수가 없어서 벙어리 냉가슴으로 하루하루 세월만 보내다가 어느새 서서히 잊혀갔다. 업계에서는 가십거리로 술안주로 삼았고, 이 일은 세월 속에 그렇게 묻혀갔다.

이렇게 한 3년이 지난 어느 날, 내가 잘 다니던 당구장으로 ‘애꾸 문’ 이라는 거간꾼이 찾아왔다.

“이봐 김 선생, 그거 아직 가지고 있어?”

“그거라니요, 뭐 말이요?”

“아 그 모자 말이야. 진주에서 주 씨한테서 먹은 거.”

그 일이 있은 한참 후에 약초꾼으로 위장한 사람은 골동 행상을 다니던 주 씨라는 사람이었고, 이 일에 가담한 사람은 진주 ‘정 두꺼비’ (부산 동광동 판자촌에서 살다가 고향인 진주로 이사 간 사람)와 ‘경주 강’ 이렇게 삼인방으로 구성되었다는 것을 알게 되었지만, 이미 망신을 당한 후라서 더는 일을 복잡하게 만들고 싶지 않았다.

"아, 그거! 글쎄 어디 두었는지 잘 모르겠는데 그건 왜요?"

"내가 필요해서 그러는데 내게 적당한 값으로 싸게 안 팔래요?"

"그거 가짠데 그건 사서 뭐 하게요?"

"가짜니까 내게 싸게 팔라니까. 내가 삶아 먹든 구워 먹든 그런 건 상관하지 말고, 오만 원에 샀다며? 내가 이만 원 줄게. 팔래 안 팔래?"

이만 원이면 결코 적은 돈이 아니다. 만원 뭉치가 두 뭉치다. 나야 마다할 이유가 없었다.

"알았어. 집으로 갑시다. 그런데 뒤에 이러쿵저러쿵하기 없깁니다."

내 딴엔 확실히 뒤탈 없게 쐐기를 박아 두었다.

"아따 이 사람, 장사 처음 하나 그런 걱정일랑 아예 붙들어 매이소 마!"

가짜라는 사실을 알고 난 뒤 부끄럽고 화가 나고 창피한 마음에 금속 보따리를 펴보지도 않고 지지 밟아 옷장 뒤로 던져버리고 머릿속에서 지워버렸다.

집사람도 합세한 세 사람이 옷장을 앞으로 당겨내고 그 문제의 보물 보따리를 찾아냈다.

문 선생을 보내고 세상 참 웃긴다는 생각이 들었다. 만약 홧김에 휴지통에라도 던져버렸다면 큰돈이 날아갈 뻔했다. 내 돈 삼만 원 손해 본 계산은 아예 하지도 않고 손에 받아 쥔 이만 원이 하늘에서 뚝 떨어진 공짜 돈 같이만 생각되었다.

며칠이 지난 어느 날, 그날도 내기당구에 열중하고 있었는데, 귀에 익은 목소리가 들려왔다.

"이봐 김 선생 나 좀 봐!"

애꾸 문이 아주 즐거운 모습으로 당구장을 들어서면서,

"오늘 내가 한턱 쏠 테니까 어디 아는 맥주홀에나 가자구. 응."

"일이 잘됐나 보지요? 기분이 아주 좋아 보이네요?"

"김 선생 덕택에 재미 좀 봤지. 허허, 그러니 이렇게 고맙다는 인사를 하러 온 거 아이가."

애꾸 문은 나보다 20년 가까이 나이 차이가 나기 때문에 기분이 좋으면 이렇게 하대를 하곤 했다.

구체적으로 누구에게 얼마를 받고 팔았다는 말은 없었지만, 꽤 많은 돈을 받고 판 것 같았다.

그날 밤 맥주홀에서 거나하게 마시고 어두운 골목을 돌아 집으로 오면서 얽히고설켰던 복잡한 머릿속이 정리되지 않았다. 추석 명절 차례도 지내지 못하고 그 먼 진주까지 가서 고생하며 바가지를 썼던 가짜 금동관으로 삼만 원이라는 거금을 날려버리고도 이만 원 건졌다고 그간 마음고생을 말끔히 씻어냈는데 바로 그 가짜 금동관으로 누구는 큰돈을 만들었다니 참으로 묘한 인연이었다.

물론 애꾸 문이 가고 있는 잘못된 길은 결코 가서는 안 될 길이라는 것쯤은 너무나 잘 알지마는, 그래도 마음 한구석에 진주에서 있었던 씁쓰름한 일들이 심장 한쪽을 따갑게 긁고 있었다.

*덤으로 끼어들기 하나

_한국 고미술 시장의 과거와 현재 그리고 미래

고미술(古美術)은 골동(骨董)의 또 다른 고상한 이름이며 조선시대 말기까지 고동(古董)이라고 불리기도 했다.

보통 미술을 정의할 때 '미술은 미를 가치 우위에 두는 예술 행위' 로 표현되고 있다. 이 말은 미술은 제작 당시부터 미를 위해서 탄생하여야만 미술품으로 인정된다는 말로 이는 순수 미술에만 적용되는 제한적 표현이다. 따라서 오래된 순수미술품인 서화를 골동이라고 부르지 않고 고미술이라는 이름을 얻고 있다.

물론 오래된 서화도 골동의 범주에 포함하는 송대(宋代) 조희고(趙希鵠)나 명대(明代) 동기창(童基昌) 같은 사람들도 있었지만, 순수미술품인 서화를 골동이라고 부르기가 어쩐지 좀 거시기하기도 하다.

그렇다면 '미' 를 가치 우위에 두고 탄생하지 않고 '기능적 실용성' 이 상위 가치로 탄생한 도자기나 민속 공예품과 같은 유물들은 처음부터 미술품의 범주에서 제외되어야 한다는 답이 나오게 된다. 그러나 오래된 도자기나 목공예와 같은 공예품은 골동이지만 고미술의 범주에 포함하고 있다. 이들 기능적 실용성을 우선가치에 두고 탄생한 공예품들은 시간과 비례하면서 본래의 기능적 가치는 차츰 축소 내지 소멸하고 그 자리에 미적 가치를 위시한 여타 문화적 가치가 우선 되면서 순수미술품인 서화와 함께 고미술로서 자리 잡게 되었다.

그러나 신변 가까이에 두고 만지작거리며 애완되는 오래된 도자기를 고상한 용어로 '고미술' 이라고 부르기보다 골동이라고 이름 붙여보면 어딘지 모르게 좀 퀴퀴한 맛과 더불어 구수한 가마솥누룽지 맛이 어우러져 풍기고 있어 좀 더 가까이 다가가고 싶은 정감을 느끼게 된다. 이것이 바로 골동이 가지는 참맛이며 우리로하여금 평생 떠나지 못하게 하는 마력이다.

1. 조선 후기 고미술 시장의 형성 과정

맛깔스럽고 예스러우면서 멋스러운 골동이 언제부터 우리 곁에서 유통 시장이 형성되었을까?

고려 시대에 유행되었던 궁정(宮庭) 중심의 미술품 수집 감상의 풍조는 궁정이라는 극히 지엽적인 범위를 벗어나지 못하였으며, 수집의 대상 역시 서화나 금석문 정도의 한계를 극복하지 못하였던 것 같고, 그 후 조선조 전기까지는 조선의 통치이념인 성리학적 관념에 얽매어 유가(儒家)에서 금기시한 「완물상지(玩物喪志)」

담론에 얽매어 서화나 고동수집, 완상을 피해 오다가 실학이 서서히 활개를 펴던 17세기 중, 후반기에 들어오면서 서화고동의 수집, 감상 풍조가 경화세족(京華世族-지방에 장원을 가지고 서울에서 대대로 벼슬을 하며 호화생활을 했던 사대부들)이 중심이 되어 수집 감상하던 고미술품 수집 풍조는 18세기 말 19세기에 들어오면서 여항인(閭巷人-역관 등 중인 계급과 하급 관리, 상공인 중 치부한 자들로서 그들의 독특한 문화 즉 여항 문화를 형성)에까지 서서히 확산하였을 뿐만 아니라, 일반 백성에까지 널리 유행되고 있었다고 보인다. 이를 뒷받침할 수 있는 고전에서 발췌한 아래의 몇몇 기록들을 살펴본다.

1.

18세기 말경에 활동하였던 강이천(姜彝天)의 「한경사(漢京詞)」에 이미 광통교 부근을 중심으로 한 서화 상점의 존재가 밝혀져 있다.

「한낮 광통교 기둥에 울긋불긋 걸렸으니 여러 폭 비단은 병풍을 칠 만하네. 근래 가장 많은 것은 도화서의 솜씨로다. 많이들 좋아하는 속화는 산 듯하다.」

2.

조선 후기 실학자였던 朴趾源(박지원. 1737~1805)의 『燕巖集』(연암집)「筆洗說」(필세설)에, 「古器(고기)를 파는 사람이 있었는데, 삼 년 동안 팔리지 않았다. 완연히 하나의 돌덩이였다. 飮器

(음기)려니 생각하였으나 겉은 우묵하여 안으로 우그러져 있었고 때와 기름은 그 빛을 가리고 있었다. 나라 안을 다 돌아다녔어도 거들떠보는 사람이 없었고 다시 富貴家를 두루 돌아다니는 동안 값이 더욱 내려갔다. 서군(徐常修)은 그것이 福州 壽山 五花石坑(복주 수산 오화석갱)에서 나는 옥으로 만든 필세임을 알아보고 그 가격의 높고 낮음을 불문하고 입수하였다. 」

박지원의 '筆洗說(필세설)'에 등장하는 徐常修(서상수)라는 사람은 골동품 감식안이 높은 수장가로서 삼 년 동안 전국을 돌아다녀도 팔리지 않았던 돌덩이같이 생긴, 필세 한 점을 거금을 주고 입수하였다는 일화를 소개한 것이지만, 우리는 이 글의 내용에서 전국적으로 골동품을 팔러 돌아다니는 중개상인이 있었다는 점과, 삼 년 동안 돌아다녀도 아무도 거들떠보지도 않는 골동품을 한눈에 알아보고 거금을 던져 살 정도의 감식안을 가진 수장가가 더러는 있었다는 점, 그리고 또 하나 관심사는 골동품을 수집하는 사람들이 전국적으로 산재해 있었다는 점 등에서 골동품의 경제적 가치의 지위와 함께 전국적으로 광범위하게 시장이 형성되어 있었음을 엿볼 수 있다.

그러나 당시 거래되던 골동품 대부분이 중국 도자기이었고 이를 밝힐 수 있는 증거자료들은 여러 문집이나 연행기(燕行記-북경 견문기) 등 여기저기에서 산견되고 있지마는 특히 김홍도의 그림 「布衣風流圖(포의풍류도)」에 잘 나타나 있다.(한국의 미 21의 도판 88참조)

3.

위의 筆洗說에 등장하는 徐常修라는 사람보다 한 세대 앞선 사람으로서 감식안이 높은 수장가로 尙古堂 金光遂(상고당 김광수)에 대한 수집 일화 중 그 한 줄을 살펴보자.

「남의 집에 소장 된 것이면 중국 것이나 우리나라 것이나 할 것 없이 그의 눈을 거치지 않은 것이 없었다. 또 물건의 출처와 아속(雅俗)을 능히 분별할 수 있었기 때문에 반도 펼쳐보기 전에 진품인지 위조품인지를 즉시 판단하였다. 서화를 팔러오는 사람이 있어 그것이 자신의 마음에 들면 비록 옷을 벗고 곳간을 헐어 사도 아까워하지 않았다. 그러나 그는 감식안이 있었기 때문에 소장한 바가 모두 정품(精品)이었다.」

김광수의 출생년대로 보아 18세기 전반부터 서화 골동의 수집 열풍이 일고 있었음을 알 수 있다.

4.

그러나 당시 모든 수집가가 다 서상수나 김광수와 같이 높은 감식안을 가지고 있었던 것만은 아니었다. 趙秀三의 『秋齋集』「古董老子(고동노자)」편에, 「서울 사는 손 노인은 원래 부자였다. 골동품을 좋아했지만, 감식안은 없었다. 사람들이 허다히 진품이 아닌 것을 속여서 중가를 받아내곤 하였다. 이러한 까닭으로 집은 마침내 여지없이 몰락했다.

그러나 손 노인은 자신이 속기만 했다는 사실을 깨닫지 못했다. 빈방에 홀로 쓸쓸히 앉아서 단계석 벼루에 고묵을 갈아 묵향을 감상하고 예스러운 자기에다 좋은 차를 달여 차향을 음미하며 가장 만족해했다.

"춥고 배고픈 것쯤 무슨 근심이랴." 이웃의 한 사람이 그를 동정해서 밥을 가지고 오자, "나는 남들의 도움을 받을 것이 없소." 하고 손을 저어 돌려보냈다.」

이 문장의 주인공인 손 노인은 시전 상인 부호로 생각된다. 그러나 그 당시 골동 서화를 수집 감상함에 감상지학을 문인들의 교양으로 삼고 있었던바 이 손 노인은 문인들과 같은 문식을 갖추지 않았으므로 감식안이 없었던 것 같다.

이처럼 경화세족을 진원지로 하는 고동서화 취미와 그들의 생활양식은 시정에까지 영향을 미치고 있었던 것이다.

이 손 노인의 예에서 보이듯 감식안을 제대로 갖추지 못한 서민들에게까지 수집 열이 확산되고 있었을 뿐만 아니라, 위조품도 상당히 많이 유통되고 있었음을 엿볼 수 있다.

5.

당시 골동품의 재화 가치는 어느 정도였을까?

근래에 와서 골동품 도자기 한 점이 고급 저택 한 채 값이라는 것은 이미 흔한 얘기가 돼버렸다.

이러한 일은 비단 요즘에만 있었던 것이 아닌 듯하다. 조선 후기 부가 축적된 여항인 중 역관 출신인 김한태(金漢泰)의 생활을 묘사한 이조원(李肇源)이라는 역관의 대고(大賈)란 시의 일부를 살펴보자.

「璀璘室中物 無一不目駭
座排薊北產 凡列日東居
鼎彝錯古董 槃敦粧奇具
凉簟織象牙 溫氈繡鳳彩
百金一家資 一介千金買
眩如波斯市 疇能形諸話

어른어른 빛나는 집 안의 물건들 어느 하나 놀랍지 않은 것이
없구나
깔대는 몽고의 소산이요 안석은 일본에서 온 것이라
은주 시대 청동기 골동품에 보배로 장식한 쟁반이며
서늘한 자리 상아로 엮었고 따뜻한 전방석 봉황을 수놓았네
백 냥이면 한 집의 재산인데 한 개에 천 냥이 치인 것도 있다지
페르시아 시장을 구경하는 듯 이루 다 말로 형용하기 어렵구나」

이 시문에서 그 당시의 여항인들의 사치와 재력을 가늠할 수 있지마는, 한 집의 살림 밑천이 백 냥이면 넉넉하다는데 골동품 한 점에 천 냥이라고 말하고 있으니, 요즘 강남 집값에 버금가는 거금이라 하겠다.

조선 후기 18세기 초반의 골동의 재화 가치에 대해 또 다른 일화 하나를 찾아보자. 박지원의「筆洗說」의 주인공으로 등장하는 徐常修는 그와 절친한 친구인 집안이 가난한 이덕무라는 사람에게 소장하던 골동품 한 점을 팔아 집을 사주었던 일이 있다는 이

야기가 나온다. 이 일화에서 위의 이조운의 시 '大賈'에서 보이는 것처럼 골동품의 재화 가치를 가늠할 수 있고, 또한 즉각 판매가 이루어지는 고미술 시장이 형성되어 있었음을 알 수 있다.

또 다른 예로 又峰(壺山) 趙熙龍(조희룡)의『壺山外記(호산외기)』「金弘道傳(김홍도전)」에, 三千錢(삼천전)에 김홍도에게 그림을 부탁하는 이가 있어 이에 응하였다는 기록이 보이기도 한다.

2. 고미술 시장의 현황

요즘 와서 경제생활이 다소 안정되면서 미술 인구가 늘어남에 따라 미술 시장의 양적, 질적 팽창이 눈에 띌 정도로 뚜렷하게 나타나고 있다. 이는 한국 교양인들의 미술에 대한 관심이 그만큼 높다는 것을 말해주고 있고, 문화적 측면에서 볼 때 매우 바람직하다.

특히 반세기 동안 잠자고 있던 중국의 미술 시장은 하루가 다르게 팽창 발전하고 있음을 세계 시장은 주목하고 있다.

이렇게 시장 규모가 커지고 수집 미술품의 종류가 다양해짐에 따라 위조품 시장 또한 광범위하게 팽창되어 가고 있으며, 따라서 미술품의 위조 시장 역시 단연 중국 시장이 으뜸임은 두말할 나위도 없다.

근래에 와서 고미술품의 재화적 가치에 대한 사회적 인지도가 대단히 높게 나타나고 있다. 서구에서는 골동품의 가치도 하나의 재산으로써 인정을 받고 있다고 한다, 즉 유가증권이나 보석과 같이 필요한 때에 환금할 수 있게 발전하고 있다.

그 좋은 예로 수백 년의 역사를 가진 세계적인 미술품 경매 회사인 소더비(Sothebys)나 크리스티(Chrisities) 등을 위주로 한 기타 경매 회사에서의 연간 거래되는 미술품만도 엄청난 액수에 도달하고 있다고 한다.

근래에 설립한 한국의 몇몇 미술품 경매 회사들도 미술 인구의 팽창에 힘입어 해가 거듭 할수록 매상고가 점점 높아진다고 하며, 사회주의 국가이지마는 시장 경제를 하는 중국의 중 대형 미술품 경매 회사들의 성장 속도는 세계 시장이 놀랄 정도로 급속히 자라고 있다.

고미술 즉 골동품은 재생이 불가능함으로, 이렇게 팽창되는 미술 인구의 욕구를 충족시키기에는 언제나 물량이 부족한 상태가 된다.

미술품을 수집 감상하고자 하는 사람들은 너나없이 명품만을 요구함은 인지상정(人之常情)으로서 명품에 대한 욕구에는 언제나 목말라 하고 있다.

이렇게 폭발적인 수요 충족욕의 틈 사이로 비집고 들어오는 것이 명품을 모방한 위조와 변조품의 등장이다.

이러한 위조 미술품들의 출처도 북한에서 제작하여 건너온다는 이야기와 고미술상 경험이 있는 한국 사람이 중국 어느 곳에 가마를 설치하여 제작하고 있다고 하는 이야기, 한국에서 제작하여 중국에 반출하였다는 이야기들이 있지마는, 90년대 이전까지는 대부분 위조품들이 국내에서 제작되어 국내외로 흩어졌지마는 90년대 중반 이후부터는 인건비 등 제작원가를 감안 한다면, 한국 제작설은 극히 드문 경우를 제외하고는 일단 신빙성이 없다고 보면 중국 제작설과 북한 제작설 등 양자 모두 가능성이 있다.

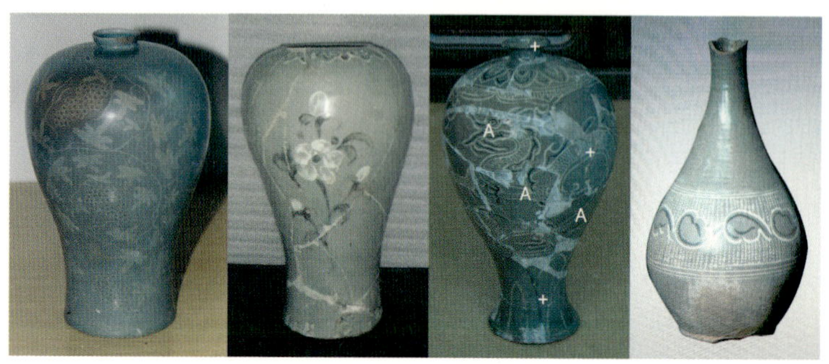

▲청자 상감 포도무늬 매 병(위조) ▲청자 퇴화 모란무늬 매 병(위조) ▲청자 상감 구름 용무늬 매병 ▲분청사기 상감 풀잎 무늬 병

이 판단은 필자가 일 년에 서너 번씩 15년 넘게 중국 시장을 누비면서 직접 구매도 하면서 듣고 보고 한 경험이 있기 때문이다.

앞 절에서 밝힌 바와 같이 지금의 종각인 운종각과 광통교(지금의 광교)를 중심으로 한 18세기의 우리 미술 시장은 일제 강점 시대를 거치면서 인사동으로 자리를 옮겨 지금까지 이어오고 있다.

따라서 서울을 중심으로 한 미술 시장은 규모의 크고 작음에 상관없이 전국 중소 도시에까지 흩어져 있다.

이렇게 글을 쓰다 보면 현재 유통되고 있는 대부분의 고미술품이 위조품으로 보일 수 있겠지마는, 이는 수집 시 만연되고 있는 위조품에 대한 경각심을 일깨워 귀중한 자산을 사기꾼들의 배를 채워주는 우(愚)를 범하지 말라는 충고일 뿐이고, 제대로 교양을 갖추고 영업하는 허가 업체에 소장된 더 많은 진품이 애호가들을 만나려고 학수고대하고 있다. 물론 경영자의 사람 됨됨이에 따라 간혹 나쁜 사람들도 없지는 않겠지만, 인간사 살아가면서 항상 의심만 하고 살 수는 없는 일이다.

3. 고미술 시장의 전망

한 마디로 잘라 말해 자유 민주주의적 시장 경제가 지속되는 한 고미술 시장의 미래는 아주 밝다고 본다.

우리가 수집하는 미술품은 내 것이기도 하고, 또 내 것이 아니기도 하다. 내 재산으로 수집한 훌륭한 미술품들은 그것이 아무리 세상에서 둘도 없는 희귀성과 미술성 그리고 막대한 재화 가치를 가진 작품이라 하더라도 언젠가는 내 자녀도 포함된 불특정다수의 후손들에게 흠집 하나 내지 않고 물려주어야 하기 때문에 내 것이 아닌 우리 것이다.

아름다움에 도취했던 아니면 단순 투자 목적이었던 또는 다른 어떤 목적이었던 간에 많은 유물을 소장한 사람들 가운데 드문 경우기는 하지만, 국공립 박물관 등에 기증하기도 하고, 또 어떤 사람은 평생 고미술과 함께 즐기다가 만년에 시장에 되파는 사람들도 있는가 하면, 또 어떤 이들은 자식에게 유산으로 물려주기도 하는데, 이 경우는 미술품에 흥미가 있는 피상속인일 경우는 수집을 계속하지만, 미술품에 별 흥미가 없는 피상속인은 대부분 시장에 다시 유통하고 있기 때문에 수요와 공급은 언제나 공기 순환과 같이 순환되고 있다. 가장 바람직한 수집의 또 다른 예로 경제적으로 어느 정도 여유 있는 사람이 수십 년에 걸쳐 수집한 골동품들을 노후에 사랑방 같은 카페를 열어 작은 박물관처럼 꾸며 찾아오는 많은 후배에게 따뜻한 차 한 잔 곁들이며 그동안 수집하면서 즐거웠던 이야기와 함께 수집의 노고에 대한 적당한 대가를 받고 물려준다면, 그 얼마나 고맙게 생각할까. 이때는 여태까지는 나만의 것이었지만 지금부터는 네 것이 되어 먼 훗날 어느 때인가는 또 다른 네 것이 될 것이다. 파손 등에 의하여 소멸하지 않는 한, 이 순환관계는 영원히 지속할 것이다. 앞으로 언젠가는 이러한 멋있는 수집가들이 상당히 많이 생겨나리라고 보고 이들이 바로 미술 시장의 소비 주체들임과 동시 훗날 공급 주체들이 될 것이다.

고미술품은 생산하여 공급되는 것이 아니고 과거로부터 전해 내려온 한정된 물건이기 때문에 평생을 수집한 소장품은 위와 같이 자신의 대나 아니면 다음 세대에 반드시 시장으로 환원되게 되어 있으므로 공급의 단절은 결코 없을 것으로 본다.

한 세대가 지나면 그 전세대의 기물들이 골동품화 되어 시장에 진열되기도 한다. 일본의 예를 들어보자. 한 왕조가 지나면 한 세대로 간주 된다. 즉 소화(昭和) 연간에는 재위 기간이 불과 15년밖에 되지 않았던 전대 대정(大正) 연간에 사용되었던 기물들을 대정골동(大正骨董)이라 하여 유통되었고, 평성(平城) 시대인 지금은 죽은 지 20여 년이 지났지만 지금도 사용하고 있을 법도 한 소화(昭和) 연간의 기물들이 골동 시장에 진열되고 있음이 이를 뒷받침해 주고 있다.

우리나라도 마찬가지다. 중앙시장이나 동묘 벼룩시장에 나가 보면 불과 수십 년밖에 지나지 않은 잡동사니 골동품들이 진열되어 있는데, 이는 수집 층이 두텁다는 의미가 된다.

수요처 역시 하루아침에 사라지지 않는 곳이 바로 고미술 시장이다. 1945년 일본상인들이 물러가고 그 자리를 차지한 한국 상인들은 미술 시장으로 자리도 제대로 잡기 전에 6·25 전쟁이 일어나 낙동강 방위선으로 겨우 보호되고 있던 부산으로 피난을 간 골동 상인들은 당시 부산역 앞 40계단 아래에서 골동 노점상을 벌렸다고 한다.

필자가 거의 반백 년 전 골동계 햇병아리로 입문하였을 때, 앞에서도 언급한 바와 같이 선배들로부터 "야! 지금 이삭 주우러 다니는 이 바닥에 뭐 먹을 것 있다고 들어 왔느냐?"라고 핀잔을 많이 받았었는데 그로부터 10여 년이 지나고 새롭게 입문하는 후배 상인들에게 선배들에게서 들었던 말 그대로 내 입으로 하게 되었고, 내 말을 들었던 그 후배는 아마 십수 년 후 새로 입문하는 후배 상인들에게 똑같은 말을 할 것으로 짐작된다. 그러나 지금도 계속하여 입문하는 상인들이 줄어들지 않고 있으며, 한국 고미술 시장도 이미 2세들의 세력이 상당이 확장되고 있다.

이솝우화에 고슴도치와 까마귀가 서로 제 자식이 세상에서 제일 예쁘다고 자랑하는 장면이 있다. 이 세상에서 제 자식 예쁘지 않은 어버이가 어디 있겠나? 필자 역시 자식놈을 골동장이로 입문시킨 지 꽤 오래되었지만 필자가 살아오면서 잘한 일이 별로 없지만 그래도 몇 안 되는 잘한 일 중에 자식놈 고미술상으로 입문시킨 일이라고 말하고 싶다.

만약 이 바닥이 희망이 보이지 않았다면 이솝우화에서와 같이 이 세상에서 가장 예쁜 제 자식을 어두운 전망 속에 밀어 넣을 부모는 세상에 없을 것이다.

가짜 이도차완(井戸茶碗)의 억지 판매

▲ 1960년대 후반 작품

1960년대 중반 한일국교 정상화 덕분에 일본인 관광객들이 넘쳐날 때, 특히 그들이 선호하는 골동품 상점에 일본인 관광객들의 발길이 끊어질 때가 없었다. 서울 종로구 인사동은 물론이고 전국 각지의 골동품상들이 호황을 누릴 때 부산 유일의 골동상점 '칠보사' 라는 작은 가게가 있었다.

앞 이야기에서 설명한 바 있지만, 가게에 두세 사람만 들어가도 엉덩이가 부딪칠 정도로 좁은 공간이었다.

어느 날 관광객으로 보이는 일본인 한 사람이 가게에 들러 좋은 차완이 있으면 보여 달라고 하자, 칠보사 주인 김 씨는 이것저것 몇 개의 차완을 내보였다. 작은 테이블 위에 놓인 몇 개의 사발들을 이리저리 살펴보더니 마음에 들지 않은 듯, "아니 이런 하치 물건 말고 좀 좋은 것 없느냐?"라고 했단다. 김 씨는 속으로 '이 사람 물건을 볼 줄 아나 보다.' 라고 생각하고 머뭇머뭇 하면서 캐비닛 문을 열고 다른 도자기들을 꺼내 보이려고 하는데, 이 손님이 목을 길게 쭉 뽑아서 캐비닛 안을 이리저리 살펴보더니, "아, 저 안쪽에 있는 차완 좀 봅시다."라며 맨 안쪽 구석에 놓아둔 이도차완을 가리켰단다. "아, 이 이도차완 말입니까? 이건 사실 제 것이 아니고 남의 것을 맡아둔 물건이라서 좀……." 하고 머뭇머뭇 하면서 꺼내 보였단다.

이즈음에 부산에서 골동 중개상을 하고 있던 'ㅅ' 씨(지금은 명장이 되어 그가 번조한 차완 한 점에 수백만 원 호가한다고 한다.)와 'ㅈ' 씨들은 문경 지역에서 재현되고 있던 막사발 장인들과 교섭하여 유사 이도차완을 주문 생산하여 외항선(무역선)을 타고 다니며 가끔씩 도자기들을 밀반출하던 '최 선장' 이란 사람에게 다섯 개씩 열 개씩 도맷값으로 넘기고 하였는데, 이 내용을 부산 유일의 골동 상점인 김 씨가 모를 리 없었고 또 'ㅅ' 씨나 'ㅈ' 씨도 칠보사에 자주 왕래가 있던 터라 가끔씩 한두 개 정도 싼 값에 받아 두었다가, 일본인 관광객들에게 좋은 값으로 팔아 재미를 톡톡히 보고 있었다.

그러나 오늘 온 이 손님은 물건을 꽤 잘 보는 듯하여 어설프게 가짜를 내보일 수 없어 썩 좋은 차완들은 아니지만 그래도 진짜들만 보였는데, 이들은 모두 마음에 들지 않고 구석에 감춰두었던 가짜를 보자고 하니, 괜히 부끄러운 생각이 들어 다른 사람이 맡겨둔 거라고 우물쭈물 말하였던 것이다.

그러나 손님이 보자고 하니 아니 보일 수도 없어 꺼내 보였다. 한참을 살펴보더니 선무당 사람 잡는다고,

"음! 괜찮은 차완 같은데 값이 얼마나 됩니까?"

해서 '옳다 이 사람 이제 보니 아무것도 모르는 신출내기 초짜구나' 하고 금방 머리가 팽 돌아갔단다.

"이건 제 것이 아니고 손님이 팔아달라고 맡겨둔 건데 값이 꽤 비싸다고 하던데요."

이 차완이 진짜면 일본에서의 전설적인 차완「筒井筒(쯔쭈이쯔쭈)」에 버금가는 명품이다. 그러니 아무리 내색을 하지 않으려 해도 손이 떨리고, 심장이 콩닥거렸단다. "얼마에 팔아달라고 하였는데요?" 하면서 물건을 손에 들고 이리저리 돌려보고 거꾸로 들고 굽을 살펴보고 하다고 떨리는 손이 미끄러져 그만 땅에 떨어뜨리고 말았다. 도자기를 감상하는 태도가 몸에 배지 못한 탓이었다. 도자기 특히 귀한 물건을 감상할 때는 5cm 이상 들어 올려서

는 안 된다는 것이 기본자세인데도 이런 기본도 모를 정도이면 이 사람은 초짜임이 분명하였다. 특히 차완은 조질 태토로 번조되기 때문에 조금만 충격을 가해도 파손되기 일쑤다.

일본인이나 칠보사 김 씨나 순간적으로 입을 벌리고 다물지를 못했다. 일본인은 참으로 난감한 표정으로 가슴 떨림을 참지 못하는 반면, 김 씨는 속으로는 얼씨구 그 잘 되었다 하면서 겉으로는 입을 딱 벌린 채 다물지 못하는 가식적인 놀람의 연기를 했었다.

문밖에서 구경하던 우리는 깨진 그 차완의 내력을 잘 아는 터 키득키득 웃음을 참아야 했다.

정신을 차리지 못하던 일본 관광객이 한참을 눈을 감은 체 고개를 숙이고 있다가 겨우 일어나서 바닥에 두 무릎을 꿇고 백배사죄했다.

"죽을죄를 지었습니다. 변상하겠습니다. 제발 용서하십시오. 이렇게 무릎을 꿇고 사죄드립니다."

김씨가 "휴." 하고 길게 탄식하면서, "그게 얼마나 비싼 것인데, 아이쿠! 남의 것을 맡아둔 건데 도대체 어쩌면 좋단 말이요. 아이쿠! 이 일을 어쩌면 좋노?" 라고 말을 했다.

히야, 참으로 연기 한 번 좋다. 배우 뺨을 쳤다. 밖에서 구경하던 우리 쭉정이들은

"야 탤런트가 따로 없네. 그나저나 오늘 맥주 한잔하게 생겼다. 안 그래? 응."

"그래 맞아. 한 바가지 끝나면 설마 입 닦고 말겠나, 응?"

옆의 동료 한 놈이 맞장구를 쳤다. 밖에서 쭉정이들의 시시덕

거림과는 달리 안에서는 상당히 심각하게 변상 문제가 진행되고 있었다.

"그래 어차피 일이 이렇게 된 이상 어쩔 수 없지. 내게 맡겨둔 손님은 이 차완을 이만 원에 팔아달라고 하였으니 이만 원 변상하세요."

당시 이만 원이면 요즘 약 이천만 원 정도의 가치였다.

"아니 이만 원이면 너무 지나친 요구가 아닙니까? 아무리 저의 실수로 파괴되었다 하더라도 이만 원이라니요?"

"이 보소 내 것도 아니고 손님이 이만 원에 팔아달라고 맡겨둔 것으로 나도 어쩔 수가 없습니다."

시치미를 딱 떼고 야무지게 거절하였다. 관광객은 참 난감한 표정을 지었다. 그 당시 일본이 아무리 부자 나라라고 하지만은, 이만 원이면 결코 작은 돈이 아닐 터 한참을 생각하고 있던 관광객이 고개를 똑바로 들고 최후의 결전이라도 할 양 "좋습니다. 제 실수이긴 하지만 깨어진 물건은 이대로 두도록 하고 주인장이 제시한 값에서 반값만 변상하겠습니다. 만약 제 조건을 거절하신다면 경찰에 고발하시고 거기에서 해결하도록 하겠습니다."라고 했다.

이 정도로 강공을 펼치면 더는 버티기 어렵다. 잘못하다간 원가인 몇백 원도 못 건질지도 모르는 일이다. 한참을 고민하는 척하다가 고개를 끄덕이며,

"알았습니다. 일이 이왕 이렇게 된 이상 물건 임자에게는 깨어진 물건이 이대로 남아 있고 하니 내가 잘 말씀 드리도록 하고, 마 그렇게 합시다. 그 손님은 평소에 나와는 절친한 사이니만큼 이해

해 주겠지요, 뭐."

이렇게 단돈 몇백 원밖에 안 되는 가짜 차완 하나를 거금 일만 원에 억지 판매한 사건은 그 뒤 두고두고 이야깃거리가 되었고, 그날 저녁 부산 쭉정이들(거간꾼들) 모두 자갈치에 모여서 진하게 한 잔 걸치게 되었다.

주) 筒井筒(쯔쭈이쯔쭈)라는 명칭에 대한 내력

지금은 모두 열심히 공부하고 연구하여 차완(茶碗)에 대한 상식을 어느 정도 이해하고 있겠지마는, 그 당시 우리 상인들은 누구한테 설명 들을 때도 없었고 그렇다고 마땅한 서적도 없었다. 그래서 입 지름이 15cm 좌우가 되면 모든 사발은 다 차완인 것으로 알고 있었다. 그러나 고 도자기 중에 가장 어렵고 까다로운 것이 바로 차완이다. 즉 '차완을 알면 골동에 대한 공부는 끝났다.' 라고 할 정도다. 그리고 일본의 美 학자들은 이 작은 그릇 하나 안에서 **さび**(寂-사비)니, **わび**(侘-와비)니, 또는 **ゆうげん**(幽玄-유우겐) 등과 같은 그들만의 정신세계의 아름다움과 우주를 찾으려 한다. 이렇게 철학적 문제가 담겨져 있는 것이 바로 차완감상법이며 차완으로서 갖추어야 할 조건 또한 만만치가 않다. 이 문제들을 다 설명하려면 논문 한 편을 써야 할 정도이므로 본편에서는 생략하기로 하고 주석의 제목인 筒井筒에 대해서 간단하게 설명하기로 한다.

이 차완은 전설적 내력이 담겨 내려오고 있다. 16세기 전국시대의 일본을 통일하고 조선을 침범한 豊信秀吉(도요또미 히대요시)의 애장품이었는데, 그의 시종 한 사람이 부주의로 그만 떨어뜨려 다섯 쪽으로 깨져버렸다. 도요또미가 대단히 기분이 상해 있을 때, 그 장소에 가신 細川幽齊가 당시 伊勢 지방에서 불리어지던 민요 중 '「둥근 통 샘물에 다섯 쪽의 井戸茶碗」라는 노래를 읊었는데, 이 노래를 듣고 있던 豊信秀吉이 기분이 흐뭇해졌다는 이야기가 전해지면서 그 이후로부터 이 차완 이름을「筒井筒(쯔쭈이쯔쭈」라고 부르게 되었다고 한다.

친구를 속여 먹은 부도덕한 교수님

1960년대 중반까지만 하여도 부산에서는 골동품 가게라고는 유일하게 '칠보사' 라는 상호를 가진 단 한 곳뿐이었지만, 한일 국교정상화 이후 일본 관광객들이 넘쳐나면서, 전국적으로 골동품 가게가 부쩍 늘어나게 되면서, 1970년 말경 필자 또한 직접 경영할 수 있는 고미술품 매장을 가질 수 있었다. 이때는 내가 고미술업계에 입문한 후 이미 반 십 년이 지나서였으므로 전국에서 활동하는 상인과의 교류를 이루고 있을 때였다.

수년 동안 보따리상 신세로 전국을 누비던 끝이라 가게를 발전시키기 위한 기대에 부풀어 몇 명 되지도 않았던 부산 거주 수집가들에게 환심을 사려고 모든 역량을 쏟아 부었던 때 수장가를 겸하면서 은근슬쩍 장사를 하던 모 초급대학 요업과 교수 박00 씨와 남들 보기에는 친하게 지나는 사이였다.

박 교수는 미술품 감식안이 높은 사람 행세를 하면서 몇 사람 되지도 않은 부산의 미술품 수집가들에게 접근하여 수일 전 골동 상점에서 산 도자기나 그림 등을 청산유수 같은 화술로 팔아치우곤 하였다.

부산 상인들은 이러는 그가 참으로 얄밉지마는 좁은 바닥에서 그의 입김을 무시할 수 없는 처지였기 때문에 그냥 그의 비위를 맞추며 지날 수밖에 없었다.

요즘은 대학 졸업자는 물론이고 대학원에서 미술사를 전공한 사람들도 골동업계에 제법 진출하여 활동하고 있지마는, 지난 90년대까지만 해도 골동업계 종사하는 상인들의 학력은 그리 높지 못한 시절이었던지라, 그보다 수십 년이나 앞선 60년대의 사정은 대략 짐작할 수 있으리라 본다.

박 교수는 새로 개업한 상점에 시간 나는 대로 자주 들러 새롭게 입수한 물건들을 구경도 하고 차도 마시면서 이런저런 환담을 하기도 하였다.

물론 꽤 괜찮은 물건이 발견되면 구두로만 계약하고 나서 하루 이틀 있다가 다른 수집가를 대동하고 와서 얼마 정도를 얹어 되팔기도 하였고, 만약 거래가 성사되지 않으면 구두계약을 취소하는 비상식적인 수법을 행하곤 함으로 상인들 사이에서는 좋지 않은 눈총을 받는 처지였다.

그는 고미술에 대한 어느 정도 지식의 소유자이자 달변가로서 어떤 물건에 대한 평가는 이현령비현령(耳懸鈴鼻懸鈴) 식으로 그의 입에서 좋고 나쁨이 결정되었다.

지금도 그러하지만, 그 당시 골동품에 대해 명쾌하게 설명할 수 있는 지식을 갖춘 상인은 거의 찾을 수 없었으니, 박 교수의 판단이 판매에 결정적 영향을 미치게 되므로 다소 불미스러운 행동을 하더라도 내색하지 못하고 참아야 했다.

한번은 고려 시대 좌불상(사실은 중국 남방양식의 청동제 좌불상이었으나 아무도 그것이 중국 양식이라는 사실을 몰랐다. 그러나 박 교수는 아마 알고 있었던 것 같다.)을 하나 입수하여 나와 친하게 지내던 어느 출판사 사장에게 판 일이 있었는데 그 다음 날 박 교수가 그와 그의 같은 양식의 청동불상을 가지고 와서 내가 팔았던 가격보다 20% 정도 싼 값에 사라고 하였다.

그러나 내가 판 불상에 비해서 어딘지 모르게 질이 좀 떨어지는 것 같기도 하고 고려 청동불상이 자주 보인다는 것이 꺼림칙하여 거절하였는데, 그 다음 날 내게 사간 출판사 사장님이 불상을 다시 물려달라고 하였다. 그 이유는 대략 이러했다. 출판사 사장이 내게 사 간 불상을 자랑삼아 보였고, 이를 본 박 교수는 그 당시는 아무 말 하지 않고 있다가 가까운 지역에 있던 다른 가게에서 그와 비슷한 청동불상을 위탁으로 가져와서 내게 되팔려 하였는데, 내가 사지 않자 출판사 사장에게 가서 내가 판 가격보다 30% 이상 싸게 팔았다. 수일 후 나는 이러한 사실을 알게 되었고 화가 치밀어 오르지마는 상대가 상대이니만큼 혼자 분을 삭여야만 했었다.

이 일이 있고 난 뒤 얼마 지나지 않아 그 불상은 고려 양식이 아닌 중국 남방 양식이라고 밝혀짐으로 인하여 모든 것이 제자리로 되돌아오게 되었지마는, 박 교수의 그 치사한 행위는 좀처럼 나의 뇌리에서 떠나지 않았다.

그로부터 상당한 시간이 지난 어느 날 박 교수는 청자 동화(진사) 국화 무늬 기름병 한 점을 가지고 와서 보관해 달라고 부탁을 하였다. 물건을 보니 어딘지 신통치 않아 보여 책상 서랍에 넣어 두려고 하니까, 이 양반이 말하기를 "아니 서랍에 두지 말고 금고 안에 보관해 주시오."라고 해서 속으로 '별 좋지도 않구먼, 뭐. 그까짓 걸 금고 안에 보관해 달라고 그래?' 라고 중얼거리며 별생각 없이 금고문을 열고 공간 적당한 곳에 넣어 두었다.

그로부터 삼일 뒤 박 교수가 모 대학 국문학 교수라는 점잖은 선비 한 분을 소개하면서,

"김 사장 뭐 볼만한 물건 없어요? 김 교수도 이제부터 골동품 수집을 시작하려고 하니 앞으로 많이 도와주시오."

새로운 고객을 소개해 주시니 얼마나 고마운 일이냐.

"아, 네. 오히려 이쪽에서 잘 좀 부탁합니다."

그러면서 진열장 안의 이것저것을 꺼내 보이려 하니, 박 교수가

"아니 진열장 말고 금고 안에 있는 물건 좀 봅시다."

"금고 안에 별로 보일 물건이 없는데요."

사실 이때 금고 안에는 보일 만 한 물건이 별로 없었다.

"그래도 금고문 한 번 열어 보세요."

기어이 금고문을 열라고 했다. 그래도 이때까지는 박 교수의 그 깊은 뜻을 헤아리지 못했다. 금고문을 열고 안을 보라고 하였더니,

"아 저기 구석에 있는 청자 기름병 좀 봅시다."

"아니 그건 저……."

눈을 껌벅거리면서 자기 손으로 직접 기름병을 꺼내어 김 교수라는 분에게 한참을 설명하고 난 뒤,

"보소 김 사장 이것 좀 싸게 파시오. 이 사람 내 친군데 앞으로도 자주 보게 될 것이니까 그러지 말고 팔만 원만 합시다."

그러면서 김 교수와 함께 그냥 가지고 가버렸다. 참으로 귀신에 홀린 것 같았다. 내가 언제 얼마를 달라고 했던 일도 없고 내 것이 아니니까 내가 팔겠다고 한 일도 없었는데 혼자서 가격을 정하고 어쩌고저쩌고하면서 사람의 혼을 빼버리고 가버렸다.

그 뒤 박 교수는 김 교수로부터 팔만 원을 받았으리라고 생각되지마는 그 일은 어디까지나 남의 일이므로 내가 일일이 신경 쓸 문제가 아닌 것 같지마는, 그래도 내 가게에서 이루어진 일이므로 영 기분이 찜찜하였다.

수개월의 시간이 지난 어느 날 부산에서 가장 활발하게 수집하고 있던 모 치과 강 원장이 방문하였는데, 본인은 지나는 길에 잠깐 들렀노라고 하지만 무엇인지 할 말이 있으신 것 같은 느낌이 들어서,

"요즘 통 걸음이 뜸하셨는데 상당히 바쁘셨나 봐요?"

라며 인사를 하였더니, 강 원장은 찻잔을 내려놓으며,

"상가에 나와 봤자 별로 구경거리도 없고 요즘은 좀 이상한 물건들도 나돌아다니는 것 같아 기분이 좀 그렇네요."

"에이, 원장님이야 이상한 물건에 속을 염려 없을 텐데 뭐가 두

렵습니까?"

내가 웃으면서 이렇게 대꾸하니 웃지도 않고,

"난들 별수 있겠습니까. 꼭 속이려 덤비면, 뭐……."

라고 대답하면서 말꼬리를 흐렸다. 순간 뭔가 의미심장한 말 같은 느낌이 들었다. 그렇지만, 도무지 감을 잡을 수 없어 뭘 어떻게 물어볼 수도 없었다.

"김 사장, 동래 온천장에서 약국을 하는 김 교수를 잘 아십니까?"

"아니요. 박 교수가 모시고 와서 한번 인사한 일은 있지마는, 어떤 사람인지 잘 모릅니다."

"음, 그래요? 그 사람이 여기서 샀다고 하는 청자 기름병을 보았는데 글쎄 잘 모르겠던데."

잘 모르겠다고 표현하면 좋지 못하다는 뜻이다. 순간 머리가 띵했다. 박 교수 역시 강 원장과는 아주 가까운 사이였기 때문에 그 자리에서 내가 어떻게 대꾸해야 할지를 쉽게 정리가 되지 않았다. 그렇게 우물쭈물하는데 강 원장은 "차 잘 마시고 갑니다."라는 짧고 무뚝뚝한 인사 한마디 남기고 나가 버렸다.

박 교수가 한 그 이상한 사건에 대한 불똥이 엉뚱하게 내게 떨어졌다. 아무리 생각해 봐도 가게를 개업한 지 이제 겨우 일 년 남짓 되었고 험악한 이 바닥에서 살아나려면 박 교수의 영향력이 어떻든 이제 이 일을 바로잡아야 되겠다고 다짐하면서 다음날 명함에 박힌 주소를 찾아 김 교수를 만났다.

"김 교수님, 그때 저의 가게에서 가지고 가신 그 청자 기름병 아직 가지고 계십니까?"

만나자마자 차 한 잔 마실 여유도 없이 단도직입적으로 이렇게 물어보았다.

"아니 왜요? 대금도 박 교수 편으로 다 보내 드렸는데요. 아직 못 받았습니까?"

이 사람은 내가 수금하러 온 것으로 착각하고 있었던 것 같았다.

"그게 아니고요. 사실은 그 물건은 제 것이 아니었습니다. 그리고 그 물건 좀 이상하게 생각되는 물건인데 잘 아는 사람에게 자문을 받아보시는 것이 좋을 듯합니다만."

순간 김 교수는 좀 혼란스럽다는 표정을 지으며

"수일 전에 강 원장님이 놀러 오셨기에 자랑삼아 한 번 보였으나, 강원장님도 별말씀 없던데요?"

남의 귀중한 수집품을 감상하고서 아무 말이 없다는 것은 첫째, 자신을 낮추는 자세로써 상대방의 소장품에 대한 예의로 좋지 않다는 표현을 직접적으로 하지 않는 점이며, 둘째로 확실한 증거도 없이 남의 귀중한 소장품을 이러쿵저러쿵하지 않는 것이 이 바닥의 불문율이기 때문이었다. 자신의 판단이 절대적이라고 할 수 없을 뿐 아니라 잘못 판단하였다가 상대가 입을 수도 있는 유형무형의 손해에 대한 책임을 져야 할 수도 있기 때문이다.

그래서 보통 '글쎄 잘 모르겠네요.' 라든지, 또는 '글쎄 좀 어렵네요.' 라며 딱 잘라서 말하지는 않지만, 이 바닥에서 어느 정도 경험을 한 사람이면 이 말의 의미를 금방 알아듣겠지만, 초년병들은 그냥 '아, 이 사람도 잘 모르는가 보다.' 라고 생각하며 그냥 지나쳐 버리고 만다. 아마 강 원장 역시 그랬을 것으로 짐작되었다.

그러나 이 사건이 나의 매장에서 이루어졌고 김 교수 역시 물건의 주인은 나라고 생각하고 있을 터이니 나는 직접적 이해 당사자가 되었다. 이 문제는 언젠가는 소문이 나게 될 것이고, 그렇게 되면 얼음판 같은 이 바닥에서 나에 대한 이미지는 출발점에서부터 무너져버릴 것이기 때문이었다. 그래서 일이 더 커지기 전에 바로잡아야 하였다.

"사실은 그 물건의 주인은 제가 아니고 박 교수의 것이었습니다."

이렇게 저렇게 내게 보관해 두었다가 이렇게 저렇게 김 교수님에게 넘긴 것이라고 그간 전후 사정을 상세하게 설명해 주었더니 이 양반은 그때야 친구의 배신에 대한 실망감을 감추지 못하며 이렇게 찾아오셔서 설명해 주시니 고맙다고 하면서 나를 문밖까지 고맙다고 재삼 인사를 하였다. 물론 이후부터 미술품 수집에 대한 미련은 아예 접어버렸다.

이건 이 바닥에서 일어나는 하나의 작은 사건이지마는 마음먹고 미술품을 수집해 보겠다는 사람을 싹부터 잘라버리는 결과가 되었고, 양의 탈을 쓴 못된 선비는 그 후에도 뉘우침이 없이 죽는 날까지 이 가게 저 가게 돌아다니며 그 잘난 자신의 짧은 토막 지식의 대가를 충실하게 징수하고 다녔다. 혹여 지금도 이런 사람이 없는지 적이 걱정된다.

도굴꾼 집에서 청자매병 흥정 도중에 발생한 사망 사고

필자가 30대 중반이었던 1970년대 초반으로 기억된다. 필자는 서울에서 부산으로 내려가던 중 대전에 들렀다.

지방에 매장을 가지고 있던 상인들은 보통 한 달에 한두 번 정도 골동품 구매차 서울이나 다른 지방으로 장사를 떠난다. 이렇게 먼 길을 떠날 때는 어느 한 곳만을 목적으로 하지 않고 중간마다 여러 도시를 거치면서 필요한 물건들(도자기나 민화 또는 민속품 등)을 구매하기도 하고 또는 판매하기도 한다. 당시 부산에서 전주나 광주 또는 서울 등지로 장사 차 떠나려면 대부분 열차를 이용하였는데, 하루에 몇 편 다니지도 않는 열차를 이용했다 하더라도, 중간마다 다른 도시를 거쳐야 하기 때문에 시간은 물론, 숙식비 등 경비 부담이 이만저만이 아니었다.

요즘에 비하면 교통편이 아주 불편하던 시절이었지만, 1960년대 후반에 들어오면서 경부고속도로가 개통됨으로 우리 지방 상인들에게는 더없는 혜택을 누리게 되었다. 예를 들면 부산을 기점으로 하여 전국을 일주하려면 부산에서 마산 경유 진주 거처 광주 경유 영산포에 들렀다가, 정읍 그리고 전주를 거처 군산에 잠깐 들렀다가, 대전 경유 서울에 가서 하루 이틀 정도 볼일을 보게 된다. 호남 고속도로 개통 전까지는 대부분 열차 편을 이용하였다. 일이 끝나면 하행 길은 고속버스를 이용하여 천안 경유 대전으로, 대전에서 김천을 경유 대구로 대구에서 경주를 거쳐 부산으로 내려오는 코스가 필자는 장삿길의 '퍼블릭 코스' 였다. 이 코스를 밟게 되면 대전은 두 번 들리게 되는 교통 요충지였다.

이 정도로 전국을 누비며 돌아다니다 보니, 전국 각지의 좌상(매장을 운영하는 상인)은 물론 행상들까지 거의 모르는 상인이 없을 정도가 된다. 그래서 이 바닥이 좁다는 말이 나오게 되었다. 우스갯말로 부산에서 방귀 뀌면 서울 사람의 방석이 들썩거린다는 말까지 나올 정도였다. 이렇게 발품 팔고 돌아다니다 보면, 별의별 정보들이 귓전에 흘러들었다. 그중에는 믿고 싶은 정보도 있고, 믿고 싶지 않은 정보도 있지마는 경륜이 쌓인 상인이라면 이숱한 정보들을 잘 걸러서 활용할 줄 알아야 한다. 이러한 정보들을 잘못 판단하면 굴러오는 복을 차버리는 결과가 되든지 아니면 몇 날 며칠 동안 돌아다니며 경비만 축낼 뿐 아니라 헛고생만 하고 맥 빠진 기분으로 빈손으로 돌아오게 된다.

이날도 호남 일대를 거쳐 서울 들렀다가 부산으로 내려가던 중 여느 때와 마찬가지로 대전에 내려 대전역 앞 지하상가에 있는 어느 골동품 가게에서 마음에 드는 물건도 없고 하여, 막 나오려던 차에 평소에 안면이 있던 50대의 장 씨라는 행상을 만났다.

"안녕하세요? 장 선생님." 하고 인사를 하였더니,

"아니, 이게 누구야? 부산 김 선생 아니신가?"

요즘은 구멍가게든 구두닦이든 무조건 사장이라고 호칭하지만, 그때는 대부분 선생이라고 호칭할 때였다.

"그래 요즘 어떠신가? 부산에서 가게 열었다는 소식은 들었지만 그래 장사는 잘되시는가요?"

의례적인 인사가 오고 간 뒤, "김 선생 바쁘지 않으시면 나와 커피 한잔하시지."

순간 직감적으로 '음, 영감님이 뭔지 좋은 정보가 있나 보다.' 라고 느끼면서 함께 근처 다방으로 가서 마주 앉았다.

"뭐 하실 말씀이라도……."

"그야 좋은 일이지. 조건만 맞으면 내가 직접 안내할 수도 있고……."

"뭔데요?"

"사실은 말이야. 부여에서 좀 더 들어가는 시골에 사는 호리꾼(도굴범)이 얼마 전에 청자매병을 하나 뽑았는데(도굴) 값이 비싸서 내게는 좀 무리라 씹지(매입) 못하였지마는, 김 선생은 가게도 새로 열고 했으니 함께 가서 흥정해보면 어떻겠소? 내게는 약간의 커미션만 주면 되구."

그러면서 옆에 놓여 있던 신문지에 매병의 형태와 음각 연화무늬 등의 그림을 그리면서,

"사이즈는 약 한 자 조금 넘을 것 같고……."

하였다. 당시 18~19세기 조선 시대 후기 전세유물을 제외하고 전국에서 유통되고 있던 분청이나 청자 토기 등의 90% 이상이 전문 도굴꾼에 의한 도굴품이었다.

대략적인 설명을 듣고 나니 흥미가 돋아 가보고 싶은 호기심이 발동했다.

"그래 갑시다. 지금 당장 택시 대절해서 갑시다."

이럴 때는 수단을 가리지 않고 한시라고 빨리 가는 것이 상책이다. 그렇지 못하고 조금만 늦으면 다른 사람에게 선수를 빼앗겨 맨손으로 돌아와야 하기 때문이다. 이것이 무한 경쟁사회에서 살아남기 위한 냉엄한 현실이다.

장 선생과 함께 집에 잠깐 들렀다. 택시 대절하여 먼지투성이인 비포장도로를 약 2시간 가깝게 달려 어느 시골 마을에 도착하고, 차는 마을 입구에 대기시켜 놓고 조그마한 어느 초가집 골방으로 들어갔다. 그때까지 산골마을까지는 전기가 공급되지 않았던 시절이라 해가 저물고 방 안은 작은 호롱불 하나만 주위를 희미하게 밝혀주고 있었다.

간단한 인사만 나누고 바로 예의 청자매병을 관찰하였는데, 옆 사람 얼굴도 윤곽 정도 밖에 보이지 않을 정도의 밝기였으니 매병의 색깔이나 도안의 상태 등을 상세하게 관찰하기 어렵다. 그래도 이 바닥에 입문한 지도 벌써 육칠 년이 훌쩍 지난 터라 어느 정도 동물적 감각이 살아나고 있었을 때였다. 일단 물건이 가짜는 아닌성 싶었다. 그리고 희미하게 보이기는 하나 음각으로 어떤 도안이 그려져 있는 것 같았다.

"이거 얼마나 받으려고 합니까?"

이제 흥정이 시작되었고 밀고 당기고 하면서 장 선생의 흥정으로 적당한 값에 흥정은 끝나고 대금 지급하고 일어서려는 순간

"어! 머리가 어지러워."

장 씨가 갑자기 옆으로 쓰러졌다.

"아니 장 선생 왜 이래요? 어디 편찮으신가요?"

"아니 뇌신 먹으면 돼."

조그마한 휴대 가방에서 하얀 종이에 포장되어 있는 뇌신 한 봉지를 입에 털어넣었다. 그 뒤 알고 보니 이 양반은 자주 두통을 느꼈나 본데, 그때마다 뇌신을 먹곤 했나 보았다. 그러나 오늘은 약을 먹은 뒤에도 앉은 상체가 자꾸만 옆으로 기울어졌다. 순간 불길한 생각이 들어,

"장 선생 안 되겠으니 빨리 갑시다. 부여까지 가서 일단 병원부터 가 봅시다."

이런 강촌에 병원이 있을 턱없으니 어떻게 하든 부여까지는 나와야 병원을 찾을 수 있다. 도굴꾼과 내가 영감님을 업고 대기하고 있든 택시를 타고 멀지 않은 부여까지 나오니 시간은 어느덧 통행금지 시간이 되어 급한 대로 어느 여관으로 들어갔다.

"저기 주인장, 여기 환자가 있으니 빨리 병원에 연락 좀 해주세요."

얼마 뒤 의사와 간호사가 급히 달려와 진맥을 하고 링거를 꽂고 하더니 좀 있다가 고개를 흔들면서 이미 숨이 끊어졌다고 말했다.

참으로 난감하게 되어버렸다. 혼자서 어떻게 수습하여야 할지 정신을 차릴 수조차 없었다.

낮에 만났던 골동품 가게에 전화해서 현재 상황을 대충 설명하고 부인을 빨리 부여 00 여관으로 오도록 하라고 부탁하고 의사 선생과 대전까지 환자(사실 시신)이송 문제를 의논했다.

"그럼 대전으로 갑시다. 빨리 구급차를 몰고 오라고 하세요. 그리고 의사 선생님과 간호사도 함께 갑시다. 비용은 얼마가 들든 걱정하지 마시고요. 아, 그리고 또 부인이 오시면 죽었다고 하지 말고 링거 빼지 말고 꽂은 채로 갑시다."

의사 선생이 나를 찬찬히 살펴보더니 어디론가 전화를 하였다. 잠시 뒤 구급차가 도착하고 한참 후 부인이 도착했다. 내가 그간 일어났던 일들을 자초지종 설명하였더니,

"아, 그래요 뇌신 먹었으면 괜찮을 텐데 왜 아직 일어나지 못하고 있나요?"

"글쎄 어떻게든 빨리 대전 큰 병원으로 가야 하니 서둘러 갑시다."

구급차는 야간 통금에 저촉되지 않으므로 빠른 속도로 막힘없이 대전으로 향해 달리는 차 안에서 시신을 앞에 두고 언제까지 감출 수 없어 부인에게 자초지종을 이야기했고 의사 역시 어쩔 수 없었던 죽음이었음을 설명하였다. 즉 뇌혈관이 터진 뇌출혈에 의한 사망이라는 것이었다. 사망 진단서도 발급받았다. 아마 청자매병 흥정 과정에서 신경을 너무 많이 쓴 것이 아닌가 생각되기도 하여, 사망 원인을 제공한 직접적인 당사자가 된 듯하여 괜히 부

여까지 갔구나 하는 후회가 막급하였다.

아무튼, 고인의 시신을 유족에게 인계하고서 일단 여관에서 잠깐이라도 눈을 붙여야 했다. 자는 둥 마는 둥 밤을 지내고, 아침 일찍 장 씨 집으로 가보니 이미 여기저기 연락이 되었던 양, 대전의 많은 상인이 문상을 와 있었다. 상인들 앞에서 그간의 경과를 자초지종 설명하고 있는데 고인의 부인이 어제 떠날 때 가지고 나간 현금 오만 원이 없어졌다고 하며 의심스러운 눈으로 나를 쳐다보았다. 그리고 옆에서 듣고 있던 대전 상인들도 나를 쳐다보는 것이 기분이 영 언짢았다. 그 순간 아주 불쾌하지마는 내가 아는 바가 없었기 때문에 어떤 해명조차 해줄 수도 없었다. 일이 이렇게 진행되고 있었으니 그 자리를 쉽게 빠져나올 수도 없었다. 그러고 나서 한참 뒤에 부인이 나와서 돈을 찾았다고 했다. 전대는 팬티 안쪽에 차고 있었단다. 다소 화가 좀 나기도 하였지마는 누명을 벗게 되어 일단은 안심은 되었고, 해서 이제 떠나려고 부인에게 인사하러 가니 부인 왈,

"저 사실은 망자의 본가가 공주인데 아침에 연락했으니 좀 있으면 오실 거구먼유. 허니 본가댁에 자초지종 설명을 좀 해 주시고 가시면 좋겠구먼유."

알고 보니 이 아주머니는 장 씨의 본부인이 아닌 속칭 세컨드였다.

어쩔 수 없이 본가 유족들이 올 때까지 기다릴 수밖에 없었다. 오후에 본가에서 대여섯 명의 유족이 왔고 나는 또 한 번 자초지종을 설명 해 드려야 했다. 그런데 내 설명보다도 큰댁 작은댁의

고성이 오가고 난리였다.

"야, 이년아. 멀쩡한 서방 잡아먹는 년아. &*%$#@"

어떻게든 작은댁, 큰댁에게 모두 설명해 드렸으니 이제 내가 할 일은 다한 것으로 생각되어 이번에는 큰댁 마님에게 하직 인사를 하러 갔다.

그런데

"저기 양반 미안하지마는 공주까지 좀 가 주셔야 되겠는디유."

"아니 그간 일어났던 일들을 충분히 설명해 드렸지 않습니까? 아직 이해가 되지 않는 부분이라도 있습니까?"

"아니 설명은 충분히 들어서 저희는 잘 이해하고 있지만, 군에 가 있는 아들놈이 지금 오고 있으니, 그 애가 오면 설명을 다시 한 번 해 주셔야 되겠구먼유."

참으로 기가 막혔다. 그렇다고 사망과 직접 관련이 있는 나는 어떻게 거절할 수가 없었다.

"아드님이 언제 도착하는데요?"

"아침에 전보를 쳤으니까 이르면 내일이면 도착할 거구먼유."

시신을 실은 운구차에 유족 그리고 대전의 몇몇 골동 상인들과 함께 공주 부근에 있는 고인의 본댁으로 가게 되었다.

상가는 작은 촌락이라 근처 여관 같은 것은 보이지 않았을 뿐만 아니라 유족들의 많은 눈이 나를 감시하고 있는지라 상가에서 안내해 주는 방에서 하루를 쉬기로 했다.

그 다음 날 오후 해가 뉘엿뉘엿 서쪽으로 기울고 있을 때, 군복을 입은 아들이 도착하였고, 나는 똑같은 자초지종 설명을 지겹도록 또 한 번 하게 되었다.

그뿐만 아니라 천안이나 조치원, 부여 등지에서 문상 온 상인들에게까지 일일이 설명해 주어야 했으니 얼마나 지겨웠겠나.

이런 우여곡절을 겪으면서 구매한 「청자 음각 연화무늬 매병」이 든 작은 가방을 무릎 위에 얹어놓고 대전 고속버스 터미널까지 오는 택시 안에서 지난 삼일 간에 일어났던 일들이 흑백 필름처럼 눈앞을 어지럽혀 등줄기에 식은땀이 흘러내렸다.

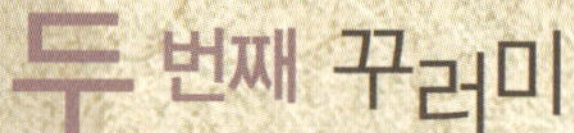
두 번째 꾸러미

믿었던 친구의 배신행위

본래 여기에서 하고자 하는 두 가지 이야기는 나누어서 해야 하겠지만, 한 사람에 관한 이야기이기도 하고, 또 등장하는 주인공의 인간성에 관한 문제를 다루는 장임으로 두 가지 이야기를 한데 뭉쳐 하기로 하겠다.

1975년으로 기억한다. 내가 고미술계에 입문한 지 십여 년의 세월이 흘러 이젠 제법 골동 상인으로서 전국적으로 내 작은 이름석 자가 알려졌을 때, 부산 대청동에서 동광동 타워호텔 앞으로 매장을 옮겨 부산에서 가장 큰 골동상이 되어 있었을 때, 필자에게 고미술을 알게 해준 대학동창 박00라는 친구가(당시 서울에 살고 있었다.) 찾아왔다. 사실은 가능한 한 멀리 하고 싶은 친구였지마는 오랜만에 찾아온 사람을 노골적으로 싫다는 표현을 할 수 없어 건성으로 반겨주었다.

이 친구를 멀리하게 된 이유는 대학원 논문학기 때 논문 작성을 당분간 뒤로 미루고 십 년 터울의 나이 많은 누님의 지인 정00 씨의 제안으로 마누라 없이는 살아도 장화 없이는 살 수 없다는 서울 마포구 동교동 논밭 한가운데 작은 동네에서 건축 설계용지인 드레싱 페이퍼(감광지) 가공 공장을 동업 형태로 경영하고 있었지마는 어린 나이에 사회 경험도 없이 덤빈 터라 포식자들이 우글거리는 정글과 같은 서울 바닥에서 살아남기가 너무나 힘이 들어 경영 2년이 채 안 되어 공장은 쓰러질 직전에 놓이게 되었다.

공장을 시작할 때는 싱글이라 그래도 견딜 만하였지만, 지금은 막 결혼한 신혼 시절인 데다가 가장으로서의 책임감과 노모와 어린 생질들과 함께 생활해야 하기 때문에 신혼의 단꿈 같은 것은 내게는 너무 먼 사치였고 부산에 계신 누님으로부터 어느 정도 도움을 받지마는 그래도 가족들의 생활을 책임져야 하는 무거운 중압감이 언제나 내 두 어깨를 짓누르고 있었을 때, 공장 운영자금 조달을 위하여 부산에서 아버지의 후광을 업고(아버지는 오래전부터 골동업을 하고 있었다.) 고미술 사업을 하며 잘 나간다고 소문난 대학 동기 박00군에게 자금을 융통할까 하고 찾아갔지만, 웬걸 이 친구 부도가 나서 도망자 신세가 되어 있었다.

"이제 거의 수습 단계에 접어들었으니 곧 끝날 거야."

라며 아주 여유롭게 그가 말했다. 또한, 부도 어음 리스트를 보여주기에 부도난 수표 번호 밑에 밑줄 쳐진 부분이 많은 걸 보니, 그 친구 말대로 많이 수습된 것 같았고 작은 액수의 어음만 다소 남아 있었다.

이런 상황에 부닥친 친구에게 도움을 청하러 온 나 자신이 참으로 한심하였다. 어떻든 오랜만에 만난 친구이니 위로도 할 겸 근처 생맥줏집에 가서 잔 기울이며 몇 마디 말로써 위로받은 들 가슴이 후련할 리 없겠지마는 그래도 우리는 아직 젊음이 남아 있으니 용기를 잃지 말고 꼭 재기하도록 노력해 보자. 라며 우정의 위로를 아끼지 않았다.

"야, 친구야. 골동 장사하면서 무슨 놈의 수표 거래냐? 나는 생산 공장을 해도 수표 거래는 생각도 못하는데."

"그게 말이야. 내가 처음부터 맨주먹으로 시작한 장사였으니, 자금 융통하기 위하여 이 방법 말고 또 뭐이 있겠어?"

이 친구는 함경도에서 피란 온 친구라서 억센 함경도 억양 그대로 떠들어 댔다.

"그나저나 넌 무선 종이 공장인가 뭔가 한다고 들었는데 공장은 잘 되고 있어?"

물에 빠진 친구 앞에서 질질 짜는 소리 하기 민망해서,

"그래 뭐 그냥저냥 잘하고 있어."

라고 얼버무렸다. 지금은 늙었기 때문에 그래도 자존심이니 체면 같은 것을 많이 죽이고 살고 있지마는 옛날 젊었을 때는 왜 그렇게 친구들 앞에서 곧 죽어도 아쉬운 소리는 하기 싫었는지 모르겠다.

이 친구는 원래 술은 잘 마시지 못하는 체질이지만 그날은 기분이 착잡한 때라서 그런지 몰라도 맥주 한두 잔 정도 마시더니 붉게 상기된 얼굴을 들고

"야! 너 공장 잘 되면 나 돈 좀 빌려 주려무나."

자금 융통하려고 왔다가 오히려 역으로 도움을 청해 오니 어떻게 대처해야 할지 이럴 때는 참으로 난감하였다.

"나도 뭐 그렇게 여유 있는 형편은 아니고 뭐 그렇고 그렇는데."

들릴 듯 말 듯 하는 작은 목소리로 우물쭈물 중얼거렸다.

"야, 너 친구 좋다는 게 뭐니? 이럴 때 좀 도와주려무나. 야,"

함경도 억양으로 고함치듯 말을 하니 주위 사람들의 시선이 전부 내게로 집중되는 것 같아 앉아 있기가 거시기 해서,

"야, 일어나지. 뭐 맥주 한두 잔에 벌써 취했구나. 이만 일어나자. 야!"

"아니 가만있어 봐. 나 안 취했어. 야, 내가 부도났다고 하니 금방 죽는 줄 아니? 나 안 죽어야! 금방 재기할 거야."

"응, 알겠어."

나도 은근히 화가 나기 시작했다.

"그래, 이 자식아. 빨리 재기해라. 인마, 쓰러진 놈한테 도움 청하러 온 내가 참 한심한 놈이지. 에이 씨,"

나는 일어나서 계산하고 얼른 나와 버렸다. 밖으로 나와 어두운 골목길을 터벅거리며 누님 집으로 가면서 앞으로 닥칠 직원들의 임금이며 공장 임대료며 등등 생각하니 머리가 부서지려고 했다. 그때 뒤에서 누가 나를 낚아챘다. 깜짝 놀라 휙 돌아보니 좀 전까지 횡설수설하던 친구가 어느새 뒤따라와서,

"야 인마, 그냥 가면 어떡해!"

"허 참. 그냥 가지 그러면 안 가면 어떡해?"

"야 너 어려운 친구 좀 도와주려무나."

정말 미치겠다. 그냥 한 대 갈겨주고 싶었다. 그러나 그렇게 할 수가 없는 놈이다. 이 친구는 소아마비라서 몸이 많이 불편하였기 때문에 조금만 밀쳐도 넘어진다.

옆에 다방이 눈에 들어왔다.

"야 저기 가서 커피나 한잔하자. 따라와!"

테이블 하나 사이로 친구와 마주앉았지마는 딱히 할 말이 없었다. 그래서 이대로 해어지면 죽는 날까지 날 원망할 것이니 차라리 내가 찾아온 본래 이유를 설명하고 이 친구의 오해를 풀어주어야 하겠다고 생각하여,

"야 친구야, 부끄러운 일이지마는 사실은 내가 너무 어려워서 너 잘 나간다는 소문만 믿고 자금 좀 융통할까 하고 찾아왔는데, 참 어처구니없게도 니가 나보다 더 어렵게 된 것 같으니 왠지 모르게 나 자신에게 화가 나기도 하고, 앞날을 생각하니 막막하기도 해서 그냥 말없이 서울로 올라가려고 했는데."

이 친구 물끄러미 나를 건너보면서 하는 말,

"야 친구야. 그렇게까지 억지 변명할 필요까지 없어야. 괜히 무안하게."

그는 내 말을 믿으려 하지 않았다.

이제 어떤 대꾸도 하기 싫어졌다. 입을 꾹 다물고 담배만 빨고 있으려니 앞날이 참으로 막막하기만 하였다. 이 친구는 이미 당해 버렸으니 그렇다 치더라도 어쩌면 앞으로 더 크게 닥쳐올 낭패를 생각하면 도저히 탈출구가 보이지 않았다.

"후유, 야 친구야. 우리 그러지 말고 너랑 나랑 영도다리에서

고마 뛰어내려 버리자."

"나는 그렇다 치고라도 잘나가는 너는 왜? 지랄 말고 그냥 올라가서 잘 먹고 잘 살아라, 짜식아."

은근히 화가 났다.

"야 이 새끼야, 사람이 진지하게 말하면 한두 마디라도 제대로 진실하게 받아들여라. 짜식아!"

정색을 하고 주위 사람들일랑 아랑곳하지 않고 큰소리로 나무랐더니 그제야 이 친구 정신이 좀 드는지 자세를 바로 하면서,

"진짜 너 무슨 일이 있었나?"

"일은 무슨 일, 아까 이야기한 대로지 잘 나간다는 친구 찾아 도움 좀 받아볼까 하고 왔다가 골 때리는 이야기만 듣고 간다니까."

서로 마주 쳐다보며 무안을 감추려 씩 웃으면서

"씨브랄 하필이면 재수 없는 놈끼리 만났구나. 그나저나 골동장사하면서 손해 볼 게 뭐가 있어. 부도가 나냐? 산 값에 적당한 이문 부치고 팔면 되고, 아니면 안 팔면 되고 뭐 그런 거지. 부도 날 이유가 뭐 있어?"

"그게 아냐, 인마! 자금이 달려서 이 지경이 되었어. 조금만 자금이 돌아가서도 내가 이 지경이 되었겠나?"

하긴 이 친구는 아버지가 하던 가업으로 대학을 졸업하고 아버지 가게에서 오랫동안 트레이닝을 해왔던 터라 이 친구 실력을 믿지 않을 수 없을 것 같았다.

"나 말이야 부도도 거의 정리 단계에 있고 하니 어느 정도의 자금만 있으면 다시 시작할 수 있는데."

"얼마나 있으면 되는데?"

별생각 없이 물어보았다.

"우선 급한 대로 한 돈 이십만 원 정도면 어찌어찌 해 보겠는데 말이야."

그 당시 십만 원이면 요즘 화폐 가치로는 천만 원 정도의 가치라고 보지마는 당시의 물가나 경제 가치로 보아서는 약 이천만 원 이상의 가치는 되리라고 본다.

"뭐? 이십만 원 정도? 그렇게 큰돈도 아니다."

"야, 골동 장사하면 몇 %나 이문을 보는데?"

"그야 평균 곱장사는 되지."

히야 세상에서 순이익 100%라는 장사는 들어본 적도 없는 일이라 귀가 번쩍 열렸다. 종이 가공공장에서 버둥거려 보았자 15% 이익 보기도 어렵고 그나마 인건비니 공장 임대료 세금 기타 등등 다 제하면 적자 보기도 쉬운데 골치 썩히지 않고 물건 사두었다가 팔면 100% 이문이 생긴다고 하니, 눈이 뻔쩍 뜨이지 않을 사람이 없을 것이다.

다음날 둘이서 만나 내가 십만 원 투자하기로 하고 자본 투자자와 기술(거래처를 포함한 장사 노하우) 제공에 대한 이익 배당을 4:6 비율로 약정하고 친구와 골동 장사 동업 계약을 하게 되었다. 서울에 가서 공장 시설 팔고 남은 빚 정리하고 어쩌고저쩌고 하면 십여만 원 정도는 손에 쥘 것 같기도 하였다.

다음날 서울로 올라오자마자 공장 정리 작업에 들어갔다. 이 지긋지긋한 공장 빨리 정리하고 고향 땅으로 내려가서 골동 장사를 해야 하겠다.

이렇게 친구와 함께 시작하게 된 장사가 내가 골동 세계로 들어오게 된 동기가 되었다.

신혼 초기인데도 가족은 서울에 두고 혼자 부산에 와서 친구의 가게에서 장사하였지마는 물건을 어떻게 사는지 또 산 물건은 누구에게 어떻게 팔게 되는지 모든 일을 친구 혼자서 비밀리에 행하고 있었으니 유통 과정을 전혀 알 수가 없는 과정에서 어느 정도 세월이 흘렀다.

"친구야, 뭐가 어찌 되었는지 결산이라도 좀 보자. 남았는지 손해 보았는지 나도 뭘 좀 알아야지."

"좀 더 기다려 봐. 전번에 산 물건들 팔기는 다 팔았는데, 아직 수금이 되지 않았으니 며칠만 기다려 봐."

이런 식으로 어영부영하면서 또 한 달 정도 시간이 흐르고 예기치 않은 사고가 터졌다. 이 친구가 일본인 관광객에게 팔아서는 안 될 골동품을 팔았고, 이 일본인들은 출국 시에 검거되면서 친구도 함께 구속되어 버렸다.

구속되고 난 뒤 가게 사장 책상 서랍을 정리하던 중 여러 장의 거래 장부로 보이는 메모장을 발견하였는데, 그 메모장에는 내 돈으로 구입된 물품의 매입 매출이 상세하게 기재되어 있었고, 사장이 말한 미수금은 하나도 없는 것으로 되어 있었다.

순간 망치로 뒤통수 한 방 얻어맞은 것 같이 띵했다. 여태까지 수금이 아직 안 되었다고 결산을 미루어 왔지마는, 이 모든 것이 나를 속이고 내 돈으로 혼자 장사하고 있었으니 말이다. 공장을 팔고 남은 마지막 쌈짓돈을 친구를 철석같이 믿고 맡겨두었는데 이렇게 참담하게 배신당하고 나니 가슴이 찢어지는 것 같았다. 그러나 어찌하랴. 유치장에 가서 따질 수도 없었다. 지금 사고가 나 있는 그 장물도 내 돈으로 구입되었음이 자명할 터.

이로부터 일 년 후 문화재 보호법 위반 혐의로 징역 일 년을 살고 나온 친구에게 차마 내 돈 내놓으라고 시비 걸고 싶지 않았지만 차 한잔하면서,

"너 내게 친구로서의 신의에 대한 배신이라는 빚이 있다는 점 죽는 날까지 잊지는 말아라!"

라는 한 마디 남기고 나와 버렸다. 이러한 일이 있은 뒤부터 그는 친구라는 범위에서 아주 멀어져 버렸고, 출소하자마자 바로 서울로 이사하였다.

시간이 지날수록 이 사건들이 뇌리에서 서서히 지워져 가고 있었으나 장사 차 서울에 가게 되었을 때 인사동 거리에서 우연히 만나게 되면 그저 수인사 정도 나누곤 하였지만, 그 뒤 장사에 대해서 일체의 정보 교환조차 없었는데 오늘 갑자기 찾아온 것이었다.

"야! 김 사장. 사실은 말이야 나 지금 제주도에서 연락이 와서 가는데 아마 꽤 좋은 물건이 나온 것 같으니, 내가 연락하면 바로 좀 와 주겠어?"

아주 변죽이 좋았다. 과거에 언제 그런 일이 있었던가 하는 표정이었다.

골동 장사가 좋은 물건 있다는데 안 갈 사람 어디 있겠나? 물건만 좋으면 바로 날아가지. 제주도는 음각이나 박지기법 분청들이

많이 출토되고 있을 때였으므로 나 역시 두 달에 한 번꼴로 제주도를 들락거릴 때였다.

지금처럼 너도나도 제주도로 들락거리기 전까지는 제주도에서 도굴되는 유물 중 그의 절반 정도를 이 친구 혼자 독점하다시피 하고 있었다. 이런 사정을 잘 알고 있었던 터라 이 친구 실력을 믿지 않을 수 없었다.

그 다음 날 제주도로부터 전화가 걸려왔다.

"어이, 빨리 돈 가지고 들어와!"

007 가방에 돈을 챙겨 넣고 수영공항(당시 부산공항은 수영에 있었다.)으로 달려갔다. 제주공항에 내려 마중 나온 친구와 함께 일단 KAL 호텔에 숙소를 정하고 방에 들어가자마자 궁금한 일부터 먼저 물어보았다.

"물건 어디 있어? 좀 보자."

"야, 돈을 주어야 물건을 가지고 오지. 돈도 없이 물건을 어떻게 가지고 오나?"

"그러면 나와 함께 가 보자."

"야, 이 사람아 니가 나타나면 산통 다 깨져버려!"

"왜 산통 깨지는데?"

"생각해봐. 부산 거상 누구누구가 나타났다 하면 값이 올라갈 게 뻔하지 않아? 그러니 일이 끝날 때까지 꼼짝 말고 호텔에 있어. 그래야 원만하게 일을 끝낼 수 있어."

생각해 보니 그 말도 전혀 틀린 말은 아닌 성 싶다.

"값은 도대체 얼마를 달라고 하는데?"

“500,000(지금 같으면 이천만 원의 화폐 가치)원 달랜다. 그리고 그 이하는 절대 안 판다고 하더라.”

“뭐가 그렇게 비싸? 호리미시마 목단판 행꼬라며(분청사기 음각 모란무늬 편병)!”

“그런데 물건이 워낙 좋아.”

“물건도 안 보고 어떻게 돈부터 주나?”

“호리꾼(도굴꾼)들이 돈 안 받고 물건부터 주는 것 보았어?”

“그래도 그렇지. 어느 정도의 가치가 있는 물건인지 어떻게 알고 물건도 보지 않고 돈부터 주나?”

이렇게 옥신각신 하던 중,

“야, 너 내 안목을 못 믿겠다는 거야?”

생각해 보니 그 말도 일리가 있었다. 그는 이 바닥에서 상당히 오래되었고 아버지로부터 전수받은 실력자였다. 그리고 도대체 얼마나 좋은 물건이기에 이렇게까지 흥분하고 있을까 하는 생각에,

“그래 좋다. 너를 한 번만 더 믿어보겠다.”

쇼핑백에 당시 고액권인 일천 원권 100장 묶음 다섯 다발을 챙겨서 넘겨주었다. 제깟 놈이 튀어보았자 조그마한 제주 섬 안인데 튀면 어디까지 튀겠어? 비행기는 내일이라야 뜰 텐데 하고 달래 보아도 그래도 불안한 마음은 가시지 않아 시선을 창 너머 호텔 입구 쪽에 고정해 두고 지루한 시간을 기다리고 있었다. 얼마나 기다리고 있었을까? 제주 시내까지 세 왕복은 하고도 남을 시간이 지났음에도 친구는 나타날 기미도 보이지 않았다. 불안한 생각이 점점 커져 제주 시내 골동품 가게에 가서 알아봐야겠다고 마음

먹고 일어서려는데 그때 마침 택시에서 내려 손에 시멘트 포장지 하나 들고 절룩거리며 걸어오는 친구가 보였다. 일순 불안했던 마음이 스르륵 내려갔다.

그런데 이게 웬일인가? 시멘트 포장지 안에서 꺼내는 물건은 이 친구의 설명하고는 너무나 차이가 컸다. 분청사기 음각 모란무늬 편병은 맞다. 그리고 물건도 진품임은 틀림없다. 그러나 기벽에는 분이 풍부하여야 하며 문양 기법인 음각은 깊이 파여 또렷해야 하며, 기형은 가급적 원형에 가까워야 하고, 목은 짧아야 상품으로 쳐주는데 지금 내 눈앞에 놓인 이 물건은 하품 중에서도 최하품인 음각한 모란 잎은 보일 듯 말 듯하고 기형은 마치 원통형 병 모양에다 길쭉한 목에 넓은 주둥이를 하고 있는 아주 비호감적인 편병으로 시중 시세로 잘 나가면 20만 원 정도 밖에 나갈 수 없는 물건이다. 참으로 어이가 없었다.

"야, 지금 당장 가서 빨리 물러 와! 이게 50만 원이라니 말이 되나? 이 새끼야!"

"야 인마, 이게 왜 50짜리가 안 된다는 거야?"

"어떻든 난 50에 살 생각 없으니 물러 와!"

"호리꾼들 돈 받아가지고 모두 떠나 버렸는데 어떻게 물러?"

마음을 좀 가라앉히고 나서,

"알았어. 이미 지난 일이나 어쩔 수 없고 내가 직접 제주 골동 상점들에 나가서 조사해 볼 테니 그리 알고 잘잘못은 이따 다시 따지도록 하자."

그러나 제주에서 장사하는 상인들은 하나같이 잘 모른다고 발

뺌하며 나를 슬슬 피하기만 하였다. 하는 수 없이

"야, 일단 부산으로 나가자. 나가서 해결해 보자."

부산에 도착하여 아무리 궁리해 보아도 해결 방법이 없었다. 이놈을 이용해서 반 본전이라고 건져야 할 처지였다.

"야 박△△야, 너 이것 책임지고 알아서 팔아 와. 인마!"

지은 죄가 있는지라

"알았어. 그렇게 할게."

하며 물건을 가지고 나갔다. 그리고 삼일 후 전화가 왔다.

"야, 그거 말이야. 이십만 원밖에 안 준다는데 어떡할까?" 이거야말로 철판으로 만든 심장을 가지지 않고서 어떻게 입술에 침도 바르지 않고 이런 말을 할 수 있겠나. 설령 시세가 그것밖에 안 된다고 하더라고 첫마디에 미안하다는 사과부터 한마디 하고 본론을 이야기해야 하는 것이 보통 사람들의 생각일진데, 이 말을 듣는 순간 가격에 대해선 예상은 하였지만, 그래도 그 순간 숨이 멎고 머리가 어지러웠다. 빨리 이 쇼크에서 벗어나고 싶었다.

"알았으니 빨리 돈이나 얼른 받아 와!"

"근데 돈은 내일 세 시까지 주겠다는데?"

"알았어!"

이왕지사 틀어진 장산데 하루 이틀 빠르고 늦고 가 뭐 대수겠느냐 싶었다.

다음날 오후 세 시가 다 되어 가는데, 이 친구는 수금하러 갈 생각은 안 하고 바둑판에 신선놀음만 하고 있었다.

"야, 너 세 시에 돈 받아온다며?"

"아 맞다. 지금 바로 갔다 올 테니 여기서 기다려!"

이 말 한마디 남기고 절룩거리며 떠난 지 오 년이 지나도록 그 친구의 얼굴을 한 번도 볼 수가 없었다. 50만 원에 사기 판매하고서 그나마 20만 원에 팔아준다고 가지고 나간 뒤 그 돈마저 가지고 도망해 버렸다. 인간으로서의 악랄함의 깊이가 어디까지인지를 가늠할 길이 없었다. 솔직히 필자 역시 세상을 살아오면서 매사 공평하였고 남에게 해를 끼친 일이 단 한 번도 없었다고 말할 수는 없지만, 세상에 같은 사건을 두 번 세 번씩이나 엎어 치고 매어 치면서 사람의 마음을 갈기갈기 찢어놓을 수 있을까? 그것도 동문수학한 벗이라는 사람에게서 말이다. 더군다나 자신은 태생 세례를 받은 독실한 가톨릭 신자라고 항상 자랑삼아 떠들던 바로 그 사람이 말이다.

다음날 화가 치밀어 자초지종을 알아볼 겸 머리라도 식히려고 제주도로 날아갔다. 제주에 도착하자마자 제일 먼저 찾은 곳은 나와 자주 거래가 있는 '고려사'라는 가게에 들러 그곳에 모여 화투를 치고 있던 몇몇 상인들과 함께 내가 오랜만에 한턱내는 조건으로 용두암에 갔었다. 지금은 복잡한 관광지가 되어 화려한 실내에서 술판이 벌어지지만, 그때만 하여도 들어앉을 만 한 집은 없었고 그냥 해녀들과 함께 자리 한 장 깔고 앉아 자연과 더불어 해풍 맞으며 전복이니 소라니 성게니 이것저것 안주에 소주 몇 병 거나하게 돌리고 이런저런 일들을 우회적으로 수소문해 본 결과 사건의 전말은 대략 이러하였다.

문제의 분청사기는 본래 제주에서 도굴된 것이 아니었고, 친구

박△△가 서울에서 가지고 와서 고려사 김 선생에게 보관해 두었다가, 재가 제주에 도착한 그날 오후에 찾아갔다고 했다.

물론 이 사람들도 단돈 몇 푼씩 용돈 얻어 썼을 것이고 그래서 그땐 입 다물고 있었을 테고, 대충 사건의 실마리가 이렇게 풀려나갔다.

이놈은 태생이 사기성이 농후한 놈이라 친구든 형제든 상관하지 않고 닥치는 대로 해치우는 상것 중 상것이었다.

이번 사건에 등장한 이 분청사기도 20만 원에 팔아준다고 한 말 자체도 거짓말이었고, 애초 그 물건을 빌려왔던 서울 모 상점에 반환해버렸음도 그 후 알게 된 새로운 사실이었다.

이런 놈과 짧은 시간이나마(이 친구는 서울 모 대학에서 4학년 때 전학 왔다고 한다.) 동문수학을 했다는 것이 참으로 부끄럽다. 과거 한 번의 실수가 있었다 하더라도 시간이 지남으로 서서히 용서가 되고 있었는데, 오늘 이렇게 또 비인간적이고 비양심적인 배신을 당하고 나니, 더는 참을 수 없었고 기상악화 속에 돌아오는 비행기 안에서 몇 번이나 토를 하면서 친구에게 배신당한 나의 어리석음을 질책하였다.

「안도색기(案圖索驥)」의 교훈

안도색기(按圖索驥)

춘추시대 진(秦)나라에 호를 백락(伯樂)이라고 하였던 손양(孫陽)이라는 사람이 살고 있었다. 백락은 말의 관상을 보는 전문가로서 진나라 제후로부터 「백락이 있은 뒤에 천리마가 있으니, 천리마는 항상 있지만 백락은 항상 있는 것이 아니니 죽기 전에 그 지식을 전수할 책을 남기도록 하라.」는 부탁을 받고 말에 대한 자신의 지식과 경험을 정리한 『상마경(相馬經)』이라는 마상(馬像)에 대한 전문 서적을 저술하였다.

백락에게는 조금 우둔한 아들이 있었다. 아들은 아버지 저서인 『상마경』을 주야로 열심히 읽고 나서 어느 날 그 아들은 두꺼비를 보고는 백락에게 "아버지, 드디어 천리마를 찾았습니다. 불쑥한 이마와 툭 튀어나온 눈이 아버지가 쓰신 책에 있는 그대로이고,

단지 발굽만 조금 다르게 생겼습니다."라고 말하였다. 어리석은 사람을 비유하는 '백락자(伯樂子)'라는 고사성어는 여기서 유래한 것이다.

백락의 아들은 좋은 말을 구별할 수 있는 지식과 경험은 전혀 없이 책에 쓰여 있는 내용에만 충실히 하려고 하였음으로 두꺼비를 천리마로 단정해 버린 어이없는 일이 벌어지게 된 것이다.

여기서 유래하여 안도색기(按圖索驥)는 보통 어떤 사안을 처리할 때 지식과 경험은 약하면서 형식에만 지나치게 얽매여 진실을 그르치는 것을 비유하는 고사성어로 사용된다.

1980년대 초반 부산에 모 중소기업을 경영하던 '최 사장' 이란 고도자기 수집가 한 분이 계셨다.

최 사장은 시간만 나면 골동 가게를 한 바퀴 순회하는 일을 낙으로 삼았고, 매일같이 이 가게 저 가게를 돌아다니면서 상인들을 상대로 도자기에 대한 도록들을 펴 놓고 자신이 아는 도자사 미술사 또는 이미 잘 알려진 명품들에 대한 지식을 시간 가는 줄 모르고 열강을 하곤 했었다. 그러면서 그가 찾는 유물은 반드시 15세기에서 늦어도 18세기 때의 백자만 고집했다. 그것도 유명 박물관 도록에 수록된 명품에 비유될 만한 도자기이어야만 했다.

그가 상가에 나타나면 상인들은 자신이 보유한 조선 초기 백자나 19세기 청화백자 등등을 꺼내 보이면 아예 거들떠보지도 않았다.

"이봐요, 주인장. 아 이딴 것 말고 좀 좋은 것 구해 봐요. 이런 건 흔해 빠진 건데 아주 좋은 명품을 구해와 봐!"

상인들은 손님이 물건을 사겠다는데 좌우지간 무엇이라도 팔아야 하지만, 문제는 그가 찾고자 하는 십 오륙 세기의 명품 초기 백자는 차치하고라도 십 칠팔 세기 명품 도자기가 어디 쉽게 나타나는 것이 아니다. 상인들은 그런 명품들을 구하려고 서울로 올라와서 어렵사리 어느 정도 준 명품 급수에 들 수 있는 물건 한두 점을 위탁으로 가지고 가서 보이면, 그 또한 눈에 차지 않는다는 눈치였다. 그러면서 이 정도라도 한 점 가져볼까 하는 태도를 보이면서,

"그래, 이 정도면 값은 얼마나 하오?"

"예 심부름값 조금 붙여 △△△ 원입니다."

그러면 금방 눈이 휘둥그레하며,

"뭐야? 아니 이딴 것이 뭐 얼마라구? ◇◇◇ 원 정도만 받지 그래."

그리고는 삼분의 일 정도로 깎으려 든다. 그러면 상인은 아예 말문을 닫아버린다. 그러면서 또 한바탕 도자사 강의가 시작된다. 시대별 특징을 기준으로 하는 어깨선에서 굽 처리까지 입 언저리 그리고 전체적 조형미 등 참으로 아는 것이 많기도 하다. 그 이론은 하나도 틀리지 않았다. 교과서대로 녹음테이프 틀어놓는 것과 같았다. 어느 학자님의 도자사 미술사를 달달 외운 것처럼 청산유수 열강이었다.

이쯤 되면 웬만한 상인들은 최 사장이 매장에 들어서면 물건을 팔겠다는 생각은 처음부터 접은 지 이미 오래되어 버렸기 때문에 그냥 건성으로 인사 수준의 차 한 잔 대접으로 끝을 내었다.

그런데 모든 상인이 다 이렇게 착하지만은 않았다. 개중에 한두 사람 정도는 못된 생각을 하게 된다.

'흥! 제기랄 그렇게 명품을 좋아하면서 값은 섭치(저가품) 값을 내려고 하니, 어디 그에 걸맞은 물건을 조달할 수밖에 없지.' 하고 생각하게 된다. 그렇지 않아도 바가지 씌울 사람만 찾아다니는 터에 제 발로 '나 바가지 쓰러 다니는 사람이요' 하고 광고하고 다니는데 이 좋은 먹잇감을 그냥 놓칠 사냥꾼이 어디 있겠나.

며칠이 지나고 최 사장에게 전화를 걸어,

"아 사장님, 시골에서 누가 15세기 백자 한 점을 팔러 왔는데 한 번 보시지요. 전 무식해서 잘 모르겠으니 아무래도 사장님께서 보셔야 할 것 같습니다."

이렇게 상대방을 띄워주면서,

"그런데 이 사람이 바빠서 빨리 가야 한다고 하니, 가능한 한 빨리 나오셔야 하겠습니다."

통화가 끝난 얼만 후 최 사장이 가게 문을 들어섰다. 나무 탁자 위에 융단 깔판을 깐 뒤 겹겹으로 포장한 하얀 백자 단지 한 점을 꺼내 보인다. 최 사장은 입 언저리와 굽 안 바닥 그리고 몸체 여기 저기를 살피면서 확대경을 들고 유약과 태토 등을 아주 자세히 검토하고 나서,

"물건은 15세기 작품이 맞는 것 같긴 한데, 뭐 명품이라고 말할 수는 없군."

말은 그렇게 하면서 얼굴에는 긴장하는 표시가 여실히 나타나고 있었다. 경험 많은 나쁜 상인이 이런 걸 놓칠 리 없다.

"아하, 이번에도 또 틀렸네. 이 봐, 김씨, 별거 아니라고 하니 빨리 가지고 가시오!" 이런 일을 할 때는 뒷날 책임을 모면하기 위하여 바지사장 격인 속칭 고무신(본래는 일본의 작업 신발인 「찌까다비」라는 속칭을 사용하였지만, 이는 일본말이므로 이에 합당 되는 우리말 고무신으로 대신한다. 당시 고무신이라고 하면 보통 시골 사람의 대명사였다.)을 한 사람 옆에 대기시킨다. 미리 짜둔 대본대로 김 씨 라는 고무신은 물건을 주섬주섬 포장하는 척 한다. 그러면 최 사장이 안절부절못한다.

"명품은 아니지만, 그냥 한 점 정도 소장할 만하니 값이나 한 번 물어봅시다."

멋지게 덫에 걸려드는 순간이다. 상점 주인이 얼른 말을 받는다.

"이 봐, 김씨. 명품도 아니라고 하시니, 당신 욕심대로 다 받으려 하지 말고 한 돈 백만 원 정도만 하지 그래?"

"아이쿠! 그렇게는 안 됩니다. 이백만 원이라도 비싸지 않은 한 자가 넘는 초기 항아리를 어떻게 반값에 팝니까! 그냥 대구나 서울로 가지고 가렵니다."

이렇게 두 사람의 대화를 듣고 있던 최 사장의 머리가 아주 빠르게 회전되고 있다 한 자가 넘는 15세기 백자 단지면, 그것도 유택이 아주 깨끗하다면 이는 분명히 명품 반열에 들 수 있을 뿐 아니라 아무래도 이삼백만 원은 더 갈 것 같다. 그런데 이 친구는 이백만 원을 요구하고 있고, 주인은 나를 위해 고맙게도 반값에 사려고 한다. 이렇게 머리가 빠르게 정리되고 나니 자신도 모르게 얼굴이 상기되었다. 곁눈으로 힐끗거리던 주인이 최 사장에게 귓

속말로 조용히 속삭였다.

“명품은 아닐지 몰라도 한 자가 넘는 초기 백자면 사실 이백만 원이라도 아주 싼 값이지요. 서울 가면 사오백 만은 주어야 만져볼 수 있습니다.”

만약 이 물건이 진품이라면 일천만 원도 넘는 물건이다. 그러나 주인은 모른 척하며 최 사장 비위를 맞추고 있었다.

김 씨라는 사람이 물건 포장이 그의 끝나갈 무련 최 사장이 직접 흥정에 나섰다. “이 봐요. 이왕 여기까지 왔으니 적당한 값에 팔고 가시오. 백오십만 원이면 내가 사리다.”

가게 주인이 애원하듯 권했다.

“이봐 김 씨, 당신과 내가 이번이 첫 거래지만 앞으로 잘해 드릴 테니 이번만은 김 씨가 양보하시오. 대구나 서울 가 봤자 이 값 이상 받기 어려울 거요.”

그러면 고무신은,

“에이, 그럽시다. 이번 한 번만 내가 양보할게요. 대신 돈은 지금 당장 주세요. 갈 길이 바쁩니다.”

이렇게 흥정이 끝나자마자 최 사장이 회사에 전화한 얼마 뒤 직원 한 사람이 현금이 든 봉투를 가지고 왔다.

최 사장은 그 후 이런 식으로 상당한 수량의 명품(?)들을 수집하였고, 언제부터인지는 몰라도 최 사장이 상가를 순례할 때면 스승의 설명을 혹여 한 자라도 놓칠세라 일일이 노트에 기록하며 열심히 따라다니는 제자까지 생겼다.

이거야말로 안도색기(按圖索驥)의 고사를 상기시키는 사례라

하겠으며, 이런 사람이 비단 최 사장 한 분만 있었던 게 아니라는 사실이다. 물론 지금도 이런 사람이 있다. 어느 준재벌 수장가 한 사람이,

"내 돈으로 내가 사는데 진짜를 사든 가짜를 사든 너희가 무슨 상관인가?"

라고 하였다는데 이는 금력의 폭력이며 문화의 모독이다. 이런 사람이 존재하는 한 위 변조 행위는 멈추어지지 않는다.

이렇게 상당량을 수집한 최 사장이 죽은 뒤 그의 아들은 아주 큰 상속품인 고인의 수집품을 잘 정리한 앨범을 들고 필자가 경영하는 매장(고미술 협회장 재임 시)에 팔아달라고 가지고 왔던 일이 있었지만, 최 사장 생존 시 나와는 차 한 잔 나눈 일도 없었지만 아무것도 모르고 돌아다니는 아들이 너무 안쓰러워,

"이봐, 젊은 친구. 내 솔직히 말씀드리겠는데, 이거 대부분 위조품이니 이렇게 시간 낭비하지 말고 선친이 남긴 유품이니 집 안 장식이나 하는 게 낫지 않겠습니까?"

최 사장의 수집 일화들을 대충 알고 있었던 지라. 실망에 축 처진 어깨로 앨범을 옆구리에 끼고 가게 문을 나서는 친구의 뒷모습이 왠지 꼭 내가 큰 죄를 지은 것만 같았다.

안도색기(案圖索驥)의 고사에 나오는 백낙자(伯樂子)와 같은 어리석은 사람들이 근래에 일어났던 비단 위의 최 사장 뿐만의 예가 아니고, 덤으로 끼어들기 편에 고동노자(古董老子)의 주인공인 옛날의 손 노인과 요즘 최 사장은 이백 년의 세월을 건너뛰면서까지 안도색기(案圖索驥) 가르침을 가벼이 한 것이리라.

낙산 현(洛山縣)의 호랑이 굴

1995년 어느 여름날 한 통의 전화가 걸려왔다. 내용인즉 자기는 사업차 중국 정주에 체류하는 구본기(具本基-실명임)라는 사람인데, 중국 모처에 숨겨져 있는 엄청난 보물들을 비디오에 담아 왔으니, 한 번 보겠느냐는 내용이었다.

다음날 삼십 대 중반으로 보이는 건장한 젊은 사람(구본기)과 40대 초반으로 보이는 전직 기자라는 사람이 함께 가게에 들어섰다.

인사를 나누고 비디오에 담아온 보물들은 감상하였다. 대부분 송원대 청자 또는 건요 흑자들이었다. 비디오에 담겨 있는 양은 극히 일부 견본에 불과하며 상당량이 더 있다는 것이었다.

그 내용이란 것이 대충 이렇다. 그의 통역인 조선족 남자가 잘 안다는 지금은 정년퇴임 한 중국 문물국(우리나라의 문화재청에 해당)에서 오래 근무 한 노인의 소개로 모종의 중대한 정보를 입수하였는데, 그 정보라는 것이 경천동지(驚天動地)할 사건이었다.

당시 설(說)에 의하면, 1940년대 말엽 중국의 국공 내전에서 모택동이 이끄는 공산당 군대에 패한 장개석 국민당이 대만으로 피난하면서 엄청난 양의 유물을 LST 수송선 7척에 실어왔다는 이야기는 웬만한 사람이면 기억하는 설이다.

그런데 이때 못다 싣고 남은 상당량의 유물들을 어느 깊은 산속 동굴에 숨겨두고 장개석의 심복 부하 한 사람에게 본토 회복할 때까지 생명을 다하여 지키라고 명령하였다는 것이다.

총통의 명령을 충실히 이행하던 이 심복은 이제 주군인 장개석은 죽고 없으며 이미 50년 가까운 세월이 지났지만, 본토 회복은 물 건너가 버린 것 같고 자신도 늙어 언제 죽을지 모르는 처지라 차라리 이 보물을 처분해 버리려고 하여도 중국인에게 팔면 후환이 두려움으로 외국인에게 비밀리에 아주 싼 값에라도 처분하려고 한다는 이야기로 아주 그럴 듯한 정보였다. 그리고 어느 지역인지를 물어보아도 그것은 절대 밝힐 수 없단다. 왜냐하면 지역을 발설하게 되면 정보를 알아버린 내가 혼자 독식하게 될 것을 우려해서란다. 그렇지만, 서쪽이며 성도에서 가까운 곳이라는 정도만 일러주었다.

어쨌든 아라비안나이트 같은 이 황당한 설명을 듣고 나니, 난치성 역마살에다 모험심 강한 나는 문득 한번 가보고 싶다는 유혹에 사로잡히게 되었다. 그렇지 않아도 삼국지의 옛 길이었던 촉나라 수도 성도도 볼 겸, 서쪽 지방으로 여행을 가고 싶은 차였기 때문에 성도를 거친 후 사든 안 사든 이 친구가 말하는 그 보물도 한 번 보고 싶었다. 그래서 8월 어느 날에 내가 먼저 성도에 도착하여 정주로 전화할 테니, 그쪽이 성도로 와서 함께 행동하자고 단단히 약속하였다. 물론 입수하게 되면 매입가의 몇십 퍼센트의 사례비를 준다는 구두 계약 또한 빠뜨리지 않았음은 물론이다.

약속한 날짜 일주일 전에 출발하여 북경에서 낙양과 황하강의 삼협을 거쳐 성도에 도착하여 이곳저곳 몇 날을 관광으로 소일하고 약속한 날 하루 전에 정주에 전화하였지만, 그쪽의 사정으로 하루 늦은 다음다음 날 내가 머문 호텔에 그 조선족 통역과 함께 왔다.

그런데 처음부터 기분이 영 좋지 않았다. 사업차 중국에 와 있다는 사람이 호텔 숙박비도 없는지 참 알 수 없는 행동을 하였다. 아직 서먹서먹한 사인데도 내 방에서 함께 자겠다는 것이었다. 그것도 처음 보는 조선족 통역과 함께 말이다.

그래도 그날은 경비를 절약하려고 그러나 보다 생각하고 대수롭지 않게 그냥 넘어갔다. 문제는 다음 날이었다. 목적지가 어딘지 모르지마는 어떤 교통편을 이용해야 하는지 물어보았다. 지금부터 우리가 가야 하는 목적지는 낙산 현(洛山縣)이란다. 당시 낙산까지 가려면 버스로 약 8~9시간 이상 소요되는 거리였다. 온종일 버스를 타고 가야 한다. 그래서 내가 불평을 했다.

“본래 안내하는 사람이 교통비 숙박비 일체를 부담해야 하는데, 어젯밤 숙박비는 그렇다 치더라도 십여 시간이나 소요되는 낙산까지 버스로 갈 수는 없으니 택시 대절해서 가도록 합시다. 그렇지 않으면 아예 없던 일로 하고 여기서 헤어지든지요."

나는 본래 배낭족 체질이라 버스로 천천히 주위 경치도 보면서 여행하는 쪽을 택하겠지마는 이번 보물 답사 건은 좀 다르다.

이 친구가 한참을 고민하더니

"한국에서 송금이 오지 않아 지금은 가진 돈이 없으니 500$만 꿔주시면 한국에 가서 꼭 갚겠습니다. 아니면 한국으로 돌아가시는 길에 정주에 잠깐 들르시든지요. 사실은 모든 경비는 사장님이 부담하시는 줄 알았습니다." 참으로 맹랑하였다. 이 친구는 자기는 중요한 정보를 내게 파는 입장이므로 모든 경비는 내가 부담해야 하지 않겠느냐고 생각했던 모양이다. 그래서 내가 이럴 때 모든 경비는 그쪽에서 부담하는 것이 원칙이며, 이 바닥의 불문율이라고 설명해 주었다. 어쨌든 여기까지 왔고 보물은 반드시 보아야 하겠기에 좀 꺼림칙했지만 일단 500$을 빌려주었다.

세 사람은 택시로 4시간 걸려 낙산 현에 도착하여 조선족 통역인이 어디다 전화를 걸더니 다시 택시를 하나 잡아 어딘지 모르지만, 비포장 시골길을 한 시간 정도를 더 가서 어느 작은 벽돌집 앞에서 내렸다. 현관을 통과하고 방 하나를 지나 작은 방으로 안내되었고 그 기에는 80대의 노인 한 분과 할머니 한 분이 앉아 우리를 기다리고 있었다. 통역인이 뭐라고 인사를 시키니까 방 구석진 곳에 놓여 있는 두 개의 궤짝 중 한 궤짝을 열더니 비디오에서 보았던 대망의 보물들을 한 점 한 점 꺼내기 시작했다. 송대 청자 및 건요의 흑유자기들이 계속 나왔다. 나오는 모든 물건이 하나같이 경덕진에서 요즘 제조된 모조품들이다. 알았으니 이제 그만 꺼내도 된다고 했다. 함께 갔던 친구들은 내 눈치만 살폈다. 소개비만 해도 수십만 달러가 되기 때문이었다. 내가 무표정하게 일어서서 나오려고 문을 향해 돌아서려는데 '어!' 순간적으로 동물적 감각으로 어떤 위험이 감지되며 전신이 오싹해지며 소름이 돋았다. 우리가 들어올 땐 현관이나 현관에 붙은 방에는 분명히 아무도 없었는데 지금 보니 웃통을 벗은 건장한 덩치들이 서너 명 대기하고 있었기 때문이었다. 내 오랜 여행에서 얻은 경험에 비추어 이는 예사로운 일이 아님을 직감할 수 있었다.

일단 이곳을 빠져나가야 하므로 이들을 안심시키는 일이 급선무였다.

"값은 얼마나 받으려고 합니까?"

"여기 있는 것이 약 50여 점이고 비밀 동굴에서 아직 옮기지 못한 유물이 수천 점이 넘지마는 현재 여기 있는 50여 점에 한해서 300만 달러만 내시오. 그 이하는 곤란합니다."

지금 300만 달러가 아니라 3,000만 달러인들 그따위를 따질 때가 아니었다.

"흥정은 다시 하도록 하고 제가 사고 싶지마는 회사 이사회의 결의를 얻어야 하므로 한국에 가서 이사회 결의를 얻는 즉시 현금을 가지고 다시 올 테니, 그때 가격을 조금만 낮추어 흥정을 다시 하도록 합시다."

"그럼 계약금이라도 어느 정도 내 놓으시오."

"도자기는 아주 마음에 들긴 합니다마는 당장 돈이 없으니 어쩔 수 없네요. 사업하는 사람은 현금을 몸에 지니고 다니지 않습니다. 그래서 지금 당장은 현금 가진 것이 없으니 오늘은 낙산 호텔에서 머물 예정이므로 한국에 전화해서 어느 정도 금액을 송금하라고 할 테니 이삼일 후면 송금이 될 테니까 그때 와서 정식으로 계약서 작성합시다."

웃는 얼굴로 아주 태연하게 이야기하며 슬그머니 일어나 앞방에 대기하고 있던 덩치들에게 비굴한 미소까지 지으며 밖으로 나오자마자 대기시켜 놓은 택시에 올라 탔다. 구본기라는 젊은 철딱서니는 영문도 모르고,

"왜 그냥 나오십니까? 다만 한두 개라도 사 가시지 않고요?"

이런 촌구석에는 택시가 아주 귀한 편임으로 낙산에서 타고 온 택시를 문밖에 대기 시켜놓았으니 망정이지 그렇지 않았다면 어떤 변을 당했을지 아무도 모른다.

통역인은 "어디로 갈까요?" 하고 시무룩하게 물었다. 갑자기 화가 치밀었다.

"아 아무 데나 빨리 갑시다. 내가 이곳 지리를 어떻게 알아요?"

그렇게 말해놓고 문득 생각해 보니 아미산이 이 부근인 것 같았다. 또 평소에 한번 가보고 싶었던 곳이기도 했다.

"아미산으로 갑시다."

약 30분 정도 달려 아미산 위락 지구에 도착하여 제일 크게 보이는 호텔에 들어가서 숙박 등록하기 전에 택시비를 계산하고 운전사를 먼저 보내려 했다. 그런데 이놈의 운전사가 가지 않고 계속 로비에서 얼쩡거렸다. 순간 의심이 들었다. '혹시 이 운전사도 그 덩치들과 한패가 아닐까?' 하는 생각에 통역인에게

"이 봐요. 저 운전사 빨리 가지 않고 왜 이곳에서 어물쩍거리는 거요? 차비를 받았으면 빨리 가야지."

그들은 아직 눈치를 채지 못했겠지만 지금 생사의 기로에 서 있다고 생각한 나는 한순간이라도 긴장을 늦출 수가 없었고 여름이라고는 하지만은 해발 1,000m가 넘는 아미산 위락 단지로 밤에는 제법 서늘한 편이였지만, 등줄기에는 아직도 식은땀이 흐르고 있었다.

20여 분 지나서 택시 운전사가 떠나는 것을 확인하고 나서 일행들을 재촉하여 다른 호텔로 옮겨 가능한 한 빨리 숙박 등록 마치고 방으로 올라갔다.

"사장님, 보신 물건 어때요?"

이 친구들은 지금 자기들 앞으로 돌아올 소개비 계산에 머리가 복잡한 것 같았다.

방에 들어와서 맥주 몇 병을 마시고 나니 정신이 제자리에 돌아오는 것 같았다.

"이 봐요. 오늘 천운을 타고난 줄이나 아시오."

"아니 왜요?"

"오늘 당신들이나 나나 자칫 잘못했으면 용문객잔(중국 무협영화 제목) 만두 속이 될 뻔했으니 말이다."

하고 반말로 화풀이하듯 말을 내뱉었다. 그런 다음 자초지종 차근차근 설명해 주었다. 그래도 이 사람들 반신반의하는 듯하였다. 혹시 정보를 제공해 준 자기들을 빼놓고 나 혼자 다시 찾아가서 어찌할 것이 아닌가 하고 의심하는 눈치였다. 이렇든저렇든 이젠 마음이 놓여 편하게 잠자리에 들 수 있었다. 물론 이날은 누구도 믿을 수 없었으므로 방도 따로 사용하였다.

다음날 이들은 정주로 돌아갔고, 나는 해발 3,050m 아미산 정상을 밟고 내친김에 황하 단애에 부조되어 있는 높이 70m의 낙산 대불을 살펴보고 성도로 와서 북경을 거쳐서 서울로 돌아왔다.

귀국한다는 시일을 맞추어 대전에 산다는 '구본기' 라는 친구에게 성도에서 빌려준 500$를 돌려받으려고 몇 번의 시도 끝에 겨우 전화는 연결되었지만 '다음' '다음' 이렇게 한 달 넘게 미루다가 끝내는 전화 연결마저 끊어져 버렸다. 고약한 놈.

*덤으로 끼어들기 둘

_감정 기구의 존재 가치

도자기란 흙을 이용하여 자의적 형태를 만들어 고온에서 구워 낸 소결체로서 흙과 유약과 불의 소산물이다. 이 세 요소가 조합해서 만들어진 도자기에는 제작 당시의 과학 기술 사상 등 많은 문화가치 요소들이 숨겨져 있다. 이렇게 숨겨진 문화가치를 찾아내어 정확하게 판단하는 것이 고도자기 감정이며, 이 정확한 판단에는 객관적 사실 인식이 함축되어 있다.

H.W. Janson의 저서『History of Art』머리글에서「모든 사실은 그것이 충분히 고증되었다 하더라도 의심의 여지가 있는 것이며, 누구도 의심하지 않을 때에만이 사실로 남는 것이다.」라고 말한 내용을 미루어 해석하면 감정은 다수결 원칙이 아닌 단 한 사람의 의심도 없는 만장일치를 요구하고 있다.

감정은 진위라는 문을 열면서 시작되며 진위 구분 원칙은 그

물체가 가진 이름이 사실에 부합하면 '진' 이고 부합하지 않으면 '위' 가 되는 것이다.

감정에서 '위조' 라는 결과가 나오게 되면, 그 시점부터 감정 행위는 더는 진행할 필요가 없게 되지만, '진' 이라는 확답이 나오면 그 시점부터 진정한 감정이 시작된다. 즉 감정 대상 품이 지닌 미적 가치, 학술가치, 희소가치, 재화가치 등 문화적 가치 판단을 하게 된다.

이처럼 문화가치를 찾아내어 누구나 인정할 수 있는 감정을 하려면 상당한 지식과 경험과 그리고 특히 진실성을 갖춘 인성이 요구된다.

1996년도 한국미술 사학회 논문집에서도 「동산문화재 감정제도 개선연구」라는 글 내용에 문화재 감정에 대해서 「문화재 감정이란 진품과 모조품을 가리는 것과 문화재의 가치를 판단하는 것이다. 감정을 통해 문화재의 상품가치(商品價値)를 정하기도 함으로 감정은 문화재를 사고파는 과정에서 반드시 필요한 수단이기도 하다.」라고 하여 문화재의 재화가치에 대한 비중을 언급하였음과 같이 그 어떤 미술품이라도 재화가치가 인정되지 않는다면 위조나 변조품이 나타날 이유가 없다.

재화 가치는 수집과 감상과도 불가분의 관계가 있다. 재화 가치가 없으면 수집의 범위가 축소 또는 소멸 되든지, 아니면 수집 그 자체가 아예 사라지게 될 수도 있어 미술 시장 자체가 없어지기 때문이다.

개인 소유의 국가 지정 문화재인 국보 및 보물이라 하더라도 실제로 시장 거래가 이루어지고 있으며, 국가 소유의 문화재라 하여도 그 재화적 가치는 환금하여 추정할 수도 있다.

이어서「 문화재 감정은 아주 전문화된 분야이므로 오랜 기간 훈련과 연구과정이 필요하다. 문화유물에 대한 직접관찰 경험과 함께 학술논문 작성 경험이 있어야 하고 학술상, 예술상 가치가 높은 유물뿐 아니라, 거짓 작품에 대한 관찰경험까지도 함께 갖고 있어야 참다운 감정을 할 수 있게 된다.」라고 밝힌 바와 같이 고미술 감정은 도서관에서 관계 서적 몇 권 읽었다고 하여, 또는 골동 장사 어깨너머로 몇 년 눈짓하였다고 하여 감정 전문가가 되는 것은 아니고, 위 논문 내용과 같이 상당 기간 연구 과정을 거쳐 유물에 대한 직접관찰 경험과 학문적 연구를 경험한 전문인들만이 행할 수 있는 전문 분야이다. 그러나 현실은 위 논문에서 지적한 전문가들은 현실적으로 그렇게 많지가 않다.

현재 몇몇 상인 단체에서 감정기구를 설립 운영하고 있고 개인 학술 단체인 필자가 소속된 감정연구소가 운영되고 있다.

이들 단체의 설립 목적은 위조가 판을 치는 고미술 시장의 유통 질서를 바로잡음으로 고미술품 애호가들을 보호하는 한편, 우리 문화재의 참 가치를 지키자는데 목적을 두고 있지만, 그 감정기구의 구성원 중 어느 정도의 전문 인력이 포함되어 있는지는 회의적이지 아닐 수 없다.

상인 단체의 감정기구라 하더라도 이해관계가 얽혀 있는 상인들만을 위한 감정기구가 되어서는 안 될 것이며 학술단체의 감정기구라 하더라도 감정에 임하는 순간만은 모든 인연을 멀리하고 오직 학문적 양심과 경험적 진실에만 호소되는 객관적 사실만을 밝혀냄으로써 수집가들을 보호하고 미술 시장의 건전한 유통 질서를 바로잡는 것이 감정기구의 존재가치라고 할 것이다.

근래 언론 보도 자료에서, 그리고 국회 대정부 질문에서까지 고미술품 거짓감정이 비판의 도마 위에 올라 국민에게 곱지 않은 시선을 받고 있다.

이러한 거짓감정서 발행 동기는 미술품이 가지는 재화 가치성을 악용하여 일확천금을 노리는 무리의 소행으로 선조에 큰 죄를 짓는 역사의 죄인들이다. 이는 문화가치를 흐트러트리고 역사를 뒤집는 행위이기 때문이다.

이에 덧붙여 미술품을 사랑하고 참다움을 수집하고자 하는 사람이라면 고철 값으로 순금을 구하겠다고 한다면 결국 부식된 고철밖에 구하지 못한다는 점 명심하여야 할 것이다.

요즘 '안보 불감증' 이라는 말이 있고, '안전 불감증' 이라는 말도 있지만, 여기에 '죄의식 불감증' 이란 유행병이 각계각층에 전염되어 사회 전반에 불감증 중환자들로 넘쳐나고 있다.

분청사기 철화 삼엽문 앵무 잔

1972년도인지 73년도인지 정확하지 않지만, 아무튼 그 무렵 가을 어느 날이었다. 내가 지방을 한 바퀴 돌고 부산으로 돌아와 이런저런 일들을 정리하고 있었는데 부산의 이 가게 저 가게 다니면서 이런저런 정보들을 물어오고, 물어다 주고 하는 부지런히 발품 팔고 다니던 피라미 거간꾼들이 들락거리면서 던져주는 정보 중에 고개가 갸우뚱 되면서도 귀가 번쩍 열리는 정보가 있었다.

당시 일본인 관광객을 상대로 섭치(저가품) 나 위조품 또는 공예품 등을 파는 작은 상점들이 밀집되어 있었고, 우리는 그냥 이들 가게를 앞 상호를 때어버리고 데파트 아무개라고 부르고 있었다.

부산 데파트 정 사장 가게에 제주에서 나온 '분청사기 철화 모란 무늬' 앵무 잔 한 점이 들어왔는데 제법 내로라하는 상인들도 모두 가짜라고 하여 지금 정 사장이 미치기 직전에 놓여 있다는 것이었다.

부산에서 내로라하는 구로도(고수)들도 가짜라고 하였다니 뭐 보나 마나 뻔한 것이겠지 하고 생각하면서도 한편 꼭 한번 보고 싶다는 호기심이 일어났다.

전화를 걸어

"정 사장, 장사 잘한다면서? 뭐 간간이 제주 물건도 들어와서 재미도 많이 본다면서요?"

하면서 은근히 심중을 찔러보았다.

"재미는 무슨 재미, 제기랄 바가지만 덮어쓰고 있는데요, 뭘. 그렇지 않아도 김 사장님 오시기만 기다렸는데 언제 왔어요?"

"뭘 또 내가 오도록 기다려? 이미 여기저기 부산 바닥에 빵빵이 다 돌려놓고선 참, 왜 날 기다렸소?"

"어제 제주에서 애고비끼(덤벙분청에 철화로 문양이 그려져 있는 물건을 일본인들이 애고비끼(繪粉引)라고 불렀다.) 한 점이 들어왔는데, 빌어먹을, 부산에서 이걸 아는 놈이 있어야지. 그래서 아무래도 부산에서 최고 잘 보는 김 사장을 기다렸지요. 지금 가게로 가지고 갈 테니 한번 봐 주시지요."

얼마 후 정 사장이 들어오면서 호주머니에서 조그마한 잔 하나를 꺼냈다. 그때까지만 해도 가짜라고 소문난 물건이라는 말을 듣고 있었으므로 대수롭지 않은 태도로 물건을 건네받아 살펴보았는데, '어! 이것 봐라. 명품 중의 명품이 아닌가! 그러나 사람들 모두가 가짜라고 한 물건이므로 정말 신경을 집중하여 찬찬히 아주 찬찬히 살펴보아도 결국 이것은 틀림없는 진품일뿐더러 명품 반

▲ 분청사기 철화 삼엽무늬 귀 잔

열에 들어가는 물건이라고 판단하였다. 가슴이 콩닥콩닥 뛰었다.

"보소 정 사장, 이거 얼마나 받고 팔라 카능기요?"

이렇게 물어보는 나를 보지도 못한 채 아이쿠! 이제 살았구나 싶은 모양이다. 평소에도 장사에 있어서는 좀처럼 허튼소리 하지 않는 사람이 값을 물어본다는 것은 사겠다는 말임으로 정 사장은 휴, 하고 길게 한숨을 내 쉬며,

"사실은요 그거 사람들이 가짜라고 해서 내가 힘이 다 빠졌으니 마 본전만 주이소."

"본전이 얼만데요?"

"마 60만 원만 주이소. 60만 원이 딱 본전입니다." 그 자리에서 바로 금고문을 열고 60만 원을 건네주었다. 60만 원이면 적은 돈이 아니다. 그러나 이 정도의 물건이면 60만 원이면 아주 싼 값이라고 판단되었다.

그날 밤 그 물건을 집으로 가져와서 밤늦게까지 보고 또 보고 하였지만, 참으로 명품이었다. 보통은 이렇게 집에까지 가지고 가

지 않고 금고 안에 넣어두었지만, 이번에는 왠지 자꾸만 보고 싶었다.

다음날 출근하여 고객 중 열의 있게 수집하던 부산의 모 은행장에게 시간 나는 대로 한번 나오시라고 전화를 하여 점심때에 맞추어 은행장이 왔다. 응접실에 마주앉아 막 물건을 꺼내 보이려는 순간 한국에서 이름이 알려진 큰 출판사 부산 지사장이 응접실로 들어왔다. 지금은 문화계 거물로 자라 마당발이 된 김 사장이라는 이분은 당시 나와는 막역한 사이로 지나고 있었을 때였었고, 두 분이 서로 초면도 아니고 해서 자연스럽게 합석하여 예의 그 물건을 감상하게 되었다.

"이건 얼마나 받으려고 하오?"

은행장이 물어왔다. 이분은 물건의 진위나 가치에 대해서 잘 모르고 있었을 때였으며 처음 나를 만났을 때 절대로 가격에 대해서 흥정은 하지 말자고 약속하였다. 흥정을 하게 되면 서로 피곤해지기 때문이다. 그 대신 정말 양심적으로 공급해 주겠다는 조건에서였다. 예를 들면 내가 100원을 달라고 하였을 때, 흥정하여 70원이나 80원으로 깎아서 흥정하였을 때, 한 사람의 고객이라도 확보하기 위하여 처음에는 그렇게 해 준다. 그러나 다음부터는 100원을 받아야 할 물건을 이 사람은 많이 깎는 손님이므로 일단 150원을 부르게 된다. 그러면 아무리 깎고 어쩌고 해도 100원 이상 110원이나 120원에 사게 된다. 그러니 손님들은 상인들에게 당해 낼 수가 없다. 그러니 서로 이러한 피곤한 흥정에서 해방되어 내 양심에 맡겨주기로 구두약속이 되어 있었다. 은행장님뿐만 아니고 나와 거래하던 부산의 몇몇 수장가들은 대부분 이러한 나의 제안을 거절하지 않았다.

사실은 내가 60만 원에 샀으니 70만 원이나 75만 원정도 받으면 가장 양심적이라 하겠지만, 이번 경우는 좀 다르다. 내가 산 60만 원 자체가 정당한 가치의 값이 아니다. 이것은 단순한 골동품 한 점이 아닌 명품이다. 그르므로 명품은 명품에 대한 가치의 값이 매겨져야 한다. 그래서

"100만 원 주시오."

라고 하니 옆에서 가만히 지켜만 보고 있던 출판사 김 사장이 상기된 얼굴을 하며 "이봐요, 김 사장 소문에 당신 60만 원에 산 물건을 100만 원이나 받으면 너무 한 거 아니요? 당신 우리한테 여태까지 그런 식으로 장사했어요?"

이미 부산에 소문이 쫙 깔렸나 보다. 하긴 너도나도 가짜라고 한 물건을 자그마치 60만 원이나 퍼주고 샀으니, 소문이 나지 않을 수가 없었을 것이다. 듣고 보니 화가 났다.

"이것 봐. 김 사장. 그럼 내가 10원에 샀으면 당신도 10원에 사려고 했소?"

이렇게 몇 번 고성이 오고 간 뒤 은행장은 슬그머니 일어나 나가버리니 김 사장도 곧 뒤따라 나가 버렸다. 그날 장사는 이렇게 산통이 다 깨져버렸다. 내 딴엔 평소에 내게 잘 해주던 고객이므로 상당히 생각해서 싸게 드리려고 했는데, 오히려 폭리만 취해온 사람으로 오해받게 되어버렸다.

평소 지방에 출장 가게 되면 부재중에 있었던 일들을 보고받아

야 하기 때문에 출장기간 동안 매일 한 번씩 가게에 전화하는 버릇이 몸에 배어 있었다.

이런 일이 있고서 사오일이 지난 어느 날 내가 전라도 어느 지방에 출장 가 있었을 때, 가게에 전화를 하니 나이가 나보다 두어 살 많은 가게 직원이 그렇지 않아도 전화 오기를 기다렸다면서 서울에서 누구누구가 와서 어디에서 소문을 듣고 왔는지 전에 산 앵무 잔을 보자고 하도 조르기에 보여 주었는데, 꼭 사고 싶다고 한다며 "값을 얼마나 달라고 할까요?" 했다. 그는 나도 잘 아는 서울에서 이름 있는 거간꾼이었다. "값은 120만 원이라고 하세요. 그리고 일이 있으면 전주 ◇◇상회로 전화하시고요." 10분 뒤 전화가 왔다.

"110만 원에 달라고 사정을 하는데 어쩔까요? 웬만하면 그냥 드립시다."

며칠 전 은행장과 김 사장에 대한 일을 알고 있는지라, 평소 친하게 지내던 서울 상인이 이미 다 알고 그렇게 말하는데 거절하기가 어려워서 그렇게 하라고 했다. 사실은 욕심 같았으면 내가 직접 서울로 가지고 가서 팔면 150만 원 정도는 받을 수 있는 물건이라고 생각되었지만, 부산에서 매매가 이루어지면 소문이 금방 나므로 은행장과 김 사장 귀에 들어가게 하기 위해서라도 부산에서 팔아야 하겠다는 생각이 들었기 때문이다.

지방 출장에서 돌아오자마자 테파트 정 사장을 불렀다.

"정 사장님이 좋은 물건을 내게 본전에 주셔서 내가 이문을 좀 많이 남겼으니, 10만 원 드릴 테니 고마워하지도 말고 그냥 가지고 가세요."

정 사장도 이미 소문은 들었을 터 손해 보지 않고 본전이라도 찾게 되어 고마워하고 있었던 차에 10만 원까지 더 얹어주니 코가 땅에 닿을 정도로 절을 하며 나갔다.

이런 일련의 일들이 순식간에 전국적으로 소문이 나버렸다. 특히 정 사장이란 사람이 전국 방방곡곡 행상을 다니면서,

"김 모 사장 덩치는 작아도 정말 배포 큰 대인이야. 세상에 어느 장사꾼이 이문이 생겼다고 이미 끝나버린 흥정인데 이문을 나누어 주나 그래."

아마 10만 원 아니라 100만 원을 드려도 이 정도의 선전은 할 수 없었을 것이다.

물론 그 뒤 바로 은행장과 김 사장에게 정중하게 사과를 받았지만, 한편 내가 존경하는 수장가에게 명품을 드리지 못하게 된 아쉬움은 마음 한구석에 오랫동안 남아 있었고, 그들도 그때 그 물건을 잡지 못하였던 일을 두고두고 술안주가 되었다.

소정 변관식(小亭 卞寬植) 산수도 변조 이야기

70년대 말 필자가 제당공장을 경영하다 회사가 부도를 맞고 나서 부산 광복동 입구에서 다시 골동 가게를 열었을 때의 이야기다.

60년대 말, 70년대 초엽까지만 해도 소정(小亭) 작품은 수량면에서 흔하게 유통되고 있었을 때였고 필자도 병풍이나 횡액 및 족자 등 상당량을 소장하고 있었다.

물론 상인이었기 때문에 팔려고 수집해 두었지마는, 그 당시는 소정 작품이 필자가 산 값 이상 지급하고 구매하는 수집가들이 별로 없었기 때문에 제당공장을 하고자 고미술상을 폐업할 때까지 20점 이상의 소정 작품이 고스란히 남아 있게 되었고, 그 가운데 10폭 산수병풍 등 몇 점은 원당 코타(당시 76년도 우리나라 원당 수입 코타는 22만 톤으로 제한되어 있었다.)를 배당받으려고 관계자에게 선물용으로 사용하기도 하고 그 나머지는 부도난 뒤 다소 손해를 감수하고 처분해 버렸다.

당시 필자에게는 많은 돈이 필요할 때였다. 필자가 소장하고 있었던 이런저런 작품들은 이 사람 저 사람들이 찾아와서 내가 처해 있는 어려운 형편을 이용하여 싼값에 가져갔다. 그러나 그 중 유독 소정(小亭)의 산수 그림 반절지 한 점은 그 누구도 사려 하지 않았다. 이유는 그림이 너무 싱겁다는 것이었다. 화선지 반절지 한가운데 덩그러니 야산 하나만 그려져 있고 양 가에는 아무것도 없는 여백으로 남아 있고, 뚝 떨어진 곳에 소정(小亭) 변관식(卞寬植)이라고 낙관 되어 있었고, 내용은 기억이 나지 않지만 그림 우상단(右上段)에 넉 자의 화제가 있었다.

부도에 대한 법적 문제가 끝나고 고향과도 같은 골동계로 돌아와 곱지 않은 동업자들의 따가운 시선을 느끼면서, 79년 늦가을에 부산 광복동 입구에 문을 열었다.

몇 년 전 폐업할 당시만 해도 두 트럭이나 되던 목기와 그림 그리고 도자기들은 망하는 살림 끝이라 다 흩어져 없어졌고 얼마 남지 않은 도자기와 목기 민속품 그리고 몇 점의 그림으로 새롭게 가게를 열게 되었다. 그중에 앞에서 언급된 소정 산수화 한 점도 벽에 걸었다. 그러나 일반 시중 시세에 비하여 한 값 싸게 팔려고 해도 원매자가 쉽게 나타나지 않았다. 이유는 그림이 멋없이 싱겁기만 하다는 것이었다. 그래서 꼭 팔겠다는 미련은 접어두고 벽이 비었으니 벽장식 삼아 그냥 걸어 두었다.

그러던 어느 날, 지금은 고인이 되었지만, 소정 그림을 잘 모사하던 이++ 씨가 가게에 찾아왔다. 우리는 그가 소정 그림을 잘 모사한다고 하여 닉네임을 이소정이라고 부르기도 하였다.

“아이쿠! 이소정 형 오랜만입니다. 근데 부산엔 웬일이요?”

“누가 좀 보자고 해서…….(말끝을 우물우물하였다. 원래 떳떳하지 못한 일을 할 때는 말끝이 흐려지는 법이다.)

“숙소가 어디요? 저녁에 소주라고 한잔해야지.”

“타워호텔 00호실이야. 이따 놀러 와!”

그러면서 벽에 걸려 있는 소정 산수화를 힐끗 쳐다보았다.

타워호텔에 숙소를 정하였다면 부산에 온 이유를 짐작할 수가 있다. 타워호텔 옆에 부산 사회에 가짜 그림을 널리 보급한 J 화랑에게서 초대받고 온 것으로 짐작되었다.

“저 그림 잘 안 팔리겠는데 응…….”

하면서 의미 있는 미소를 보냈다.

“싱겁다고 잘 안 사가네요. 싸게 줄 테니 형이 사 가소.”

“내가 그걸 사서 뭐 하겠나? 내가 팔리게끔 손 좀 봐 줄까?”

나는 뒤 생각도 할 것도 없이,

“그렇게 해주시면 고맙지요. 내가 한턱 쏠 테니 그렇게 해 주소.”

그림을 가져 간 이튿날, 그림 수정이 다 되었으니 찾아가라는 전화를 받았다. 호텔 방에 들어가 보니 이런저런 화구들이 펼쳐져 있었고, 침대 위에 어제 가져간 소정 산수화가 원작과는 완전히 다른 멋진 분위기를 풍기면서 놓여 있었다. 참으로 감쪽같이 변조되었다. 그림을 보는 순간 벌어진 입이 다물어지지 않았다. ‘히야, 이러니 사람들이 이소정이라고들 부르는구나!’

이 멋들어진 그림을 가게 벽에 걸어 둔 지 이틀 만에 본래 팔겠다는 값의 150% 값에 팔려나갔다. 그것도 서울에서 화랑을 경영하는 내로라하는 화상에게 말이다.

몇 년 동안 아무도 거들떠보지 않았던 그림이 어느 위조자 한 사람의 손이 닿자마자 껑충 뛴 값에 후딱 팔려나가는 것을 본 후, 소문이 그냥 소문만이 아니라는 것을 직접 경험하게 되었다. 이놈 역시 속물에서 벗어나지 못하였구나 하는 씁쓰레한 뒷맛을 남기면서 말이다.

국보로 지정되었다가 취소된 위조 귀함별황자 명(龜艦別黃字 銘) 총통 사건

1992년 8월 어느 날, 해군의 해저유물 발굴단은 한산도 앞바다에서 거북선에서 사용하였다던 귀함별황자 명(龜艦別黃字 銘) 총통을 발굴하는 현장을 녹화하여 지상파로 내보내고 있었다. 그런데 좀 미심쩍은 점은 그 탐사선에 천하에 둘째가라면 서러워할 금속품 위조 전문가가 아주 위풍당당한 모습으로 탑승하고 있었다는 점이다.

9시 메인 뉴스 시간대에서 보았던 그때는 설마 사기꾼들의 장난임이 분명함으로 내로라하는 학자들로 구성된 문화재 전문위원들의 눈을 피해 갈 수가 없을 것이므로 그냥 웃으며 흘려버렸다. 그런데 그 3일 뒤 그때 인양된 바로 그 귀함별황자 명(龜艦別黃字 銘) 총통이 국보 제274호로 지정되었다는 뉴스가 전해졌다. 무엇이 그렇게 급했는지 모르겠지만, 발굴 3일 만에 문화재 위원들의 전격적인 국보지정은 행정 절차를 잘 모르는 우리로서는 참으로 이해하기 어려운 일이었다.

발굴된 총통이 임진란 당시 제조된 것이라면 당연히 국보적 가치가 충분하다고 보이지마는 단 3일 만에 예가 드문 귀함별황자명(龜艦別黃字 銘) 총통을 세밀한 조사와 과학적 감정절차 없이 성급하게 국보로 지정한 것은 어쩐지 뒷맛이 씁쓰레하였다. 특히 탐사선의 이물 쪽에 위조전문가가 버젓하게 서 있는 영상이 자꾸만 눈에 어른거리니까 더욱 그러했다.

학술적으로 깊이가 얕은 나로서도 조선시대 배 이름 정도는 알고 있는데, 어찌 가장 기초적 문제를 간과해버렸을까? 참으로 알다 가도 모를 일이었다.

옛 조선 시대의 해군 싸움배는 요즘과 같은 양식의 첨저선(尖底船)이 아니고 밑이 평평한 평저선(平底船)으로 전함(戰艦)이라 칭하지 않고 전선(戰船)이라고 불리었다. 즉 명문(銘文)은 귀함(龜艦)이 아니고 귀선(龜船)이라 명기되었어야 한다.

그 뒤 상당 기간 상인들 사이에서 이 이야기가 술안주로 자주 등장하면서 웃음거리가 되기도 하였다. 한국인들의 특징 중 하나는 나와 직접적 관계가 없는 웬만한 사건들은 며칠만 지나면 까마귀 고기가 되어 까마득하게 잊어버리는 습성이 있다. 이 사건 역시 이렇게 잊혀 갈 즈음 1996년 이 총통이 위조품이라는 것이 밝혀져 국보지정에서 취소되는 소동이 벌어졌다. 참으로 어이없는 일들이 벌어졌지만, 실수로 국보로 지정한 일에 대하여는 누군가는 엄중하게 책임을 져야 하지만은 책임지는 관계자는 아무도 없었다. 다만, 해군사관학교 박물관장이 보직에서 해임되고 위조품을 제작하여 탐사선 선장을 교사하여 지정된 바다에 빠트려 놓았던 사기꾼 신 모 씨를 구속하는 선에서 사건이 마무리되었었다.

필자는 이 사건의 주인공 신 씨와는 잘 아는 사이로 이 사람에 대한 이해를 돕고자 재미있는 일화 하나를 소개해 본다.

오랜 옛날 부산 광복동 선술집에 이런저런 장사치 몇 사람이 앉아 술잔 기울이며 지나간 옛 이야기들을 나누고 있었는데, 그 중 신씨의 자기 경험담이 단연 메가톤 급이었다.

"내가 말이야. 충주 어느 무속인이 신라 시대 금동 여래상을 소장하고 있다는 정보를 입수하고 물어물어 그 무속인을 찾아갔었지. 겨우 찾아가서 '나는 어디에 사는 아무개로 요즘 하는 일마다 잘 풀리지 않고 해서 이름이 알려진 아주머니 소문을 듣고 이렇게 찾아왔습니다.' 하고 정중하게 절을 올렸지. 절을 하면서 앉아 있는 아주머니 등 뒤에 놓여 있는 금동불상에서 눈을 떼지 못하고 말이야."

사람들은 구수한 그의 입담에 점점 빠져들며 다음 이야기에 기울였다.

"여자 무속인은 내가 하는 일과 가족 관계 등 그리고 생년월일 등, 정해진 질문을 하고 내 눈은 그 불상에 고정한 채 생각나는 대로 이리저리 일러주었지. 지금 생각해 보면 말은 무속인을 향하여 하면서 눈은 무속인 등 뒤의 불상을 향하고 있었다는 것을 이놈의 여편네가 알고 있었던 것 같단 말이야. 허허 참."

소주잔을 홀짝거리던 우리는 다음 이야기가 궁금했다.

"그래서 어떻게 되었는데요? 신 형 솜씨에 그 아주머니 손 좀 보았겠네요? 크크크"

"야 이 사람들아. 온 정신이 그놈의 불상에 가 있었는데 그런 생각이 나겠나!"

무속인은 이 사람의 마음을 아는지 모르는지 그저 당신의 사주가 이러쿵저러쿵하며 장황하게 늘어놓았지만 한 마디도 귀에 들어오지 않고 오르지 어떻게 하면 저 금동 불상을 손에 넣을 수 있을까 하는 생각뿐이었단다.

우선 복채를 두둑이 내어 놓으면서,

"그런데 저 뒤에 있는 부처님은 언제부터 소장하고 계셨습니까?"

이렇게 운을 떼면서 밀고 당기면서 흥정을 끝내고 물건을 보자기에 잘 싸서 집으로 돌아왔단다.

우리는 이야기의 흐름이 어디로 가는지 대충 짐작은 하였지만 그래도 물어보았다.

"그래, 물건은 좋던가요? 크기가 얼마만 한 것인데요? 도금 상태는 어느 정도고요?"

"좌대 합하여 한 17cm 정도로 아주 좋은 사이즈로 도금 상태는 80%는 족히 되었던데 허 참."

우리는 다음 이야기를 미리 짐작했다. 그게 자기가 만들었던 것이라는 말이 곧 나올 거라고.

"아, 십몇 년 전에 내가 누구누구에게 팔았던 것인데 그게 돌고 돌아 고놈의 점쟁이 아줌마에게 가 있을 줄 누가 알았겠나. 니미

쯧쯧 진짜 모르겠더만.”

귀함별황자 명(龜艦別黃字 銘) 총통을 만든 이 위조자는 부끄러워할 줄 모르는 자기의 솜씨 자랑을 이렇게 늘어놓던 사람이었다.

1987년 8월호 고미술 월간지 『目の眼』에 일본의 이름 있는 고미술 수집가 佐藤千壽 씨는 ‘위조품을 진품으로 오판하는 것은 크게 부끄러운 일은 아니나, 진품을 위조품으로 오판하는 것은 참으로 부끄러워해야 할 일이다.’ 라고 하였던 바와 같이 이 위조 총통 국보지정 사건도 늦었지만 다행히 위조였음이 밝혀졌지만, 반대로 진품을 위조라고 오판하여 그 귀중한 유물이 용광로에서 녹여졌든지 아니면 외국으로 팔려나갔다면 돌이킬 수 없는 우를 범하게 되는 것이다.

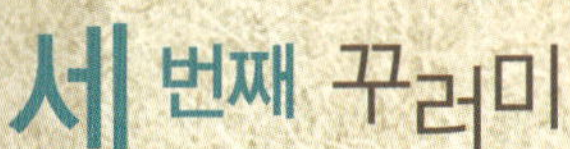

영천 해안사(지금의 은해사) 옛터에서 발견된 청동제 보현보살 상

프랑스 니스까지 간 원정 감정(분청사기 음각 거미 무늬 편병)

도록에 수록된 작품이라 해서 모두가 진품이고 명품은 아니다

*덤으로 끼어들기 셋
_공예품으로의 도자기

도둑맞은 도자기가 내게 다시 팔려온 사건

교묘한 사기 수법(해저 유물의 위조 방법과 처분 방법)

꼭 다시 한 번 보고 싶은 단 두 점의 청자

영천 해안사(지금의 은해사) 옛터에서 발견된 청동제 보현보살 상

1962년 초가을로 기억된다. 대학을 졸업하고 사법 시험에 실패하여 혼자서 흐트러진 마음을 다스리고자 영천 은해사를 들머리로 하고 팔공산으로 등산에 나섰다.

그때는 등산이 일반화된 요즘과는 달리 등산객이라는 이름도 없었고, 등산화나 등산복 그리고 등산 배낭 따위의 말 자체를 들어보지 못하였을 때였다. 그러니 몸에는 아무것도 지니지 않았고 오직 군용 워크(전투화) 하나 신으면 준비는 끝났다. 등산로도 뚜렷하게 나 있는 것도 아니었다. 어디로 가겠다는 정해진 목적지 없이 다만 희미하게 나 있는 산길을 따라 올라갔다 내려갔다 마냥 걷기만 했다.

그 큰 산에 등산객이라고는 한 사람도 보이지 않아 오직 20대 중반의 젊은이 한 사람만이 산길을 헤매고 다녔다.

마을 뒤편에 자리 잡고 있던 은해사 앞에서 도토리묵으로 이른 점심을 대신한 뒤 아무것도 먹지 못하였고, 오직 흐르는 계곡물로 목을 축여가며 이 능선에서 저 능선으로 옮겨 다니다가 그리 멀지 않은 서쪽 능선에 숨바꼭질하는 붉은 해의 아름다움에 홀려 하염없이 바라보며 곱게 물든 구름 위에 자유로운 비구상 그림 몇 폭 그린 뒤 부스스 자리 털고 일어나서 터벅터벅 산에서 내려오던 중 저 만큼에 여남은 가구가 어우러진 작은 화전민 부락이 보였다.

작은 능선에 앉아 내려다보이는 마을의 초가집들 여기저기의 굴뚝에서 하얀 연기가 모락모락 피어오르는 평화로운 광경은 좀 전에 구름 위에 그렸던 바로 그 한 폭 동양화였다.

당시는 지금처럼 숲이 우거지지 않아 능선에 앉으면 사방이 훤하게 트여 보이지 않는 곳이 없었기 때문에, 선 자리가 일출봉이요 앉은 자리가 월출봉이었다.

본래 산속은 해가 빨리 진다. 한 폭의 살아 숨 쉬는 그림을 감상하는 동안 해는 완전히 떨어지고 어둑어둑 땅거미가 깔리고 있었다. 초가집 처마 끝을 타고 올라가는 하얀 연기에 시장기를 느끼면서 서둘러 산길을 내려오는데 등 뒤에서 나는 인기척에 뒤를 돌아보니, 같은 또래로 보이는 젊은 나무꾼 한 사람이 나무 한 짐을 지고 내려가면서 인사를 했다.

"뭐 하시는 사람인데 이렇게 늦은 시간에 산에서 내려가십니까?"

그 당시는 반공교육이 아주 철저하던 시절로 수상한 낯선 사람이 보이면 신고하라고 교육받아 왔다.

"아, 예 혼자 등산하고 지금 내려가던 중입니다."

발음이 자기와 같은 경상도 사투리 발음이니 별 의심을 하지 않는 눈치였다.

"이 시간에 어디까지 가시려 합니까?"

"아, 예 저 아래 신평리에 내려가려고 합니다마는……."

"이렇게 늦었는데 어떻게 거기까지 내려가실라 캅니까! 날도 저문 데 고생하시지 말고 우리 마을에 가서 자고 내일 밝을 때 내려 가이소 마."

그 당시는 시골 인심이 이렇게 흐뭇할 때였다.

그렇지 않아도 위장이 뒤틀리고 다리도 한 짐으로 무거워서 더는 어두운 산길 터벅거리며 내려가기보다 저기 보이는 화전민 부락에 찾아가서 하룻밤 신세나 지고 갈까 어쩔까 망설이고 있었을 때였다.

"아이고, 고맙습니다. 그렇지 않아도 마을로 내려가 하룻밤 신세를 질까 하고 생각하고 있었는데 참으로 고맙습니다."

마을 모퉁이에 있는 젊은이 집 사랑채에 해당하는 황토로 된 움막으로 안내되어 어디 사는 누구라는 격식을 차려 인사를 나누고서 따뜻한 보리밥 한 상 받아 시장이 반찬이라 깨끗이 해치우고 디저트로 구수한 보리숭늉 한 사발로 입가심하고 나니 세상이 눈 아래 보였다.

식사가 끝난 얼마 뒤, 마을 젊은이들이 하나 둘 모이기 시작했다. 이 집 젊은이를 비롯하여 모두 네 사람이 모였다. 마을 젊은이가 총출동한 것 같았다. 하긴 이런 산골 화전민 부락에 부산이라는 큰 도시에 사는 사람이 손님으로 와 있다니 신기해서라도 모이지 않을 수 없었을 것이다.

지금은 골동품 가게에서나 볼 수 있는 석유 등잔을 중심으로 젊은 사람 다섯이 둘러 앉으니 방이 꽉 찼다.

누군가가 집에서 담근 막걸리 한 단지를 가져와서 술상이 벌어졌다. 안주는 짠 깍두기가 전부였다. 그래도 이렇게 맛있는 술은 좀처럼 경험할 수 없었다.

상상해 보라! 토굴과 같은 황토방에 카펫처럼 깔린 덕석 위에 둘러앉아 앞에 앉은 사람 얼굴 윤곽조차 뚜렷하지 않은 석유 등잔 밑에서 처음 만난 사람들끼리 주고받는 막걸릿잔들을 말이다. 이 얼마나 정겹고 환상적인 그림인가! 이러한 분위기는 내 평생 처음이자 마지막으로 느껴본 낭만이었다.

술잔이 두어 순배 돌고 난 뒤 그중 가장 어리게 보이는 젊은이가 정면으로 나를 빤히 쳐다보며,

"저 실례지만 형씨는 뭐 하시는 분입니까?"

갑작스러운 질문에 얼른 대답할 말이 생각나지 않았다.

"네 동아대학교에 다니고 있습니다."

과거에 낙방한 백수라고 말하기 싫어 엉겁결에 그해 졸업한 모교가 자연스럽게 나왔다.

"아, 아직 학생입니까?"

순간 나를 너무 얕보는 것 같은 생각이 들어 별생각 없이

"학생이 아니고 박물관에서 연구하고 있습니다."

박물관이라고 둘러댄 것은 부산에서 골동품 가게를 하고 있던

친구 아버지 한 분이 때때로 동아대학교에 고미술품을 납품하고 있다는 것을 알고 있었으므로 나도 모르게 박물관 연구원이라고 하게 되었다.

"아, 참말입니까? 참 잘 되었습니다. 실은 내가 얼마 전에 요 아래 절터에서 부처상을 하나 주웠는데, 이게 언제 때 것인지 한 번 봐 주이소."

아차, 이거 큰일 났다. 가끔 친구 집에 가면 토기나 청자 등 도자기는 들어보았지만, 그냥 건성으로 슬쩍 흘려 보았을 뿐 그것들이 언제 만들어진 것인지 내가 알 턱이 없었다.

이 친구 나갔다 오더니 어른 주먹만 한 불상을 가지고 와서 내 앞에 쑥 내밀었다. 어떻든 일은 벌어졌다. 파랗게 녹이 슨 청동 불상을 살펴보니, 사자를 닮은 짐승을 탄 부처님 상이었다. 보현보살은 백아(흰 코끼리)를 타고 문수보살은 괴수(괴상하게 생긴 짐승)를 타고 나타난다. 그러나 당시 나로서는 이러한 불상 양식을 알 턱이 없었다. 그렇다고 '난 잘 모르오.' 하고 도망할 수는 더더욱 못할 노릇이었다. 파랗게 녹이 슬어 제법 오래된 것 같고 특히 구석구석 섬세한 조각이 예사롭지가 않았다.

"저는 아직 공부하는 처지이라서 확실하게 단정 지을 수 없지마는 적어도 고려시대는 되는 것 같습니다. 그런데 아까 아래쪽 절터에서 주웠다고 하셨는데 그 절터의 위치가 어디쯤 됩니까?"

"은해사 위쪽 약 5리 정도 위쪽에 약간 평평한 평지가 있고 아직 절터임을 알 수 있는 주춧돌이 몇 개 남아 있는데, 옛 절터가 비바람에 깎여 작은 언덕을 이루고 있지요. 바로 그 언덕 모래 턱에 이게 박혀 있었습니다."

1971년 문화재 보호법이 개정되기 전까지만 해도 밭에서 유물이 나왔다던가, 냇가에서 유물을 습득하였다고 하더라도 개인이 소장할 수 있었을 때였다. 물론 이를 제약하는 법이 있었을 테지만 아무도 그러한 법의 존재 여부를 알지 못하였다.

이리저리 불상을 살펴보다가 견물생심이라 했던가? 문득 가지고 싶다는 욕심이 꿈틀거렸다.

"저 죄송하지만, 이 불상 제게 양보하실 수는 없겠습니까? 제가 좀 더 상세하게 알아보았으면 해서요."

"아, 그래요. 그러면 그냥 가지고 가이소 마."

순간 가슴이 콩닥콩닥 두근거렸다. 왜 그렇게 두근거렸던지 알 수도 없이 그냥 두근거렸다.

"아이고, 이거 정말 감사합니다. 그런데 제가 부산까지 갈 차비를 제외하고 나면 +++원밖에 없는데 제 성의로 이것이라도 받아 주이소!"

"아니 돈은 필요 없으니 여비로 쓰시고 그냥 가지고 가이소."

그렇지만, 이유물이 얼마만 한 가치가 있는지는 알 수 없으나, 그래도 공짜로 소유하고 싶지는 않았다.

방 안의 젊은 친구들도 모두 입을 모아,

"야! 성의니까 그냥 받아라마."

다음날 아침 일찍 고마운 마을을 떠나 산길을 내려오면서 젊은 친구가 가리켜 주던 장소에서 이곳저곳을 살펴보니 과연 옛 절터였던 것으로 보였다.

그곳에 매장되어 있었다는 불상을 습득하였으니 그 사찰의 내력이 궁금하였다. 해서 은해사 산문 앞에 세워져 있는 설명 판을 보았더니 「은해사는 본래 신라 사찰 해안사로서 여기에서 약 2km 위쪽에 위치해 있었는데, 전란(어느 전란이었는지 기억이 나지 않음)으로 소실되고 그 후 조선 시대(어느 왕 때인지 기억이 나지 않음) 중건하였다」라고 설명되어 있었다.

부산에 도착하기 무섭게 친구 아버님이 경영하는 '고미사' 라는 골동 상점으로 직행하였다.

보따리에 겹겹으로 쌓여 있는 묵직한 청동불상에 대해서 알아보기 위해서였다. 도대체 어느 나라에서 언제 제작된 유물인지가 참으로 궁금하였다. 본래 나는 궁금한 것을 잘 못 참는 성질이라 집으로 가기에 앞서 이곳에 달려왔다.

"어르신 이 물건 좀 보아주십시오. 도대체 언제 만들어진 유물인지 알고 싶어서요."

친구 아버님께서도 잘 모르는 눈치였다.

"며칠만 맡겨 둬봐 야."

억센 함경도 발음으로 나를 보지도 않고 이렇게 말하고 나서 내 승낙 따위는 들으려 하지도 않고 반닫이 안에 집어넣어 버렸다. 어르신이 그러시는데 자식 친구라는 놈은 움쩍도 못하고 바둑에 열중하는 친구 옆으로 가 앉았다.

아버님이 나가시고 바둑 두던 친구 왈,

"야 내가 보기에는 티베트 쪽 불상 같다 야. 그것 출세하기 틀린 것 같은데."

역시 함경도 억센 억양이었다.

'고미사' 는 이 책에서 자주 등장하게 되는 '칠보사' 라는 가게가 생기기 전에 부산 유일의 골동 가게였다. 즉 '고미사' 가 사라지고 '칠보사' 가 문을 열게 되었다. 고미사 박 사장님의 아들인 내 친구는 대학에서 동문수학한 친구로서 이 친구 역시 사법 시험에 낙방하고 오갈 데 없어 아버지 가게에서 허구한 날 바둑 앞에서 시간만 죽이고 있었다. 훗날 내게 친구로서 참으로 못할 짓을 하였지만 말이다.

나도 딱히 할 일도 없었을 때라 시간만 나면 당구장 아니면 이곳 가게에 와서 노닥거리는 것이 하루의 일과처럼 되었다. 그렇게 며칠이 지났다. 그날도 바둑 두는 구경을 하고 있었는데, 친구 아버님이 들어오시더니,

"야 대하 나 좀 봐."

하면서 나를 구석진 곳으로 데리고 가더니 손바닥을 활짝 펴면서,

"이거면 돼지?"

무슨 뜻인지 알 것 같기도 하고 모를 것 같기도 하여,

"네 무슨 말씀이십니까?"

"아 그거 청동불상 말이야. 그거 우리 것 아니고 중국 남방 쪽 불상이야."

그러면서 주머니에서 백 원짜리 지폐로 오천 원을 세어 주셨다. 박정희 군사정권이 들어선 얼마 뒤 화폐개혁을 단행한 지 일이 년밖에 지나지 않았을 당시 백 원 권이 가장 고액권이었다. 나

는 엉겁결에 그 큰돈을 받아 쥐고 너무나 부끄러워 가게 문을 박차고 뛰어나와 버렸다. 이것이 무엇인지 알아봐 달라고 드렸는데 친구아버님은 팔아달라고 맡기는 것으로 착각하셨나 보다. 아무튼, 그 자그마한 쇳조각이 오천 원이라니 마음속으로 깜짝 놀랐다. 도대체 그게 무엇이기에 이런 거금을 내게 주시나 참으로 꿈만 같았다(그 당시 내가 절간을 찾아 공부할 때 하숙비조로 지급한 돈이 한 달에 700원이었다.).

친구 아버님께선 누구에게 얼마를 받고 팔았던 어찌하였던 알 수는 없지만 일단 큰돈이 생겼으니 우선 양복점에 가서 추동복 한 벌 쫙 뽑았다. 광복동 일류 양복점에서 맞추는 양복 한 벌 값이 700원이었다. 나머지 돈은 기분 좋게 이 친구 저 친구 어울려 다 써버렸다. 어느 날 갑자기 하늘에서 뚝 떨어진 공돈 같았으니 말이다.

이렇게 허구한 날 백수들과 어울려 빈둥거리기만 하는 낙방거사는 불각증(不覺症. 정신 못 차리는 병)이라는 죄를 뒤집어쓰고 서울이라는 벽촌의 경희대학원이라는 움막에 위리 안치되었다.

프랑스 니스까지 간 원정 감정 (분청사기 음각 거미 무늬 편병)

1989년 여름, 업계 후배 한 사람이 프랑스 니스에서 온 편지와 동봉한 사진 몇 장을 보이면서,

"형님 이게 맞으면 얼마짜리나 되겠수?"

했다. 사진 상으로는 어떻다고 답변할 수 없을 정도로 좋게 보였다. 그러나 미술품을 사진만으로 감정한다는 것은 위험천만한 일이기 때문에 아무리 친한 사이라 하더라도 경솔하게 뭐라고 말할 수가 없었다. 그래서

"글쎄, 사진 상으로는 뭐라 단정할 수는 없지만 아직 거미가 주문양인 분청사기를 본 일이 없는데."

라고 하며 부정적인 표현으로 고개를 갸웃거렸다.

이렇게 내가 부정적인 몸짓을 하니 그 친구 나를 빤히 쳐다보며

"만약 물건이 맞는다면 값이 얼마 정도 나가겠느냐니까?"

"물건만 맞는다면 대박이지! 아 여태까지 나타나지 않은 문양이 발표되는 순간인데 그야 당연히 히트야."

"그런데 말이유. 실은 우리 과학기술처 소속 니스의 태양열 연구소에 근무하는 이 박사라는 고등학교 동기 동창이 있는데, 이 친구의 편지 내용상 소장자가 프랑스 상류층 인물로 믿을 만한 사람이며 물건 또한 틀림없는 진품이라고 장담하고 있으니, 모든 경비는 제가 일체 부담할 테니 저와 함께 가주시면 안 되겠습니까?"
하며 아주 간곡하게 부탁을 했다. 이 친구는 내가 신임하고 상당히 좋아하는 업계 후배인지라 거절할 수도 없는 처지였으며 특히 프랑스의 니스라면 이름이 많이 알려진 모나코 왕국(이곳 프랑스 사람들은 사실은 왕국이 아니고 공국이라고 한단다.)과 인접해 있는 지중해 휴양 도시가 아닌가, '그래, 이참에 지중해 여행이나 한번 해 보자.' 하는 욕심이 발동했다.

"좋다. 가 보자. 그런데 물건이 잘못된 것이라면 손해가 이만저만하지 않을 텐데. 괜찮겠어?"

"아니야, 형! 그야 오랜만에 친구 만나러 간다손 치지요, 뭐!"

생각지도 못한 일로 난생처음으로 유럽으로 그것도 영화에서나 음악을 통해서 보고 듣던 지중해로 가게 되었다.

파리 드골공항에 도착하여 다시 국내선으로 갈아타고 니스공항에 내리니 이 박사라는 친구가 반갑게 맞아주었다. 여름날의 지중해에 간다고 생각하니 마음이 들떠 열 몇 시간의 비행에도 전혀 피곤함을 느끼지 못하였다.

남프랑스 지중해 연안에 자리 잡은 니스는 아주 자그마하고 아담하고 깨끗한 휴양 도시였다.

이 박사가 운전하는 차는 벤츠 소형차로 크지 않은 시내 골목 골목을 돌고 돌아 이 박사 아파트에 도착하여 부인이 미리 준비해 둔 국수로 점심을 먹던 중,

"어이 이 박사 물건부터 먼저 좀 보자. 궁금해 죽겠다 야."

그것 하나 보려고 머나먼 유럽까지 날아왔는데, 그 마음 급하기도 했겠지. 식사 도중 이 박사라는 친구가 옆방에서 종이로 겹겹으로 포장된 물건을 들고 나와 내 옆에 풀어놓았다. 요리조리 훑어보고 표정이 변하지 않고 그냥 식사에 열중하고 있던 내 입만 주시하는 눈들이 모두 여섯 개나 되었다. 후배 친구가 급하게 물었다. 궁금해 죽겠다는 눈치였다.

"아! 형, 어때?"

"야 이 사람아, 우선 국수나 다 먹고 보자. 체하겠다."

"에이, 알았어. 형, 빨리 먹자고."

이렇게 아무 말 않고 식사를 끝내고 널리 이름 알려진 니스의 나체 비치로 산책하러 나갔다. 실은 '이 충격적인 사실을 어떻게 표현하여야 좋을까.' 하고 고민하던 중이었다. 그 먼 곳에서 막대한 경비를 들이고 왔는데 말이다. 이를 어쩌면 좋나 '위조품이다.' 라는 말이 차마 입 밖으로 나오지가 않았다. 그래서 자꾸만 엉뚱한 말로 우물쭈물하고 있었던 것이다. 그러나 어찌하랴 고민스럽지만, 진실은 숨길 수 없는 것을,

"두 사람 다 실망스럽겠지만 내가 보기에는 잘못된 물건 같다. 참으로 미안하다."

내가 미안해야 할 일은 아니었다. 그러나 어쩐지 미안하다는 말이 하고 싶었다.

"아니 그럴 리가 없는데! 그런 물건을 소장하고 계실 분이 아닌데, 다시 한 번 더 찬찬히 봐 보시지요."

내가 식사 도중 곁눈으로 얼렁뚱땅 본 것으로 생각하였을 것이다. 프로들의 눈에는 진위 감정은 그렇게 오랜 시간을 필요로 하지 않는다.

그리고 위조라고 말할 수 있는 몇몇 특징들을 설명해 주었다.

"우선 주 문양인 거미 무늬는 분청사기 문양의 모티브로는 생소한데다가 음각 기법이 전혀 자연스럽지 못하고, 거미의 발들이 억지로 굽어지게 꺾어 놓았고, 또 편병의 주둥이와 몸체의 비례가 상당히 어색하며 가장 충격적인 점은 굽 부위의 풍화 현상이 자연적 풍화에 의한 부식 현상이 아니고 화공약품에 의한 인위적 풍화 현상이기 때문에 부식 생성물이 전혀 보이지 않고, 염기성 화학 작용에 의한 유약 손상 현상이기 때문에 이는 전혀 진품으로서의 갖추어야 할 특징적 요소는 단 한 곳이라도 발견되지 않는 반면, 설명한 바와 같이 위조라는 특징적 요소만 갖추고 있다."

순간 두 사람 다 잠깐 동안 넋 나간 사람모양 멍하니 먼 하늘만 쳐다보더니 이내 긴 한숨을 토해내며,

"허허 어쩔 수 없지 뭐. 이왕 장사는 땡 소리 났으니 비치에 가서 백말들 나체 구경이나 실컷 하고 가자."

지중해를 접하고 있는 남프랑스 니스 해변은 나체촌으로 이름이 알려진 곳이다. 삼각 천으로 중요한 아랫부분만 살짝 가리고

그 위에는 몽땅 발가벗었다. 동양에서 온 선비 놈은 도저히 눈을 둘 데가 없었다. 다들 발가벗었는데 옷 입은 사람이 오히려 부끄럽기까지 하였다. 해변을 걸으며 그저 슬금슬금 곁눈질을 하다가 도저히 민망해서 더는 그 길을 걸을 수 없어 한 줄 뒤에 있는 차도로 나왔다. 거기에서도 어느 정도 보이긴 했다. 그런데 해변 벤치에는 축 처진 몸매를 자랑할 수 없는 할머니들이 옹기종기 모여 앉아 있는 모습이 참으로 측은해 보이기도 하였다. '나도 지난날 저런 때가 있었는데 말이야. 세월이 원수로구나.' 하고 옛적 어느 때를 회상하고 있을는지!

분청사기에 대한 미련은 훌훌 털어버리고 다음날 모처럼 이곳 지중해까지 왔고 유명한 모나코가 여기에서 멀지 않으니 모나코까지 드라이브나 하자 하고 이 박사의 소형 벤츠로 꼬불꼬불 비탈길을 오르락내리락 한 시간 정도 달리니 언덕 위 도시로 보이는 모나코 공국이 눈앞에 전개되었다. 모나코는 해변에서 바로 언덕으로 이어진 곳에 도시가 형성되어 있었고, 비탈진 언덕 위에 궁성이 있었다.

부두에는 부의 상징물인 크고 작은 요트들이 서로 키 재기 하고 있었고, '나는 왕이로소이다.' 하며 조선의 선비는 기죽지 않으려고 비록 작은 어깨지만 쫙 펴고 요트들을 사열하고 나서, 니스로 돌아올 때는 왠지 두 어깨는 볼품없이 축 늘어져 있었다.

도록에 수록된 작품이라 해서 모두가 진품이고 명품은 아니다

사람들은 흔히들 '이 작품은 어느 도록 어디에 수록되어 있었던 작품이니, 진위는 말할 나위도 없지 않겠느냐?' 라고들 한다. 특히 각 대학 박물관 도록이나 대형 언론사 등에서 발행된 도록이라면 더더욱 그러하다.

그러나 이러한 도록에 수록되는 유물들은 학자들로 하여금 감수케 한 후 선별하여 수록된 것으로 진위문제는 크게 걱정하지 아니하여도 되겠지만, 요즘 자주 출현되는 위조품은 웬만한 전문가들도 속아 넘어갈 정도로 정밀하고 교묘하다.

앞의 이야기에 등장하는 '귀함별황자 명 총통' 사건에서 보았던 바와 같이 국가 문화재 전문위원들의 엄격한 심사를 거쳐 국보로 지정된 물건도 4년이나 지난 뒤 위조품임이 밝혀져 국가적 망신을 당한 일도 있었고, 어느 상인단체에서 전시한 몇몇 유물들의 진위문제에 대한 시비가 끊이지 않고 있으며, 특히 안타까운 일은 명망 높은 학자들의 자문을 받아 수집한 어느 사립 박물관의 소장 유물 중 상당량이 위조 또는 변조품이라는 말들이 지금도 학계나 사계에 회자되고 있다.

이러한 일련의 일들은 당사자들이 귀를 막고 있으면 그것으로 끝난다고 생각할 일만은 아니다. 고미술을 공부하는 많은 학도는 그러한 유명 박물관의 소장품을 연구 대상으로 삼고 있을 것이며, 또한 고미술 애호가 수집가들은 그것들로 하여금 수집의 표본으로 할 가능성이 매우 크기 때문이다.

실제 일부 옳지 못한 상인들은 그와 비슷한 위조품을 구한 뒤 수집가에게 보이며 "아, 이 작품은 어느 박물관에 소장된 유물보다 좋습니다."

또는 "그 정도 수준입니다."라면 소장된 위조 또는 변조품을 기준의 잣대로 삼을 수도 있다.

필자가 직접 경험한 실례를 하나 들어보겠다.

1991년 고미술 협회전을 위하여 제작된 도록에 위조품인 「분청사기 철화 당초무늬 병」이 한 점 수록된 일이 있었다.

감정위원들과 함께 감정을 모두 끝내고 출품 물목들을 마감하고 뉴욕 Sothebys 와 Christees 의 한국 고미술 경매에 참가하기 위하여 떠난 뒤 수집가들이 관심을 있을 만한 작품 한 점이 출품하려고 한다는 사실을 전화로 받았다. 전시 판매를 책임지는 회장으로서 단 한 점이라도 우수한 작품을 출품하고자 함은 누구나 같은 심정이었을 것이다. 사무국장으로부터 전화를 받고 시간 두고 생각할 것도 없이 바로 감정위원들의 심의를 거쳐 출품하도록 하라고 지시하였다.

귀국하여 새로 추가된 물품을 보았어야 했지만, 이미 촬영이 끝나버렸고 이런저런 사무들이 밀려 있는데다 수 백 점이나 되는 유물들을 다시 찾아보기도 어렵고 해서 그냥 진행하도록 했다. 물론 감정위원들의 철저한 심의를 거쳤을 테니 따로 추호의 의심도 하지 않았다. 실수는 여기에서 끝나지 않았다. 호텔의 큰 방 하나를 얻어 출력된 사진들을 펼쳐놓고 편집을 하는데 문제의 그 분청사기 병의 사진을 보고도 별 의심 없이 제법 좋은 위치에 끼워 넣었다.

한 주일 뒤 도록이 납품되었고 고객들과 출품자들에게 우송하였다. 이때까지만 해도 아무런 의심도 없었고, 전시 하루 전에 모든 출품 물들을 전시장에 옮겨 전시추진 위원들과 함께 밤을 새워 진열하던 중 생소하게 보이는 유물이 한 점 눈에 들어왔다. 바로 그 「분청사기 철화 당초무늬 병」이었다, 그 물건을 보는 순간 내 얼굴에 경련이 일었다. '아차! 이런 실수가!' 당장 사무국장을 불렀고, 감정위원장을 불렀다. 어찌 된 일인지 따졌지만 이미 지나간 일이고 큰일을 앞에 두고 잡음을 일으켜서 좋을 게 없었다. 일단 출품에서 제외하는 것으로 일을 마무리 지었다. 그러나 이미 발송된 수천 권의 도록은 회수할 수 없어 전시 당일 전시장에 고시하는 것으로 대체하였다.

이런 일이 있은 지 6년이 지난 1997년 어느 날 모르는 사람으로부터 전화 한 통이 걸려왔다.

"저 김대하 회장님이시지요? 저는 대전에 사는 ***인 데, 일본에서 좋은 물건 하나를 사서 가져왔는데 사시겠습니까?"

"저도 상인인데 좋으면 물론 사야지요."

다음날 어떤 사람이 오동나무 상자에 넣어 가져온 도자기를 꺼내 보였다. 상자에서 꺼내는 단 이삼 초 만에 '아이쿠!' 하고 고개가 위로 젖혀졌다. 그도 그럴 것이 그 물건 탓에 얼마나 망신을 당했으며 신경을 썼던가! 이십오 년이 지난 지금도 그려보라면 한 치 오차도 없이 그릴 수 있을 정도로 충격을 받았던 물건인데 잊을래야 잊을 수 없는 물건이었다.

"이 물건 아닌데요. 위조품입니다."

"아니 무슨 말씀입니까? 이건 다른 사람도 아닌 바로 김 회장님이 주관한 협회 전시회 도록에 등제 된 작품인데 아니라니요! 저는 회장님의 정직성과 공신력 있는 협회 도록만 믿고 산 것인데, 회장님이 책임지세요!"

▲ 분청사기 철화 당초무늬 병

어떻게 들어보면 그럴싸하게 들리기도 하겠지마는 참으로 억지도 보통 억지가 아니었다. 그래서 당시 상황을 자세하게 설명해 주고 죄송하다며 몇 번을 머리 조아리고 돌려보내기는 했지만 단순한 도록 하나가 몰고 오는 후유증은 이렇게 간단하지가 않았다.

이처럼 실수로 등재된 도록도 있겠지만, 어떤 경우는 지금이 아닌 몇 년 뒤 사기 행각을 하고자 고의로 위조품을 등재하는 경우도 없지는 않다고 본다.

또 다른 예를 들어보겠다. 우리는 보통 세계적으로 이름이 알려진 국제 경매회사인 Sothebys 나 Christees 등 유수의 이름 있는 대형 경매회사에 출품된 작품은 별 의심 없이 믿고 낙찰 받는 경우를 흔히 볼 수 있는데, 이런 일은 실수치고도 참으로 큰 실수다. 왜냐하면, 적게는 수만 달러에서 크게는 수십만 달러 또는 수백 만 달러를 지급하고 돌아온 뒤 전문가들로부터 위조 또는 변조라는 말을 들었을 때의 무너져 내리는 가슴을 어떻게 주체할 것인가! 실제로 이런 사건들이 적지 않게 일어났었다.

실례로 1992년으로 기억된다. 서울의 어느 대형화랑 사장님이 뉴욕 어느 경매회사에서 열리는 한국 미술품 경매장에 나타났다. 그리고 그림이 아닌 도자기에 대해 어떠냐고 물어보았다. 그분이 물어보는 도자기는 진위가 의심스러운 백자 진사(동화) 풀꽃 무늬 단지를 가리켰다.

"그건 웬만하면 손대지 않는 게 좋을 듯합니다."

라고 말해 주었는데 다음날 경매일에 당연히 유찰되어야 마땅한 그 물건을 누군가에게 낙찰되었고 그 낙찰자가 바로 그 화랑 사장님이란 것을 귀국 한참 후에 알게 되었다. 골동상인 내가 낙찰받으려고 경쟁자를 줄이려고 하는 수작으로 오해하였는지도 모르지만 말이다.

작품을 찾아와 보니 서울의 이 사람 저 사람들의 입에서 좋다고 말하는 사람이 별로 없으니 경매회사 서울 지사에다 낸 낙찰금을 반환해 달라고 요구하게 되었고 경매 회사 측에서는 위조라는 증거를 제시해 달라고 요구하여 고미술 협회에 감정을 의뢰하게 된 것이었다. 당연히 위조라는 감정서가 발행되었지만, 그 후 반환 문제는 어떻게 해결되었는지 알 수 없었고 알려고 하지도 않았지만, 이 사건은 물건값이 약 5,000$ 정도의 소액이었기 때문에 쉽게 해결되었는지 모르겠지만, 낙찰가가 몇만 달러 또는 몇십만 달러 정도의 사건들이었다면 회사 측에서는 소송을 제기하였더라도 일단 입금된 돈은 돌려받기 어렵다.

실제로 뉴욕에 거주하는 교민 한 사람이 오원 어회도 8곡 병풍한 점을 수만 달러에 낙찰받아 서울에 팔려고 가져 왔다. 그러나 그 물건이 위조품으로 밝혀져 경매 회사를 상대로 소송을 제기하였으나, 수백 년 역사를 가진 상장회사의 장장한 법무팀들을 상대로 승소하기란 여간 어려운 일이 아니어서 물건값 수만 달러에 소송비용까지 합하여 큰 손해를 보게 된 사건을 필자는 직접 본 일이 있다.

또 한 예로 1997년 같은 경매 회사에서 일어난 사건으로 「백자 청화 수복문 동채 병」한 점을 300.000$에 서울의 이름이 알려진 수장가가 낙찰받았다. 그러나 이 작품은 백자 수복 문(壽福 文) 병에 산화동 안료를 설채한 변조품이었다.

이 수집가는 낙찰 품을 인수하기 전 서울에 돌아와 보니 여론이 별로 재미가 없다 바로 자기가 낙찰받은 그 도자기가 이상한 물건이란 소문이 파다했다. 그러니 막대한 거금을 지급하고 물건을 찾아올 마음이 없어진 것이다. 경매가 끝난 지 한 달이 지나도록 낙찰 품을 인수해 가지 않으니 회사 측으로부터 대금 납부에 대한 독촉이 빗발쳤다. 회사 규정은 낙찰일로부터 21일 이내에 대금을 내고 물품을 인수해 가도록 규정되어 있다. 그렇지만, 이상한 물건이라고 소문이 자자한 그 물품을 인수할 마음은 손끝만큼도 없어진 지 이미 오래되었기 때문에 전화도 피하고 독촉장을 보내도 아무런 회신을 하지 않고 하니, 회사 측으로부터 경매 대금 청구 소송을 당하는 처지까지 오게 되었다. 물론 이 양반도 보통 사람은 넘는 분으로서 어떻게 법적 대응을 하였는지는 그 후 들은 바 없었지마는 아마도 상당한 곤욕을 치렀을 것으로 생각된다.

위의 몇몇 실례를 들었지마는 이 외에 국내외에 알려지지 않은 이와 비슷한 사건들이 상당히 많지마는 일일이 다 소개할 수 없을 정도다.

결론적으로 도록을 믿고 작품을 수집한다는 것은 고미술 수집의 ABC 초급단계 수준도 넘지 못한 사람들이라 할 수 있겠다.

*덤으로 끼어들기 셋

_공예품으로의 도자기

인류 산업의 발달은 약 일만 년 전 질그릇 발명에서부터 시작되었고, 이는 기능적 실용 가치의 절대 필요성에서 발명된 하나의 공예품이다.

도자기도 포함된 공예품은 인류의 생존과 직접적 관계에 있는 실용적 기능성 도구에서부터 출발하였음으로 이때에는 '미'가 실용이라는 절대가치 속에 비집고 들어갈 틈이 없었지마는, 예를 들면 구석기 시대의 타제석기는 인류의 생존을 위하여 수렵의 도구로 그에 적합한 뾰족한 무기로의 돌이 필요하였던 것이지 미적 의미는 부여할 틈이 없었다. 골각 바늘은 동물의 가죽을 연결해 의복을 만들고자 제작되었을 뿐으로 거기에 다른 어떤 기교가 개입할 여유가 없었으며, 이 가죽들은 추위에서 나를 보호하는 데 필요하였던 것이지 패션 감각과 같은 미적 요인에 내어줄 자리는 없었다.

그러나 인류 역사가 농경 사회의 정착 생활로 접어들면서 수확한 농산물의 저장에 필요한 그릇을 비롯한 더 많은 종류의 발전한 실용적 가치의 도구가 필요해졌다.

이렇게 인류의 집단 정주 생활과 함께 산업의 분업화로 시장이 형성됨에 따라 공예는 수요 공급에 따른 상품화가 되면서, 공예의 가치개념은 수정이 불가피하게 되었다. 다시 말해서 단순한 기능적 가치만의 도구보다 미적 가치가 가미된 기능성 도구를 선호하게 되었다.

예를 들면 단순히 저장을 위해 만든 질그릇 항아리라도(기능적 가치) 몸체에 음각이나 양각으로 사물이나 추상적 그림을 가미시킨(미적 가치) 쪽을 선호하게 된다는 것이다.

우리는 세속적인 말로 '이왕이면' 이라든지 '같은 값이면' 이라는 말을 즐겨 사용하는 편인데, 이처럼 기능적 실용성을 가치 우위에 두고 '같은 값이면 좀 멋있게', '이왕이면 아름답게' 라는 쪽으로 발전시키면서 '미' 를 수용하게 된 공예는 '미' 와 '실용' 이 서로 조화를 이루면서 발전하게 되었다.

순수 미술은 작가의 생활 경험에서 얻어지는 특정한 감정(感情)과 심상의 미적 가치를 평면 또는 입체적 구형으로 표현하여 다른 사람에게 전달하는 수단으로 미를 위한 미술이므로 감상자는 작가의 그러한 심상의 미적 가치를 제대로 읽고자 하는 행위 결과로 미의 재창조가 되지만, 공예 미술은 실용적 기능성을 우선 가치에 두고, '이왕이면' 이라든지 '같은 값이면' 에서 조화된 미를 감상자가 느끼게 된다면, 감상자에 의해 발견되는 이 미의 진정한 가치는 미의 재창조라 할 수 있다.

다시 말하면 공예품을 실용적 면에서 감상하면 실용 가치가 우선순위에 놓이지만, 미술적 차원에서 감상할 때는 미적 가치가 우선순위에 놓이게 된다는 것이다.

실용이 가치 우선으로 탄생한 공예품이 미를 가치 우위에 두는 미술품이 된다는 것은 그것이 실용 가치를 축소 내지는 상실하게 되었다는 의미가 된다.

고도자기는 원래 하나의 기능적 실용성을 목적으로 하여 제작된 것이지마는, 이 시점에 와서, 완상(玩賞) 대상으로 인식된다는 것은 그 사물에서 본래의 제작 목적이 갖는 실용성이 상실되거나 혹은 약화하여 순수한 심미적 대상으로 존재 의의가 전이된 것을 의미한다 하겠다.

예를 들면 집 한 채 값과 버금가는 비취색 상감청자 주전자 한 점을 산 수집가가 그 주전자의 제작 당시의 목적이었던 기능성 가치에 집착하여 거기에 술을 담아 즐기는 사람은 아마 별로 없을 것이고, 다만 그 주전자가 가진 미적 가치에 더 큰 관심을 끌게 될 것이기 때문이다(일본인들의 찻잔으로 사용되는 고도자기의 경우는 각 민족의 문화적 차이에서 오는 '미' 에 대한 철학의 문제다).

물론 실용성과 예술성은 명쾌하게 양단할 수는 없다고들 하지만, 그러나 골동 취미는 가능한 한 그 실용성을 배제하거나 약화시키며 실용성보다는 대상의 심미적 속성에 우선적 가치를 부여하게 된다.

도둑맞은 도자기가 내게 다시 팔려온 사건

1978년 부도로 회사를 다른 사람에게 팔고 다시 골동업계로 돌아왔을 때의 일이다. 부산 광복동 입구에서 개업한 지 얼마 지나, 내가 출장을 간 사이 집에 도둑이 들었다. 벌써 두 번째 도둑이었다. 몇 년 전 첫 번째 도둑이 들었을 때는 거실 벽에 걸어 두었던 그림 몇 점만 칼로 오려갔고, 다행스러운 일은 거실 장식장에 있던 도자기 중 진품은 그대로 두고 번쩍거리는 현대 모조품들만 몇 점 골라 가버렸다. 그림도 그리 썩 좋은 그림이 아니었기 때문에 동네 파출소에 신고만 해두고 결과에 대해서는 크게 관심을 두지 않았다. 다만, 가족들이 불안해하기 때문에 진돗개 한 쌍을 사들여 정원 앞뒤에 한 마리씩 배치하여 두었다. 그러나 이번 도둑놈들은 사납다는 진돗개 두 마리를 모두 약으로 즉사시켜 버리고 침입한 것 같았다. 도둑이 들려면 개도 짖지 않는다는 속담이 있지마는 짖기도 전에 아예 입막음해 버리고 침입한 것이다.

이번에는 전번과 달랐다. 틀림없이 나를 잘 아는 누군가가 전문 절도범을 교사한 것 같은 생각이 들었기 때문이다. 담당 경찰서에 신고하고 수사 형사들과 지문 감식반이 왔었다. 도난 품목과 피해액이 얼마나 되느냐고 묻기에 청자 탁잔, 상감 청자병, 청화백자 용문병, 등 등 일곱 점이고 시가 약 천만 원 좀 넘을 것 같다고 하니 지휘하는 경찰관이 피해액이 오백만 원 이상 되면 수사본부를 설치해야 하므로 그렇게 되면 여러 가지 골치 아픈 일들이 뒤따르니까 피해액을 줄여서 신고해 달라는 것이었다. 그래서 피해액 삼백만 원으로 신고하였다.

지문 채취 반은 거실 진열장 유리문을 비롯한 거실 여기저기를 지문 채취하였지만, 가족 이외의 지문은 나타나지 않았다. 아마 장갑을 꼈을 것으로 짐작되었다.

아무리 생각해봐도 골동품 가치에 대해서 잘 알고 있으므로 나를 잘 아는 사람의 소행 같아,

"저기 선생님들, 요구대로 피해액을 축소하여 신고는 하였지만, 내가 어딘가 집히는 데가 있어 그러는데 도난품을 찾고 못 찾고를 떠나서 범인을 꼭 잡아주세요. 만약 경찰이든 민간인이든 누구든 상관없이 범인을 잡으면 현상금 백만 원을 걸겠습니다."

피해액이 당시 시가로 천만 원 이상으로 추산되었지만 도난당한 골동품 도자기의 요즘 시세로 따진다면 아마 일이억 원 이상의 가치는 있었을 것이다. 그때 내가 살고 있던 대지 125평 건평 50평의 화강암으로 건축한 양옥집이 일천오백만 원에 샀으니 어쩌

면 그 이상의 가치로 추산될 수도 있다.

백만 원의 현상금이 적은 돈이 아녔으므로 집중적으로 수사를 해주십사 하는 부탁이었다. 그렇지 않으면 언제 도둑을 잡을지 믿지를 못할 때였다.

도둑맞은 지 한 달 정도 지나서 경찰서로부터 도둑놈을 잡았다고 연락이 왔다. 그런데 이 형사님이 경찰서에서 만나자는 것이 아니고 경찰서 밖 어느 커피숍에서 만나자고 했다. 아마 현상금 때문에 그러나보다고 생각되어 현금으로 백만 원 준비하고 지정 장소로 가니 그때 현장 조사하러 왔던 두 사람이 나와 있었다.

"아이쿠! 형사님, 수고 많이 하셨습니다. 그리고 참으로 고맙습니다."

일단 고개 숙여 인사부터 하며 앉았다.

"도둑놈이 도대체 어떻게 생겨 먹은 놈입니까? 물건은 다 회수하였습니까?"

가장 궁금한 것은 도대체 어떤 작자 인지였다.

"구포 주변에 사는 전문 털이범인데 아무리 쪼아도(고문을 가해도) 입을 열지 않으니 배후는 밝혀내지 못하였습니다."

"그러면 일곱 점 모두 찾았습니까?"

"아니 세 점밖에 없던 데요. 아무리 족쳐도 세 점밖에 없다고 하니. 참 내."

일단 경찰서로 갔다. 놈은 도둑놈으로 보이지 않았다. 철제 캐비닛 안에서 압수한 도자기 세 점을 꺼내고 내가 도난당한 물건인지 확인 절차를 마치고 포장하여 들고 나왔다. 경찰관이 뒤따라

나오며 좀 전에 만났던 커피숍에 다시 들어가 도둑을 잡고 물건도 찾아주었으니 현상금 백만 원을 달라고 했다.

"나리들 보소! 배후도 캐내지 못하고 물건도 반도 못 찾았으니 현상금도 반만 주겠소."

오십만 원을 세어서 건네주었다. 물론 주지 않아도 무관했다. 경찰관이 비공식 현상금 따위를 받는 거 자체가 위법이기 때문이었다.

"저 도둑놈 바짝 쪼으면 틀림없이 배후를 토설할 텐데 배후만 밝혀주면 나머지 물건 찾고 못 찾고 관계없이 나머지 현상금 드리겠습니다."

"아이고 사장님요, 그렇지 않아도 여죄 추궁 차원에서도 할 만큼 해 보았습니다 달아매는 게(고문) 우리 특기인데 내가 그냥 두었겠습니까?"

그 뒤 범인은 어떻게 처벌받았는지 알지 못한 채 수개월이 지난 어느 날 김천에서 골동 가게를 하는 오 씨라는 사람이 찾아왔다.

"새로 개업했다는 소문은 들었지마는 축하 인사가 늦어 죄송합니다. 헤헤."

본래 이 친구가 좀 간사스럽다. 그날도 두 손을 비비면서 간드러지게 인사를 했다.

"아이쿠! 웬 별말씀을, 이렇게 찾아오신 것만 해도 감사합니다."

"새로 개업했으니 특별히 도와드릴 것은 없고 물건 하나 가지고 왔는데 사실랍니까?"

"물론 좋으면 사야지요. 뭔데요? 어디 봅시다."

가방에서 오동나무 상자 안의 종이에 둘둘 감은 도자기를 내어 놓는다. 어! 이건 내가 수개월 전에 도둑맞은 일곱 점 가운데 한 점으로 '청자 상감 국화문 화형 탁잔' 이 아닌가, 그러나 모른 척 하면서 시치미 뚝 떼고,

"물건 좋네요. 어디서 났습니까? 혹시 장물 같은 건 아닙니까!"

입가에 웃음을 띠면서 넌지시 물어보았다.

"호리꾼(도굴꾼의 일본말) 물건인데 호리한 지 며칠 안 되었고 아무에게도 보이지 않은 처녀 물건입니다."

"그래 값은 얼만데요?"

짓궂게 이렇게 저렇게 어르고 있다가 정색을 하며,

"이봐 오 씨! 이거 내가 도둑맞은 물건인데, 당신 누구한테 가져왔어? 솔직하게 이야기하면 없었던 걸로 하겠지만, 만약 거짓말로 날 기만한다면 법대로 해야 하겠소!"

이 친구 금방 안색이 변했다.

"사실은 안동에 산다는 호리꾼인데 어제 내게 가지고 와서 팔아달라고 맡겨 둔 물건입니다. 이게 사장님 게 틀림없다면 그냥 드리고 난 그만 가렵니다."

하며 일어서 나가려고 했다.

"좀 있어 보소." 하고 문을 걸어 잠가 평소 잘 아는 중부 경찰서 강력계 '강 형사' 를 불러 자초지종 설명하고 이 친구와 함께 김천에 가서 범인을 잡아와 달라고 부탁하고 수사비 조로 넉넉하게 돈을 집어 주었다.

다음날 범인 체포하러 갔던 형사가 혼자 돌아와서 하는 말이 사실 범인은 안동 사는 사람이 아니고 어디에 사는지 모르는 사람이며, 장물아비 오 씨도 나와 잘 아는 같은 골동업자이니 그냥 용서해 주었단다. 그땐 매사가 이러했다. 범인 잡으러 갔던 경찰관이 신고한 내 의사는 무시한 채 제 마음대로 범인을 용서해 주었단다.

무언가 구린 냄새가 나지만은 그와 나는 악어와 악어새 관계였으니 그냥 넘어가기로 하였다.

되찾은 청자 탁잔을 앞에 놓고 '허 참 도대체 어디로 돌고 돌아 결국 본래 제자리로 돌아왔나?' 집 나간 자식이 굶주림에 못 견뎌 집으로 돌아온 것 같았다.

이 글을 읽으면 이 청자가 집으로 돌아오기까지 당시의 세태를 짐작게 하는 글이 되었을 것이다.

교묘한 사기 수법(해저 유물의 위조 방법과 처분 방법)

남을 잘 속이고 위조품을 잘 파는 사람이 장사 잘하는 상인이며, 대가로 대접받는 바닥이 바로 골동 시장 바닥이다.

이런 사람일수록 이 바닥에서는 자기를 따를 자 없는 양 떠벌리고 다닌다. 그런데 신기하게도 이런 사람의 입과 행동에 다들 잘도 놀아나는 게 또한 이 바닥이다.

장단 맞춰주는 사람이 있으니 소리꾼들이 신바람이 난다. 음률이나 창법을 제대로 공부한 사람의 참된 소리에는 장단 맞추기를 두려워한다.

90년대 초반 중국과의 국교가 수립되고 북한에 있던 청자를 위시한 매장 문화재들이 국경을 접한 중국을 통하여 상당량이 반출되었다. 그 중 대부분이 한국으로 반입되었다. 이는 불행 중 다행이라 해야 할 사건들이다.

누가 중국에서 어떤 것을 얼마에 사 와서 떼돈을 벌었다는 소문들이 전국 고미술 시장에 퍼지면서, 너와 나뿐만 아니라 앞집 고양이도 뒷집 강아지까지도 중국행 비행기를 탔다. 나도 고양이 행렬에 끼어 북경, 심양, 연길, 단동 등지에 가 보았다. 그러나 골동품 구매만을 위하여 간 것은 아니고, 사고 체계가 잘못된 어느 친구 제안에 부화뇌동하여 그가 창업한 공장에 상당액을 투자하였기 때문에 수시로 들락거리게 되었다.

참새가 방앗간을 그냥 지나치는 법이 없듯이 나 역시 골동을 취급한다는 이런저런 사람들과 접촉하게 되었다. 그 가운데는 전혀 보지도 듣지도 못한 사람들로부터 전화도 받게 되었고, 때로는 숙소에 방문 받기도 했는데 이들로부터 서울의 누구누구 아느냐, 대구 누구누구 아느냐, 어디 어디 누구누구 아느냐는 질문을 수도 없이 많이 받게 되었다. 마치 인도를 여행하다 보면 나이 든 놈 어린놈 할 것 없이 만나는 사람마다 '헬로! 웨어 아 유 캄 프름?' '왓 유어 네임? 하우 올드 아 유?' 에서 시작하여 아는 단어는 총동원하여 불심검문을 하는 것처럼 누구 아느냐 누구 아느냐 하는 질문을 자주 받게 된다. 그 중 아는 사람도 있고 모르는 사람도 있다. 왜 그러냐 하고 물어보면 다음 말이 참으로 가관이다. 그 사람이 한국 골동 계에서 자기가 최고라는데 사실입니까? 하고 묻는다. 그 중 내가 아는 사람도 있지만 모르는 사람들도 많았다.

"글쎄 최고인지 아닌지는 내가 잘 모르지만 그런 사람이 한국에서 골동 장사하는 것만은 사실이다."라든지,

"글쎄 그 사람이 한국에서 최고인지 아닌지 잘 모르지만 난 들

어본 적이 없는 이름인데.”

아무튼, 중국에만 오면 최고 아닌 사람이 단 한 사람도 없었으니 나 같은 사람은 감히 명함도 내보이지 못할 정도였다.

이 친구들은 다른 어떤 사람들을 만나면 똑같은 질문을 하였을 것이다. 그래서 “나를 아느냐고 물어 보았어요?”라고 되물어 보면, 내가 아는 사람이든 모르는 사람이든 간에 돌아오는 대답이 거의 같았다. “물론 안다고 해요. 그러나 김 회장은 지방에서 조금 알려진 정도지만 자기는 전국에서 이름이 알려졌다면서 자기가 최고인 것처럼 이야기하던데요?”

물론 나는 1966년 부산에서 출발하여 82년에 서울로 이사 왔으니, 부산 촌놈이라 해도 틀린 말은 아니다. 그러나 그렇게 말한 그 사람은 내가 서울로 이사 왔던 30년 전만 해도 이 업계에 발도 들여놓기 전이었다.

국교가 열린 92년도 이후부터 매사 이런 식으로 이삼만 불 들고 가서 일급 호텔에 들어앉아 재벌 2세라도 되는 양 떵떵거리며 한국 최고 권위자 행세를 하고 다니다가 빗나간 귀한 외화 위조품에 다 쓸어 넣어버리고 낭패 본 사람이 한두 사람이 아니었던 시절이었다.

이런 풍조가 중국에서만 새삼스러운 것이 아니었고, 그 훨씬 이전부터 국내에서 이미 흔하게 볼 수 있었던 일들이었다.

경상도 어느 지방에서 잘 알려지지 않은 이 모라는 거간꾼(속칭 나까마)이 있었다. 이 친구는 진품을 제값을 받고 팔 수 있는 재주는 별로 없고 위조품을 큰돈 받고 파는 재주는 아주 뛰어났다.

예를 들면 제법 고가품인 진품을 아는 가게에서 오백만 원에 팔아주겠다고 하고 위탁으로 가져간다. 그리고 자기가 아는 수집가에게 가서 아주 어수룩한 골동쟁이처럼 행사하며 오백만 원 호가하는 물건을 보인다. 수집가가 보기에는 물건이 꽤 괜찮은 것 같다. "얼마요?" 하면서 관심을 보이면 소파에 엉덩이만 살짝 걸친 채, 옆에서 보면 그의 꿇어앉는 자세로 양손바닥 마주 잡고 "네, 오백만 원입니다." 하고 모깃소리 같이 작은 소리로 대답한다. "에이, 뭐 그리 비싸! 얼마까지 싸게 할 수 있어요? 이렇게 비싸면 살 수 없어요." "마, 사백만 원에 드릴게요." 참으로 웃긴다. 만약 사백만 원에 팔면 백만 원 손해 보게 되며, 그 백만 원은 자기가 물어내야 한다. 그런데도 제 마음대로 사백만 원이란다. 수장가는 도둑놈 심보로 용감하게 깎아 준 값에서 또 반값으로 확 더 깎아 본다(반으로 뚝 자르는 값을 속칭 엿치기라고 한다.). 밑져야 본전이란 생각으로 아니면 다시 흥정하면 되니까 말이다.

"어허 참! 그러지 말고 이백만 원만 하지! 그러면 내가 현찰로 사지." 원래 이 친구의 작전은 주겠다는 값을 받고도 팔려고 한 것이다. 그러나 금방 팔겠다면 어딘지 거시기한 것 같아, "아이쿠! 그렇게는 안 되고요 삼백이면 드리겠습니다." 삼백만 원이면 비싼 값이 아닌 것 같아 그렇게 흥정을 끝낸다.

물건의 원래 주인에게는 팔기는 했지마는 수금을 아직 다 못하였으니 좀 기다려 달라고 해놓고 다음 작전으로 들어간다.

약 한 달 정도 지난 어느 날 바로 그 수집가에게 전화를 건다. "사장님예! 접니다. 저 이군입니다." 전번에 좋은 물건 싼값에 사들인 일도 있고 하여 반가운 목소리로 "아, 그래요? 웬일이요!"

"다름이 아니고 예, 국보급 하나 들어왔는데 구경 한번 해 보렵니까?"

"뭐? 국보급! 뭔데 그리 야단이고, 하여튼 한 번 보기나 하자." 몇 시간 간격을 두고 그 수집가를 방문한 사기꾼은 이중으로 포장된 오동나무 상자에 담겨 있는 큼지막한 도자기를 꺼낸다.

송대(宋代)로 보이는 청자로 드문드문 조개껍질이 붙어 있을 뿐 흠집 하나 없이 보관 상태가 양호하다. 한눈에 보아도 눈이 번쩍 뜨일 정도로 명품인 것 같다. 특히 조개껍질이 여기저기 붙어 있으니 진품임에 의심할 여지가 없다. 조개껍질에 의한 경년 변화 위장 수법은 멀리 지중해 연안 여러 국가에서 고대 국가 유물 중 기호도가 높은 암포라(Amphora. 고대 선박들이 장기 항해 시 몰

단지로 사용된 손잡이가 양쪽에 달린 뾰족한 굽의 도기 항아리)를 바다 밑에 몇 년 빠뜨려 두었다가 건져내면 조개껍질들이 붙는 위조 수법으로 잘 알려진지 이미 오래된 낡은 수법이지마는 1970년대 후반에 신안 앞바다 해저 펄 속에 묻혀 있던 송원대 무역선과 함께 상당량의 도자기가 발굴되기까지는 이러한 수법을 알 턱이 없었다. 그 후 강진 앞바다와 대천 앞바다 등의 펄 밭 속에서 발굴된 고려 시대 난파선과 함께 상당량의 고려청자도 발굴되었지만.

그러나 이 수집가는 난생처음 보는 도자기다. 수년 전 신안 앞바다에서 인양된 송원대 도자기들에 대한 기사를 읽은 기억은 있지만, 중국 도자기에 대한 지식이 전혀 없는 사람으로서 그것이 무엇인지 알 수가 없다.

"물건은 좋은 것 같은데, 도대체 이게 어느 시대 청자요? 우리 고려 시대는 아닌 것 같고."

아이 참, 사장님도 이게 바로 몇 년 전에 신문에 떠들썩하였던 바로 그 송원대 청자 아닙니까!"

그러면서 숨도 쉴 틈 없이

"국봅니다. 국보! 아직은 세상이 시끄러워서 소문낼 수 없지만 몇 년 만 지나면 큰돈 됩니다. 모르긴 해도 아마 수억짜리는 될 것입니다. 그리고 특히 일본에만 갈 수 있으면 엄청난 돈을 받을 수 있지만, 우리내야 어디 외국에 갈 수가 있어야지요?"

이 양반 최면에 걸려든다. 입만 벌리면 수억이니 엄청난 돈이니 하고 떠들어 대니 슬그머니 호기심이 발동된다. 욕심 많은 사람일수록 이러한 사기 수법에 잘 걸려드는 법이다.

"그래 값이나 물어봅시다. 도대체 이 정도면 얼마짜리나 됩니까?"

"아무리 싸게 판다고 해도 천만 원은 받아야 합니다. 몇 년 만 지나면 수억도 더 되는 물건입니다."

이렇게 흥정이 시작되어 밀고 당기고 하여도 전번처럼 쉽게 값이 내려가지 않는다. 그러다가 사기꾼이 슬그머니 한 마디 던져 본다.

"사장님, 그러면 이렇게 합시다."

"어떻게?"

"사실은 저번에 드린 그 물건이 도굴꾼이 검거되어 경찰로부터 조사하고 있는 물건이라고 하여 주인으로부터 판 값에 오십만 원 더 얹어 드릴 테니 돌려달라고 하니까 그 물건 돌려주시고 백만 원만 더 주시지요."

이 양반 가만히 생각해 보니 그 물건보다 이놈이 훨씬 더 비싼 것 같고 또 골치 아프게 법적 문제까지 있다고 하니 차라리 잘 되었다 싶어,

"그래, 알았어. 그렇게 하지."

"그런데요 사장님, 당분간 절대로 다른 사람에게 보이면 큰일 납니다. 저보다 사장님도 망신당할 수 있으니 장롱 깊이 몇 년만 꾹 참고 묻어 놓으세요. 그러면 그 뒤 큰돈 될 것입니다."

남의 물건을 시세보다 턱없이 싸게 사려고 하면 반드시 크게 후회하게 될 날이 오게 된다는 만고불변의 철칙을 이 양반은 그때까지도 깨닫지 못하였나 보다.

이렇게 하여 전번의 삼백만 원에 팔았던 물건과 현금 백만 원을 받아 휘파람을 불며 나온다.

그리고 그 물건은 위탁받아온 골동 가게 주인에게 돈을 주지 않아서 도로 가지고 왔노라며 돌려 주어버린다.

결국, 가짜 한 점을 두어 달의 작전으로 사백만 원의 거금을 챙기게 되니, 이 사람들은 일이십 프로 남는 진품 장사는 아예 생각조차 하지 않게 된다. 당시 사백만 원이면 아주 큰돈이다.

이렇게 장단 잘 맞추어 주는 수집가들이 있으니 음률도 맞추지 못하는 소리꾼들이 활개치고 다니면서 이 바닥의 최고인 양 거들먹거리고 다닌다.

그러면 그 가짜 송대 청자는 어떻게 사게 되었을까? 12·12 사태 후 신군부가 집권하게 되면서 시행한 여행 자유화 조치로 웬만한 사람들은 가까운 나라들부터 여행을 하게 되었지만, 일부 불순한 생각을 하는 소수의 사람은 일반인들이 잘 가지 않았던 대만에 가서 한국에서는 볼 수 없었던 송원대 모방 도자기를 반입하여 남해나 서해 굴 양식장에 약 일 년 정도 빠뜨려두면 어느 정도의 굴 껍데기들이 들러붙게 된다.

이 수법은 앞에서 밝힌 바와 같이 원래 지중해 연안국에서 오래전부터 이용되었지만, 우리나라에서는 해저 유물이 발견되면서 80년대 초부터 나타나는 인위적 경년 변화 수법 중 새로운 수법으로 자리 잡게 되었다.

꼭 다시 한 번 보고 싶은 단 두 점의 청자

_다시 한 번 보고 싶은 고령에서 출토되었다고 알려진 청자 상감 월하 노송 신선도(下老松神仙圖) 매병과 팔공산에서 출토된 것이라고 알려진 청자 퇴화 석류 꼴(石榴形) 주전자

필자가 골동쟁이가 된 후로 볼 것 못 볼 것 다 보았으며, 몇몇 골동쟁이들의 몰상식한 행위 때문에 사회에서 바라보는 따가운 눈총과 참기 어려울 만큼의 심한 굴욕감까지 느낄 때도 있었지만, 어느덧 올챙이에서 앞다리 뒷다리 모두 쑥쑥 나왔을 때는 뒤로 돌아가기에는 너무 먼 거리까지 와버렸을 뿐만 아니라, 내 스스로 이 직업에 심취해 있었다.

만 여섯 살 유치원부터 대학원 수료의 스물아홉 살 되던 해까지 군 생활을 제외한 20년이란 긴 세월을 캠퍼스라는 온실 안에서 비바람 맞지 않고 고이 자랐기 때문에 바깥세상이 얼마나 무서운 정글인지 알지 못하였다.

수료 후 논문 제출을 당분간 연기하고 어느 선배의 권유로 드레싱 페이퍼(건축용 설계 용지)공장 창업에 투자하여 몽땅 망해 버렸

다. '정' 이라고 하는 기술자의 사기에 놀아난 선배는 슬그머니 내게 회사의 경영을 떠맡기고 자기는 물러났다. 그런 줄도 모르고 순진한 나는 사기꾼 기술자 말만 믿고 형제들 돈까지 끌어다 바쳤다.

먹고 먹히는 정글 들머리에서부터 호된 신고식을 일 년에 걸쳐 치렀다. 회사가 망하는 이 년도 채 되지 않은 짧은 시간에 법대를 그것도 대학원까지 다니면서도 교수님들의 강의 시간에서는 단 한 번도 들어보지 못했던 정글의 법칙이 있다는 것을 엄청난 수강료 지급과 함께 몸으로 직접 경험하게 되었다.

다음 해인 서른한 살 되던 해, 대학에서 동문수학하던 친구를 만나 골동쟁이로 입문하게 되었다. 입문 동기에 대해서는 앞의 일곱 번째 이야기에서 이미 밝힌 바와 같다.

이렇게 험한 정글에 발을 디디게 되고 나서 그야말로 좌충우돌하면서 작은 가방 하나 달랑 메고 온 누리를 휘젓고 다녔다. 처음에는 버스나 열차 등 대중교통을 이용하다가 이 장사는 기동성이 절대적이라고 판단되어 71년도에 농협에서 처분하는 고물 윌릭스 지프 한 대를 싸게 사서 폼 잡고 돌아다니게 되었다.

이렇게 실속 없이 잔뜩 폼 잡고 돌아다니다 보니까 아니나 다를까 월척이 하나 걸려들었다.

1. 청자 상감 월하 노송 신선도(月下老松神仙圖) 매병

1971년 여름 어느 날로 기억된다.

"여보세요, 김 사장님이시지요!"

"네 그런데요."

"아, 나야 나! 나 온천장 오 사장이야!"

오 사장은 원래 부잣집 아들로 태어나서 한국 최고 명문대학교 경제학과를 졸업하고 가업인 시외버스 운수회사를 경영하다가 상세한 이유는 알지 못했지만, 하반신이 마비되어 운신이 부자유스럽게 되자 회사를 처분하고 집에만 틀어박혀 있으면서 컬렉터 겸 딜러로 서화나 도자기 등을 수집하고 있으면서 나하고는 인간적으로 친하게 지내는 사이였다.

"아, 네 사장님 웬일이십니까?"

"응, 김 사장 바쁘지 않으면 지금 우리 집으로 좀 올 수 있겠소?"

"바쁘고 안 바쁘고 사장님이 오라면 가야지요! 하하."

얼마 후 잘 가꿔진 일본식 정원의 한옥(일제 강점기 때에 지은 한옥)의 사랑방으로 들어갔더니, 언제나 누워 계시던 양반이 오늘따라 자리에 앉아 있었고 그 옆에는 큼지막한 청자매병이 하나 놓여 있었다.

"어이, 김 사장 이거 한 번 봐주시오!"

20년 가까이 나이 어린 나에게 때로는 친밀감 있게 하대하다가 또 어떤 때는 반 존댓말을 쓰기도 했었다.

매병을 앞으로 끌어당기면서 자세히 관찰하였다. 감상하는 짧은 순간 아직 농익지 못한 안목이었지만, 매병을 잡은 손등에 잔물결이 일고 있었다.

35cm 정도의 높이에 환원염 불에 잘 구워진 비색 청자로서 수백 년 동안의 매장도중 얼어서 생긴 듯 몸체 주둥이 밑에서 굽 언저리까지 길게 파열되어 있다.

그러나 이 정도의 흠집은 아무 문제가 될 수 없을 정도로 기상천외의 문양이 새겨져 있었다. 흑 상감으로 노송을 그려 넣었고 노송 밑에 백 상감으로 처리한 신선이 흑 상감으로 된 꼬불꼬불하고 가느다란 지팡이를 짚고 한쪽 다리를 앞으로 내 디디고 있었으며, 노송 위에는 백 상감으로 둥근 달을 배치한 푸른 바탕 위의 신선도는 한 폭의 문인화 바로 그것이었다.

복잡한 종속 문양도 별로 없었다고 기억되는 12세기 전성기에 번조된 명품으로서 사십 년이 지난 지금도 선하게 떠오를 정도로 보기 드문 명품이었다.

필자가 45년 넘게 이 바닥 국내외를 뛰어다니며 나름대로 수만 점의 도자기를 때로는 눈으로만 보고 또 때로는 직접 이 손으로 만져 보았지만 청자 매병 중 이때 보았던 이 작품 이상의 명품 매병은 한두 점의 지정 유물을 제외하고는 아직 보지 못하였다. 도자기를 많이 보신 분이라면 이 작품이 얼마나 명품이었을까 상상으로 그려질 것이다.

"물건이 참 좋습니다. 그런데 이걸 어쩌시려고 합니까?"

"글쎄, 사실은 시골에서 누가 가지고 와서 500만 원을 요구하는데 어떻게 생각해요?"

히야, 오백만 원이라! 머리가 멍하니 어지러웠다. 당시 내가 살고 있던 광안리에 있는 대지 45평 건평 25평 정도의 작은 평수이긴 하지만 그래도 이 층으로 된 양옥집을 220만 원에 샀을 때였다. 그런데 500만 원이면 집 두 채 값이 웃돈다.

"500만 원이요? 그건 너무 지나치게 많이 요구하는 것 아닙니까!"

이 정도의 명품은 오 사장이나 나나 그리고 가지고 온 그 사람이나(도굴꾼 또는 장물 취득자로 추정되지만) 모두 시세를 가늠하기 어렵다. 그렇다고 '모르겠소.' 하며 포기하고 일어설 수는 더더욱 없었다. 내 생전에 언제 또 이런 절호의 기회가 오겠나. 그래서 대충 어림짐작으로 찍어보았다.

"내가 보기에는 대충 300만 원 정도는 될 것 같네요."

말 떨어지기 바쁘게

"그래! 나도 그 정도라고 생각은 했지만……."

그리고 잠깐 숨을 고르고,

"어이! 김 사장 어디 돈 좀 구할 때 있으면 내게 커미션 좀 얹어주고 사도록 해 보지 그래, 응?"

이로부터 며칠 뒤 내게는 그만한 돈이 없었으므로 서울에서 온 대상에게 상당한 이윤을 남기고 넘겨버렸지만 뇌리 깊숙이 박혀버린 영상은 평생 잊히지 않고 어디선가에서 꼭 한 번만이라도 보고 싶다.

2.청자 퇴화 석류 꼴(石榴形) 주전자

위의 청자매병 일이 있은 지 일 년쯤 뒤에 대구 어느 여관에서 제천에 사는 백 모라는 거간꾼을 만났다. 백형(필자는 하대하는 사이였지만 여기에서는 일반적인 존칭을 사용하도록 하겠다.)은 충청도와 강원도 지방에서 골동쟁이로서의 넓은 인맥을 가지고 있었을 뿐 아니라 특히 도굴꾼들을 많이 알고 있었다. 시쳇말로 그쪽 방면에서는 마당발이었다.

당시 타지 골동쟁이들이 대구에 오면 동승동에 있는 자주 묵는 한옥 여관이 있었다. 이때만 하여도 여관 대부분은 숙박비에 아침 식사까지 포함되어 있었다. 경우에 따라 하루 삼식도 주문할 수 있었다.

내가 머물고 있던 숙소는 그곳에서 멀지 않은 삼덕동 모 여관이었지만, 대구에 머무는 동안 하루에도 두세 번씩 백형이 머무는 여관에 들르곤 하였다.

그렇게 들락거린 지 삼 일째 저녁 무렵 보통 때와 다름없이 지나다가 그냥 들러보았다. 저녁 식사가 막 끝나고 상을 물리고 있었다. 그런데 평소와 좀 다른 어색한 분위기가 감지되었다.

백형이 함께 식사하던 낯선 건장한 젊은이에게 "늦기 전에 빨리 가지."라며 눈짓을 하니 그 젊은 친구는 방 구석진 곳에 두었던 배낭을 메고 어디론지 나가 버렸다.

그 다음 날 습관처럼 그 여관에 가보니 간다 온다 인사 한마디 없이 가 버리고 방은 텅 비어 있었다.

나도 볼일을 끝내고 부산으로 내려온 삼 일 뒤 제천의 백형으로부터 전화가 걸려왔다.

"형! 내일이라도 빨리 제천에 좀 오시오."

이 친구로부터 전화가 오면 좋은 일들이 생기곤 하였으므로 다소 기대에 부푼 가슴으로 나의 애마 최고속도 시속 70km의 고물 윌리스 지프를 제천으로 몰았다.

평시에도 한 달에 한 번 정도는 제천으로 갔었다. 이 느림보 애마를 몰고 오전에 부산에서 출발하면 청주와 충주를 거쳐 박달재를 넘어 제천에 도착하면 해는 서쪽으로 기울고 있을 즘에야 도착하였다.

돌아올 때는 지금은 없어졌지만, 충주 탄금대에 있었던 탄금산장이라는 여관에서 밤을 새워 가며 술판을 벌여놓고 졸부들 흉내내면서 어울리지 않는 호기를 부리다가 돌아오는 것이 나의 제천행 루트였다.

그날도 예의 이 코스를 타고 제천 백형의 집에 도착하니 가족들이 모여 저녁 식사 중이었다. 그런데 가족처럼 함께 앉아 식사하는 사람은 며칠 전 대구에서 보았던 그 젊은 친구였다. 대구에서도 함께 저녁 식사하는 모습을 보았는데 오늘 또 같은 모습을 보니 다소 의아한 생각이 들긴 하였지만, 원래 이 친구 도굴꾼들을 비롯한 이런저런 사람들을 많이 알고 있으므로 대수롭지 않게 생각하였다.

상을 물린 뒤 백형 부인이 내어오는 커피를 마실 때까지도 내게 전화한 이유 같은 것은 물어보지 않았다.

이건 하나의 상술이다, 먼저 물어보면 내가 한 수 꺾이는 기분이 들기 때문에 괜스레 엉뚱한 이야기들로 너스레를 떨며 미적거렸다. 차만 홀짝거리며 침묵의 시간이 어느 정도 흐르고서,

"형! 형이 아는 수장가 중 돈 좀 많은 사람 어디 없우?"

"내 주위에 돈 많은 사람이야 많지. 뭔데? 뭣하면 내가 사지 뭐!"

제법 큰소리를 쳐봤다. 장사 흥정할 때는 기가 죽으면 한 수 접

히기 때문에 어깨를 펴고 호기를 부려볼 필요가 있다.

그러나 이 친구 같잖다는 듯 씩 웃으며,

“형은 그만한 돈 없어. 형이 가지고 다니는 그런 정도가 아니야.”

조금 자존심이 상하려고 하였다.

“그럼 얼마나 많아야 하는데!”

“천오백만 원”

헉! 말문이 콱 막혀버렸다. 천오백만 원이면 부산의 자그마한 이 층 양옥집 다섯 채 값이다.

“야 이 친구야, 세상에 그런 값어치 될 만한 물건이 어디 있어!”

이 친구 다락에서 청자 주전자 한 점을 꺼내 오더니 차상 위에 얹어 놓는다. 갑자기 정신이 몽롱해졌다. 국립 중앙박물관 소장품으로 우표에 인쇄되어 나오는 이와 유사한 청자 주전자가 한 점 있지마는 지금 내 눈앞에 놓여 있는 청자와 나란히 놓여 있다면 대단히 불경스럽지만 그 주전자는 상 아래로 내려놓아야 할 정도로 아예 비교 대상이 안 되었다. 그리고 이건 정말이지 빈말이 아니다.

세 개의 석류 위에 한 개의 석류가 얹혀 있고 백토 퇴점문으로 여기저기 적당하게 찍혀 살짝 벌어진 석류 꼭지에 석류 꽃봉오리의 뚜껑이 살포시 얹혀 있었으며 주전자 손잡이는 잔가지를 쳐버린 투덜투덜한 가지로 조각되어 있었고, 주둥이는 굵은 가지 하나를 살짝 비틀어 붙여 놓은 형상을 하고 있었다. 주전자 밑 부분 극히 일부에 산화염 흔적이 가늘게 살짝 띠를 두른 외 기물 전체는 환원염에서 잘 굽힌 비색 청자였다. 내 생애에 다시는 보지 못할 그야말로 천하 명품이었다.

그리고 이 유물을 그날 대구에서 일찍 일어나 먼저 나갔던 젊은 친구가 팔공산 어디쯤에서 도굴한 물건이라고 밝히면서 그때 메고 나간 배낭 안에 바로 이 물건이 있었다고 한다.

아무튼, 매우 고마웠다. 이런 희대의 명품을 아직 여물지 못한 골동쟁이인 내게 일부러 전화까지 하여 보여주니 얼마나 고마운 일인가.

며칠 뒤 현금 일천오백만 원(천 원권이 가장 고액권이었으니 십만 원 다발 백 오십 다발)을 큰 오동나무 상자에 가득 쑤셔 넣고 서울에서 제천까지 택시로 가서 천이백만 원에 사게 되었고 물건은 돈 빌려준 사람에게 천오백만 원에 주어 버리고 지금까지 그 물건이 누구 손에 들어갔었는지 알 수가 없었고 알려고 하지도 않았다.

얼마에 팔았던 말았던 또 누구에게 있든 말든 그게 중요한 것이 아니었다. 위의 「청자 상감 월하 노송 신선도 무늬 매병」과 지금 이야기한 「청자 퇴점문 석류모양 주전자」는 꼭 사십 년이 지난 지금까지 단 한 번도 뇌리에서 떠난 적이 없었으며 지금도 허공에 그려보면서 꿈에서라도 좋으니 한 번만이라도 보고 싶을 뿐이다.

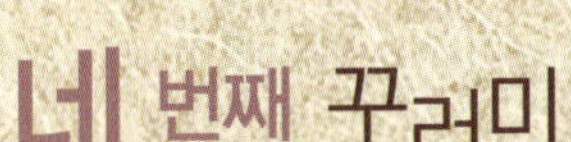

토기 녹유 인화 안상문(眼狀紋-개구리 눈알무늬) 목 긴 항아리[長頸壺]

국제 미술품 경매장 이야기 I
_청화백자 보상화문 접시의 고가 경매가 미주 교민사회에 미친 영향
(주 : 內藤 匡의 『古陶磁の 科學』내용을 중심으로)

국제 미술품 경매장 이야기 II
_고려 시대 제작된 수월관음도 (낙찰가 - 1.600.000$)

*덤으로 끼어들기 넷
_청화안료(산화 Cobalt. CoO)에 대한 토막상식

국제 미술품 경매장 이야기 III
_루마니아 부쿠레슈티 미술품 경매장에서 생긴 일

국제 미술품 경매장 이야기 IV
_쾰른 경매장에서 생긴 일

중국은 로또 시장이 아니다

토기 녹유 인화 안상문(眼狀紋-개구리 눈알무늬) 목 긴 항아리[長頸壺]

지구 상 어느 나라에서도 도굴꾼과 그 도굴품을 취급하는 중개상 그리고 도굴품들을 세탁하는 국제 경매회사나 수집 의욕이 지나친 일부 수집가나 몰지각한 일부 골동 상인들 이러한 끊을 수 없는 연결 고리의 그 끝에 대형 박물관이 버티고 있었음은 새삼 들출 필요까지 없을 듯하다.

국내 대형 사립 박물관들도 이러한 연결 고리에서 완전히 자유로울 수 있을까 모르겠으나, 여기에서 시끌벅적하게 새삼 왈가왈부하기가 좀 뭣함으로 지중해 연안 국가들에서 일어났던 희대의 골동 거간꾼 이탈리아인 '자코모 메디치(J Medci)'의 예를 들어 보자.

2005년 6월 이탈리아 법정에서 10년 징역형을 받게 되어 천하를 떠들썩하게 한 도굴품, 장물 등의 합법을 가장한 교묘한 세탁 방법과 세계적인 대형 경매회사 및 대형 박물관들과의 연결고리 등이 만천하에 드러나게 되므로 우물 안에 사는 한국을 제외한 전 세계 고미술계가 받은 충격은 과히 메가톤급이었다.

재벌 반열에까지 오르내렸던 '메디치'의 장물 처분 방법과 경로 등에 대한 수사 기록과 재판 기록이 잘 정리된 『메디치의 음모』(들녘, 2010, 80쪽)에서 '합법적이고 과학적으로 발굴된 분묘의 수와 불법적으로 자행된 도굴의 수는 거의 맞먹을 정도이다.' 라고 하였는데 이 바닥에서 잔뼈가 굵은 필자 역시 이 말에 동의할 수밖에 없다.

단 여기 주인공으로 나오는 '자코모 메디치'가 유럽의 르네상스 시발점인 이탈리아 '피렌체' 시의 '메디치 가문'과는 어떤 관계인지가 매우 궁금하였다.

중세 메디치가는 '미켈란젤로'나 '레오나르도 다 빈치' 등 15세기 르네상스를 대표하는 예술가들을 후원한 명망 높은 가문이기 때문에 이러한 가문의 후예가 도굴품 장물 집합소의 원흉이라는 점이 믿기지 않아서였다.

필자가 앞에서나 또 뒤에서 이야기하려는 사실들 역시 대부분이 도굴 품에 대한 이야기들이기 때문이기도 하다.

이 장에서의 주인공인 녹유 토기 역시 농부가 밭을 갈다가 습득한 유물이라고 하지만은 이 역시 무지한 까닭으로 신고하지 않고 시중에 유통했으므로 도굴품이 된다.

그리고 권위 있는 도록에 버젓이 등재까지 되어 있으니 그 누구도 이 유물에 시비를 걸 사람은 없을 것이다. 그리고 도록이 출판되고 아마 어느 박물관에 수장되어 있으리라 짐작되기도 하지만…….

1974년 동화출판공사에서 발행한 한국미술전집(韓國美術全集) 3권 도판 75의 통일신라 시대 유물인 토기 녹유 인화 안상무늬 목긴 항아리(長頸壺)가 대구 거주 장계환 소장품으로 명품 도록에 등재되기까지의 경위를 이야기해 보려고 한다.

1968년도 초반으로 기억된다.

지금은 없어졌지만, 중앙동 현대극장이라는 영화관 길 건너편에 '천++' 라는 상호의 고전화폐(古典貨幣) 상점이 있었다.

상점주인 아들 미스터 천이라는 젊은 친구로부터 전화가 걸려왔다.

"형님! 잠깐 저희 가게에 좀 오이소."

"왜 그래, 뭐 좋은 일이라도 있어?"

"좀 이상한 물건이 하나 들어왔는데 좀 봐 주이소."

가게 문을 들어서니 이 친구 싱글벙글하면서 구석진 곳에 아무렇게나 놓아두었던 토기 한 점을 내보였다. 이 친구 원래 누구를 대할 때 항상 싱글벙글하기 때문에 상대하기가 참 편한 사람이었다.

"그런데 왜 이렇게 얼룩이 져 있어? 자연유도 아니고 이게 왜 이래?"

자연 유약(오랜 시간 토기를 구우려고 지속적으로 불을 때기 때문에 많은 나무 재들이 가마 천장이나 벽에 붙어 있는데 다음 다시 불을 때면 강한 화력에 천장이나 벽에 붙어 있던 재들이 날려 토기 외벽에 내려앉게 되면 토기에 함유되어 있던 장석 질은 재와 혼합하면서 높은 열로 인하여 유리질로 변하게 된다. 이것을 도자기 유약 발견의 계기가 된 자연유약이라고 한다.) 같으면 보통 어느 한 쪽 또는 윗부분 일부에 생기지만, 이 물건은 기면 전체에 듬성듬성 붙어 있었다.

"형! 이게 말이지요. 김해 산다고 하며 밭 갈다가 습득하여 처음에 그릇에 어린 아이 배설물이 누렇게 눌어붙어 있었기 때문에 강가에서 짚에 모래를 묻혀 아무리 문질러도 더는 깨끗해지지가 않아 그대로 가지고 왔다고 하는데, 이게 도대체 뭡니까? 혹시 녹유 아닙니까?"

당시 고령, 함안, 김해, 양산, 경주, 상주 등지에는 가야나 신라시대의 토기들이 많이 도굴되고 있었을 때였으며 그리고 도굴이든 밭을 갈다가 주웠든 별로 신경 쓰지 않고 사들일 때였다. 위의 희대의 거간꾼 '메디치' 처럼 말이다.

이리저리 잘 살펴보니 위조품은 아닌 것 같지만 녹유든 자연유든 유약이 거의 박락되었으니 맛이 별로였다. 내 역시 올챙이 시절이라 물건의 값어치를 부러지게 알 수 없었던 때였다.

"이봐, 미스터 천. 이것 이래 가지고 어디 물건 행세하겠나! 싸게 팔면 내가 살게."

그러나 이 친구는 아직 개구리 알을 면하지 못하였던 때였다.

"주시고 싶은 대로 주시오. 나도 많이 싸게 샀는데 뭐. 잘 팔면 술이나 한잔 사 주면 좋고요."

기억은 나지 않지만 적당하게 가벼운 값을 쳐주고 신문지에 둘

둘 말아서 집으로 가지고 왔다.

아직 가게를 가지기 전이었으며 전국을 돌아다니며 거간꾼 노릇을 할 때였으므로 며칠 뒤 작은 가방에 넣고 대구 장계환이라는 업계 대 선배에게 보이니 이 양반 눈이 번쩍하였나 보다. 이분 별명이 떨떨이다. 그래서 우리는 이분을 '장 떨떨' 이라고 불렀었다. 1·4 후퇴 때 피란 온 함경도 출신으로 말하는 속도가 좀 빠른데다가 악센트가 강하면서 떨떨거리기 때문이었다.

"야! 너 이거 어디에서 났어?"

물건을 손에 쥐더니 행여 내가 가지고 나갈까 봐 아예 놓지를 않았다. 나도 눈치가 있었다. '아하 이게 예사 물건이 아닌가 보다' 고 생각되니 나도 좀 흥분이 되었다.

▲ 토기 녹유 목긴 항아리

"장 선생님, 그거 녹유 맞지요? 값 좀 주고 샀는데 얼마짜리나 됩니까?"

"오! 참으로 아까운 일이로고, 무지의 소치로다. 귀한 녹유를 억지로 다 벗겨버렸으니 이젠 되돌릴 수도 없게 되어버렸구나. 그래 녹유 맞기는 한데 그러나저러나 녹유가 이렇게 험해서야 어디 제대로 행세나 하겠어!"

말은 그렇게 하면서 눈은 물건에서 한시도 때지를 않았다. 그러면서

"얼마야 값이?"

"글쎄 전 잘 모르겠습니다. 얼마짜리나 됩니까?"

장 떨떨이는 입맛을 쩍 한 번 다시더니

"깨끗하면 △△△ 정도 하겠지만 이렇게 험해서야 그렇게 되기 어렵고, 대구까지 일부러 왔으니 ◁◁◁ 정도면 내가 사줄게."

"아이쿠! 그렇게는 안 됩니다. 하시려면 ◇◇◇ 주시오. 그러면 두고 갈게요."

"알았어. 그렇게 하지 뭐. 까짓것"

그러면서 장롱 속에서 돈뭉치를 꺼내더니 그 자리에서 바로 현찰을 세주었다. 이 양반 거래 방법치고는 특별대우였다. 당일로 결재하는 일은 극히 드문 일로서 아마 그이도 꽤나 기분이 좋았던 모양이었다.

나 역시 돈을 받아 그 집을 나오면서 얼마나 기분이 좋았는지 구름 낀 하늘도 파랗게 보였다.

"야, 미스터 천. 오늘 술 한 잔 살 테니 따라와. 그거 잘 팔았어."

그날 멋있게 폼 잡고 한턱 쏘았더니 좁은 바닥에 금방 소문이 쫙 퍼졌다.

노련한 장 떨떨이가 바로 이런 점까지 잘 이용할 줄 알았다. 소문을 들은 이런 사람 저런 사람들이 장 떨떨이 집을 들락거렸을 테고, 그러면 그럴수록 물건 값은 올라가게 마련임은 안 봐도 비디오다. 내게 있어 더 재미있는 일은 일부러 부산까지 나를 찾아와서 양복도 한 벌 맞춰 줬는가 하면 호텔 레스토랑에서 멋있게 점심도 사면서 용돈도 두둑이 집어주었다.

이렇게 호강을 하게 된 이유를 알게 된 것은 그로부터 몇 년이 지나고 도록이 발간되어 바로 그 녹유 토기가 등재되어 있음을 보고 비로소 깨닫게 되었다.

이렇게 세월을 밟아가면서 끝없는 공부를 하게 되는 것이 인생인가 보다.

국제 미술품 경매장 이야기 I
_백자 청화 보상화 당초 무늬 접시

(이글은 『월간중앙』 1994년 6월호에 게재되었던 참관기를 토대로 하여 다시 정리해 보았다)

해마다 4월이 되면 나에게는 무엇보다 기다려지는 것이 있다. 4월에 있는 「크리스티(Christees)」 경매와 6월에 있을 「소더비(Sothebys)」가 바로 그것이다. 그리고 11월과 12월이 또한 그러하다.(해마다 날짜는 다소 변경되곤 하였지마는 보통 4월부터 시작되었다.)

지구상의 수많은 경매 시장 가운데 왜 하필 「소더비」와 「크리스티」에만 다녔느냐고 반문할 수도 있겠지만, 런던의 「본헴(Bonhams)」과 파리의 「드류(Drouot)」 독일의 「쾰른」을 위시하여 베를린 장벽 붕괴 후 동유럽에서 시작된 동유럽 각국의 미술품 경매 시장 등, 그리고 중국의 계획 개방 후 7,000만 명의 미술품 수집 인구를 상대로 설립되어 세계가 놀랄 정도로 무서운 속도로 성장하는 「북경 보리(Beijing Poly)」와 「가덕(Guadian)」및 일본의 「싱화 옥션(親和)」과 같은 장장한 미술품 경매 회사가 열심히 활동하고 있지마는 위의 「크리스티」나 「소더비」 이외에는 한국 미술품 특히 골동품 도자기가 전시되는 일은 거의 없었기 때문이다. 그리고 특히 중국의 보리나 가덕, 일본의 싱화 옥션 등은 필자가 한참 세계 시장을 누비고 다녔을 때는 그 존재들이 미미하였고 설립 전이었기도 하다.

이러한 미술품 경매시장의 흐름에 발맞추며 설립한 국내 시장으로 「서울옥션」 「K 옥션」 「I 옥션」 그리고 가장 늦게 출발한 「My Art 옥션」등 네 회사 역시 마찬가지로 활동 전이었다.

사실 한국 미술품 경매 회사의 일 번 순위는 현재 'I 옥션' 의 전신인 '한국 미술품 경매 주식회사' 였지만 그동안의 활동이 크게 활발하지 못하였다가 사주가 바뀐 뒤부터 상당히 활발하게 움직이는 모습이 보인다.

지금은 국제 경매 시장에서 한국 미술품들의 물량이 제대로 공급되지 않은 탓인지 자주 열리지 않고 있지만 90년대 후반까지만 하여도 '소더비' 와 '크리스티' 이 두 경매 회사에서는 해마다 뉴욕과 런던에서 봄과 가을철에 한 해 두 번씩 각각 열렸다.

그러니 일 년에 8번의 경매에 참석하여야 하였고, 낙찰받은 작품을 인수하러 가는 횟수를 합하면 매년 10번에서 12번씩 뉴욕으로 런던으로 날아다녀야만 했고, 대학 강단에 설 때까지의 십 년 세월을 이렇게 헤매고 다녔던 일이 바로 엊그제 일만 같다.

1994년 역시 여느 해와 같이 4월은 어김없이 왔고 26일 오전 10시 출발하는 뉴욕행 대한항공기에 몸을 실어 14시간 동안 북태

평양 하늘 높이 날면서 다음 날 있을 경매에 마음속에 점찍어 두었던 미술품들은 어떻게 싸게 쌀 수 있을까, 경쟁자는 누구며 몇 사람이나 참가하게 될까, 등 나름대로 작전을 머릿속에 정리해 보는 한편, 혹시나 놓치면 어떡하나 하는 불안한 마음을 달래며 같은 날 아침 시간에 김포공항만큼이나 눈에 익은 JFK 공항에 도착하였다.

입국 절차를 끝내고 택시에 오르니 눈꺼풀은 자꾸만 아래로 쳐졌지만 단 한시가 급한지라 단골로 다녔던 브로드웨이 32가에 있는 스텐포드 호텔에 짐만 팽개친 채 전시장으로 달려갔다. 그날이 프리뷰 마지막 날로 오후 2시까지만 전시함으로 그 시간까지 한 점 한 점 세밀하게 관찰하지 않으면 크게 낭패를 보는 수가 있기 때문이다. 물론 그 가운데 몇 점의 대표적 작품들은 지난 12일과 13일 이틀간 신라호텔에서 전시한 바 있었지만, 좀 더 확실하게 두 번 세 번 관찰해 둘 필요가 있었다. 이는 평소에 몸에 밴 습관이기도 하다.

경매 도록(Cataloge)이 도착하면 내가 소유하는 모든 자료를 총동원하여 그 미술품에 대한 내력부터 할 수 있는 한 충분히 조사 연구하여 현지에 도착하여 보다 세밀하게 관찰하는 것이 지난 30년 세월 동안 미술상을 하면서 몸에 배어버렸기 때문이다.

전시장에 도착하니 전시 마지막 날인데도 낯익은 사람들이 꽤 많이 와 있었다. 겉으론 반갑게 인사를 나누지만 서로 마음속으로는 이 사람도 왔구나, 저 사람도 있구나, 하고 경쟁 상대자들의 출현을 반기지만은 않은 눈치들이었다. 특히 강력한 경쟁 상대를 보면 나도 모르게 얼굴은 경색되곤 하였다.

어떤 경매든 다 그렇겠지만, 특히 미술품 경매는 안목이 높은 사람이 오지만 그렇지 못한 사람들도 많이 오는 법이다. 안목이 높지 못한 사람들은 감식력이 높은 사람들의 눈치를 슬금슬금 보게 되는데, 눈치작전은 이쪽도 마찬가지다. 내가 점 찍어두었던 물건은 대충대충 보는 척하면서도 세밀히 관찰하는 반면 별 흥미가 없는 물건은 괜히 관심이 있는 것처럼 요모조모 살펴보는 척한다.

그러면 '아하 김 아무개는 저기에 관심이 있구나. 그것이 아마 좋은 것인가 보지.' 하고 생각하게 된다. 그리고 김 아무개의 감식력을 신뢰하는 사람들은 그 물건을 다시 한 번 더 관심을 두고 관찰하면서 내 의견을 심각하게 물어보곤 한다. 이런 모든 제스처가 우습기도 하면서 마음 한구석으로는 켕기는 일도 없지 않으나 경매란 철저하고 무한한 경쟁 세계라는 점을 상기하면서 위안을 삼는다. 일본 속담에 '골동은 안목 싸움이다(骨董は 眼の勝負なり)' 라고 하는 말이 있는데, 정말 골동 세계는 이 속담이 철저하게 지켜지고 있음에야 어찌하랴. 30년 안목을 4~5년짜리 안목이 훔친다는 일은 그의 불가능한 일이다.

호텔로 돌아와서 저녁시간에 한국에서 참석한 두세 사람의 상인들이 모여 구수회의를 했다. 첫째 화제는 문제의 15세기에 번조된 것으로 보이는 「백자 청화 보상화무늬 접시」에 대한 낙찰가를 점쳐보는 것인데, 판매 예상가격(Estemater prise)은 30만 불이지만 낙찰가는 아무래도 세 사람 모두 70만 불 이상은 갈 것 같고 그렇지만 많아야 백만 불을 초과할 수 없을 것으로 내다보았다. 이 정도도 작품이 워낙 명품이니 일반적인 예상을 훌쩍 넘어 후하게 생각한 값이었다.

이때까지만 해도 국제 경매장에 참석하는 한국 상인은 박. 임. 그리고 필자 이렇게 단 세 사람밖에 없었고 우리끼리는 경쟁하지 말자고 굳게 약속되어 있었다. 즉 한 사람이 사고 싶은 물건이 있으면 특별한 일(자기 고객으로부터 의뢰받은 일 등)이 없는 한 그 물건에 대한 경쟁은 삼간다는 약속으로 우리끼리의 불문율이었다. 물론 이도 몇 년 가지 못해 깨졌지만 말이다.

그날도 세 사람 모두 낙찰가를 점쳐 보면서 누구도 사겠다는 사람은 없었다. 그 또한 그럴 것이, 만약 인사동 시장에 나타났다면 그 당시 시장 사정으로 보아 2~3억 정도 그 이상의 값은 생각할 수 없었을 것이다.

다음날 4월 27일 아침부터 나름의 정보망을 통하여 여러 가지 현지 정보를 수집하느라 여기저기 단거리 장거리 국제 전화할 것 없이 수십 통화를 하고 나니 어느덧 오후가 되었다. 경매 시작 2시간 전인 오후 3시경에 도착해 보니 몇몇 낯 익은 사람들이 보이더니 4시 30분 정도 되니 평소에 참석하던 사람들이 빠짐없이 모여들면서 경매장을 꽉 메웠다. 그 중 좀처럼 참석하지 않던 설립한 지 100년이 지난 일본 골동상 '마이야마 유센토' 회장도 80세가 넘는 고령으로 목발에 불편한 몸을 의지하고 참석하였는가 하면, 과거 아타카 콜렉션에 단골로 납품하였다는 오사카의 '후지하라 니새이토'의 젊은 2대 사장 도쿄의 '고주교(壺中居)'. '후갠토' 나고야의 '핫도리 상회' 사장 핫도리 씨 등 일본의 쟁쟁한 거

▲ 백자 청화 당초무늬 향합

상들이 속속 입장했다. 그뿐만 아니다. 지금은 고인이 되었지만, 로스앤젤레스에 거주하는 '로버트 무어', 뉴욕의 유대계 미국인 상인 '죠셉 케롤' 이름 있는 미술상들과 면면이 낯이 익은 뉴욕은 물론 뉴저지, 필라델피아, 시애틀, 워싱턴, 로스앤젤레스 등지에서 온 교민 수집가들과 상인들을 위시한 소호 거리의 화랑 주들 등이 오후 5시가 다가오면서 속속 모여들었다.

필자가 10년간 뉴욕과 런던 경매에 한 번도 빠짐없이 참석하였지만, 이날만큼 화려한 경력의 소유자들 그리고 이미 전설이 되어 버린 인물들이 다 모였던 일은 일찍이 보지 못하였다.

나는 맨 뒤쪽 벽에 기대서서 장내를 훑어보니 대략 6~70명 정도 참석한 것 같았다. 시간이 되니 담당 직원들이 각자 맡은 전화기 앞으로 나열해 서고 호자(Auctioner)가 높은 단상 위에 등단하여 귓전으로 굴렁쇠 모양 굴러 가 버리는 경매 규칙을 낭독하고 이내 출품 번호(Lot No) 1번부터 경매가 시작되었다.

오늘은 여느 때보다 경매장 분위기가 특히 이상하리만치 들떠 있는 것 같이 느껴지는 가운데 한 점 한 점 낙찰 또는 유찰되면서 빠르게 진행되고 있었다.

"다음은 출품 번호 54번 15세기 조선 시대 백자 청화 보상화 무늬 접시를 경매하겠습니다. 20만 불에서 시작하겠습니다."

"자! 20만 불" 하면서 호자가 쩌렁쩌렁한 목소리로 경매를 시작하자, 여기저기에서 손들이 번쩍번쩍 올라가고 불과 이삼십 초 만에 70만 불까지 올라갔다. 나도 서울에서 출발할 때는 50만 불 정도면 모험을 한 번 걸어볼 심산으로 단단히 각오하고 왔었다. 만약 내게 낙찰되면 재산이라고는 하나밖에 없는 35평짜리 아파트 팔고 여기저기에서 빚 얻고…….

이렇게 비행기 안에서는 기와집을 지었다 허물고 허물다 다시 짓고 하면서 만리타국까지 왔건만, 이거야 원 손 한 번 들어보지 못하고 순식간에 70만 달러까지 왔으니, 긴장마저 풀어졌다.

'나라는 존재의 한계가 여기까지구나.' 혼자 자조하며 이제 단순 구경꾼으로 전락하여 맥없이 바라보고 있으려니까 이건 또 무슨 조화인가, '일백만 달러' '110만 불' '120만 불', '150만', '200만 달러' 여기까지 오는 시간이 겨우 1~2분밖에 걸리지 않았다. 이렇게 되니 장내에 참석한 모든 사람은 숨을 죽였고, 호자의 쩌렁쩌렁하던 목소리도 착 가라앉은 목소리로 변해가고 있었다.

호자의 목소리와 함께 가라앉아 있던 나도 문득 정신이 번쩍 들어 도대체 어떤 사람이 200만 불까지 호가하였나 하고 고개를 들어 살펴보았더니, 서로 다른 쪽에서 마주 보고 서 있던 크리스티 직원들끼리 전화로 싸우는 것이 확인되는 순간 왼편의 전화 응찰자(고객의 전화를 받고 고객 대신 응찰하는 직원)가 손을 번쩍 드니 호자의 차분하게 깔린 목소리로 '230만 달러' 하면서 오른편 전화 응찰 직원을 응시했다. '자 이쪽에서 230만 달러입니다. 더 올릴 사람 없으면 230만 달러에 낙찰하겠습니다.' 하면서 상대방의 경쟁 심리를 자극하면서 파이널 콜을 불렀다. 호자가 낙찰봉을 쥐는 순간 지금까지 경쟁하고 있던 오른편 직원의 손이 번쩍 힘차게 위로 뻗었다. 호자는 그럴 줄 알고 기다렸다는 듯이 지금까지의 착 가라앉은 목소리와는 달리 다시 쩌렁쩌렁하는 목소리로 '250만 달러, 250만 달러가 나왔습니다.' 하면서 다시 왼편을 쳐다보았다. '자! 너는 어떡할 거냐?' 라는 몸짓이었다. 어깨를 으쓱해 보이면서 '자, 현재 250만 달러가 최고가입니다. 더 이상 없으시면 250만 달러에 낙찰하겠습니다. 250만 달러입니다. 더 이상 없습니까?' 몇 번이고 같은 말만 되풀이했다. 단 몇 초 만에

▲ 백자 청화 보상화 당초무늬 접시(앞)

▲ 백자 청화 보상화 당초무늬 접시(뒤)

2~30만 달러가 올라가니 회사의 이익을 대변하는 호자로서는 단 한 번만이라도 더 올리려는 것은 그들의 책무니까 당연지사다. 언제나 생각되는 바이지마는 이곳 경매장에 앉아 있으면 돈이, 돈이 아니고 단지 산술적 숫자에 불과함을 느낀다. 손 한 번 번쩍 드는 불과 2~3초 만에 아파트 한 채가 왔다 갔다 하니 말이다.

250만 달러, 장내에 있던 사람들은 이제 놀라고 뭐고 할 것도 없이 호흡조차 멈춘 채 그저 입만 벌리고 있을 뿐이었다. '자 250만' 하며 말을 채 끝맺기도 전에 왼편 직원의 손이 '내 팔은 어디 짧은 줄 아느냐?' 라는 듯 수중 발레 때 수면으로 갑자기 올라오는 선수의 다리처럼 천장을 향해 쭉 뻗어 올라가는 순간 '280만 달러!!' 라며 외치는 호자의 소리가 마치 고막을 찢는 천둥 번개 소리처럼 느껴졌다. 그래도 호자는 아직 성에 차지 않은 듯 더 올라가기를 원하는 눈치로 반대편 전화응찰 직원을 응시하며 '280만입니다. 280만' 연달아서 '280만, 280만 달러입니다.' 라며 몇 번이고 독촉하며 빨리 결정하라는 몸짓을 보낸다. 이렇게 몇 차례 반복하는 동안 반대편 전화 직원은 몇 마디 통화를 하더니, 고개를 절레절레 흔들며 수화기를 놓고 말았다.

'장내에 계신 분 중에서 280만 달러 이상 없으십니까? 없으시면 최종 호가 280만 달러에 낙찰하겠습니다.' '마지막 묻겠습니다. 280만, 더 이상 없으십니까?' 몇 차례 파이널 콜을 하고 난 뒤에 호자의 해머(경매봉)가 '딱!' 하며 날카로운 소리를 낸다. 끝났다. 순간 누가 먼저라 할 것 없이 참석자 전원은 힘차게 기립 박수를 보냈다. 세계 도자기 경매 사상 현재까지의 기록을 경신하는 가슴

벅찬 순간이었다(그 후 계속해서 기록은 경신되었고 요즘은 중국 도자기의 경매 기록은 사상 초유의 사건이라 할만치 상상을 초월하고 있지만, 적어도 그때 까지는 그러했다.) 낙찰가(Hammer Price)가 280만이면 여기에 회사 수수료 10%(이 당시에는 50,000$까지는 15%이고 50.000 이상 나머지 액수에 대해서는 10%를 적용하였다.) +뉴저지 주세 8.25%(외국인일 경우는 주 정부 세금은 면제된다.)를 합산한 가격이 낙찰 가격이므로, 외국인에게 낙찰되었다는 가정 하에 총 낙찰 가격은 3.082,500$가 된다.

우리 고미술품! 500년 전 우리 할아버지, 이름 없는 어느 장인의 거친 손으로 흙을 주물러 빚은 지름이 한 자도 못되고 겨우 일곱 치(7寸) 밖에 되지 않은 작은 접시 한 점이 전 세계 미술품 애호가들을 깜짝 놀라게 하였다. 2002년 월드컵 축구 경기 때의 4강에 진출한 태극전사들처럼 말이다.

일본의 내로라하는 거상들, 그리고 세계적 컬렉터들이 접시 한 점을 위하여 이곳까지 모여들었겠지만, 나처럼 손 한 번 제대로 들어보지 못하고 입만 벌리고 돌아가게 되었다. 모르긴 해도 아마 추측건대 한국의 어느 재벌 측에서 사지 않았을까? 하는 생각이 들지만 본인들이 지금까지도 발표가 없으니 무어라고 넘겨 집기도 거시기하다.

그러나 만약 필자의 추리대로 우리나라 사람이 사고 또 미구에 국내에 반입되어 전 국민 앞에 자랑삼아 공개된다면 이는 참으로 하늘이 도운 것이 될 것이고, 또 그렇게 되었기를 간절히 바라는 마음이다.

경매는 한 시간 정도 걸렸고 오후 6시경에 끝났는데, 크리스티 한국 미술품 담당 부사장 '세바스찬 이자도' 씨는 상기된 얼굴로 내게 다가와서 "미스터 킴, 참석해 주셔서 감사합니다. 내일 점심이나 같이합시다. 그리고 오늘 경매된 조선 백자 접시가 도자기 경매 사상 가장 높은 가격이었소. 기록 경신입니다." 라면서 서둘러 자기 사무실로 들어갔다. 물론 내게만 특별히 초대한 것은 아니고 참석한 한국인 모두를 초대하였다.

독자들도 알다시피 서양 사람들은 웬만큼 친하지 않으면 식사 초대는 하지 않는다. 그런데 특히 친하지도 않은 내게 식사 초대를 한다는 것은 아마 그 접시가 한국인에게 낙찰되었음을 반증하는 것으로 생각되었다. 그 고객 덕분에 우리 쭉정이들이 호강하게 생겼다.

지금은 록펠러 센터 앞으로 이전하였지만, 이때는 맨해튼 파크에브뉴 59가에 위치해 있었고 건너편 모퉁이를 돌면 커피와 가벼운 식사를 할 수 있는 작은 식당이 하나 있다. 우리는 현지 교민들과 거기 모여서 화제의 그 접시에 관한 여러 가지 추리를 하면서도 어떻든 우리 고도자기가 세계 정상에 우뚝 섰다는데 자부심을 느끼며 6월에 있을 소더비 경매에 대한 이야기로 흥분을 가라앉혔다.

다음날 4월 28일 자 미국 판 한국 신문들은 대서특필로 우리 미술품의 우수성을 세계가 인증하였다는 내용의 기사가 일면을 장식하였다. 그리고 5월 2일 귀국하여 본 지난 신문들(4월 29~5월 4일)에도 우리 미술품의 우수성과 세계 기록 경신에 대해 정확한 보도와 평가가 실려 있었다. 신문마다 방송마다 한국 도자기의 고가성에 대해 떠들어 대고 있으니, 한 점 두 점 사기 위하여 이 나라 저 나라 떠돌아다니는 우리 고미술 상인들에게는 결코 반갑지만은 않은 사건이었다. 그러나 어깨가 으쓱해짐은 어쩐 일일까.

이런 기사들 탓에 미국 교민 사회가 술렁거리기 시작하였다. 여태까지 착실하게 자기 생업에 종사하던 사람 중 일부가 생업은 가족에게 맡겨 두고 일확천금을 꿈꾸며 벼룩시장을 헤매고 다니는 진풍경이 나타나기도 하였다. 마치 서부 개척 시대 금광을 찾아 모여들던 카우보이들처럼 말이다. 이는 사실이다. 본인의 프라이버시 때문에 실명과 사실적 경위는 생략하겠지만, 그들 중 한 사람을 필자도 로스앤젤레스에서 만나보았고 그분의 이야기도 직접 들어보았다.

아무튼, 이젠 이번 경매 현장 이야기는 그만하고 도대체 크리스티라는 회사는 어떤 회사이며 이번 경매에 출품되어 화제를 몰고 온 그 접시는 누가 어떻게 해서 미국 경매장에까지 나오게 되었는가 하는 의문을 풀어보기로 하자.

유럽 여러 나라와 미국의 웬만한 도시에는 크고 작은 미술품 경매 회사가 한 도시에 몇 개씩은 있는데, 이런 수백 개에 달하는 미술품 경매 회사 가운데 1744년 런던에서 설립된 「소더비」와 1766년에 역시 런던에서 설립된 「크리스티」의 두 회사가 가장 크고 활발하게 활동을 벌이고 있다. 그 후 이 두 회사는 치열한 라이벌 관계가 되었고, 런던과 뉴욕 두 도시에 각각 본사를 두면서 세계 각 도시에 산재하여 있는 지점망 수가 또한 수십 점포에 달한다.

이 경매 회사들이 한국 미술품을 다루는 태도에도 많은 변화가 있었다. 첫째, 필자가 국제 경매 시장을 돌아다닐 때까지만 해도 조선 시대의 영문 표기를 「Yi Dynasty」라고 표기되고 있었다. 이는 일본이 조선을 이씨 조선이라고 폄훼하는 어의에서 유래한 영문 표기법으로 마땅히 고쳐야 한다 해서, 1991년인가 1992년으로 기억하고 있지마는 「한국 고미술 협회」 회장 명의로 「Yi」를 「Chosun」으로 고쳐 표기해 줄 것을 서면으로 강력히 요구한 결과 그 뒤부터 양 회사 도록에서는 「Chosun's Dynasty」로 표기법이 바뀌었다. 필자는 이때의 일을 지금도 자랑스럽게 생각하고 있다. 우리나라 역사에 '이씨 조선' 이란 국호를 가진 나라는 없었다. 다만 '조선' 이라는 나라가 있었을 뿐이다. 이는 한 치의 허위 없는 사실로 만약 이 사실에 대해 이의 있는 사람 있으면 나와 보라고 해라! 지금까지도 책이나 간판 등에서「이조」라는 용어를 부끄러운 줄도 모르고 즐겨 사용하고 있음에야.

그리고 다음 둘째로는 여태까지 한국 미술품은 그 수량이 많지 않다는 이유로 '소더비' 에서는 중국 미술품 경매 시, 도록 뒤쪽 한두 페이지 정도에 한국 미술품이 붙어 다녔고 '크리스티' 에서는 일본 미술품 경매 도록 뒤쪽에 붙어 다녔지만, 이 또한 한국 미술품의 위상이 높아짐에 따라 두 회사 다 한국 미술품 파트를 별도로 독립시켰을 뿐만 아니라 경매 도록 역시 별도로 제작되면서 경매도 독립되어 진행하게 되었다,

그러면 한국 미술품 경매 파트가 왜 이렇게 독립되어 단독 경매를 하게 되었을까? 1991년부터 세계 경기가 바닥으로 침체함으로

써 세계 미술 시장 역시 큰 타격을 받게 되었고 이 때문에 경매 회사들 역시 유찰되는 확률이 점점 커졌다. 그럼에도 불구하고 유독 몇 점 안 되는 한국 미술품만이 계속 그 인기가 상승일로로 치달아감에 따라 이들 두 회사는 전 세계에 흩어져 있는 지점망을 통하여 한국 미술품 특히 고미술품 수집에 총력을 기울이게 되었다.

필자가 1989년 처음으로 뉴욕과 런던에서 열렸던 두 회사의 경매에 참가할 때만 해도 한국 미술품에 관심을 둔 사람은 한국 상인 한두 사람과 현지 교민 사오 명 그리고 다수의 일본 상인과 서양인 한두 사람이 고작이었다. 그런데 해가 갈수록 한국 고미술품의 인기가 계속 상승세를 유지하게 되면서 지금은 꽤 많은 한국 사람과 낯이 선 현지 교민들 그리고 더 많은 일본 상인들과 더불어 서양인 상인들도 우리 미술품에 지대한 관심을 두고 경매에 참가하고 있으며, 근래에 와서는 두드러지게 그 수가 증가하고 있다.

그 대표적 인물들로서 앞에서도 밝힌 바 있는 로스앤젤레스에 거주하는 한국 미술품 전문 수집가인 '로버트 무어' 씨, 뉴욕에 거주하는 한국 미술품 전문 딜러이면서 한국을 제집 드나들 듯 드나들었던 '죠셉 케롤' 씨, 런던에서 동양 미술품 특히 한국과 중국 일본 미술품을 전문적으로 수집 및 판매도 하였던 '에스카나지' 씨 등을 들 수 있다. 이들은 웬만한 한국 고미술 상인보다 오히려 더 높은 안목을 가지고 있으며, 이 사람들 이외에도 알게 모르게 상당한 상인 또는 수집가들이 있다.

또한 일본 상인들의 말에 의하면 일본의 한국 미술품 전문 수집가는 한국 미술품을 취급하는 상인들 숫자보다 수십 배가 넘는 수천 명은 될 거라고 한다. 어떻든 일본은 말할 것도 없고 구미 사회의 미술상들조차 한국 미술품에 대한 관심이 높아지고 있다. 또 이와 때를 같이하여 파리의 「기메박물관」 등과 같은 이미 한국관을 보유한 기존 박물관 이외에도 런던의 대영 박물관이나 뉴욕의 메트로폴리탄 등의 세계 유명 박물관들이 한국관을 가지기를 계획하는 것으로 알고 있다(물론 이 두 박물관 모두 지금은 한국관이 별도로 설치되어 있지만 그 당시에는 준비 과정이었다.).

이런 여러 가지 상황으로 볼 때, 세계 여러 곳에 흩어져 있는 그리 많지 않은 우리 미술품들의 희귀성은 해가 갈수록 더할 것이며 그 인기도 크게 올라갈 가능성이 있다. 이렇게 되면 한국 고미술상들의 영세성으로는 그네들과 도저히 경쟁할 수가 없지 않을까 하고 걱정스럽기까지 한다.

이런 구차스러운 이야기는 잠시 접어두기로 하고 이야기를 좀 바꿔보도록 하겠다. 도대체 문제의 이 접시는 누구한테 어떤 경로로 해서 이번 경매에까지 나타나게 되어 세상 사람들로 하여금 깜짝 놀라게 하였을까?

일제 강점기 동안 많은 일본인 수집가 중 이 접시에 관련된 두 사람의 빅 컬렉터를 소개한다.

이 접시와 꼭 닮은 또 하나의 접시가 현재 오사카에 있는「동양도자미술관(東洋陶磁美術館」에 소장되어 있다. 이 도자 미술관의 전신이 바로 유명한 '아타카 산교(安宅産業)'의 「아타카(安宅) 컬렉션」이라는 점은 누구나 아는 사실이지만, 다른 또 하나의 접시가 아카보시(赤星) 씨가 소장하고 있었다는 사실을 아는 사람은 별로 없어 보인다.

이번에 출품된 접시에 대해 입수하게 된 경로는 알 수 없으나, 일단 「아카보시(赤星) 컬렉션」의 소장품이었고, '아카보시' 씨에게는 '기요코' 라는 딸이 있었고 아카보시 사망 후 상속 품 가운데 이 접시를 포함한 몇 점의 골동품들이 이 딸에게로 유산되었다고 한다. 「키요코」는 독일계 미국인 '글룸' 씨와 결혼하여 현재 뉴저지에 거주하고 있다고 알려져 있으며, 이 접시 역시 ' 키요코' 씨의 의뢰로 이번 경매에 출품되었다고 한다.

지난 93년 4월 27일에도 '아카보시' 소장품이었던 15세기 「백자 청화(토청) 당초무늬 향합」1점과 「백자 청화 기하학적 무늬 팔각 접시」1점이 출품되어 낙찰된 일이 있었는데, 왜 「키요코」가 이렇게 귀한 유물들을 경매에 내놓게 되었는지에 대한 이런저런 루머들이 들리지마는 개인의 속사정까지 여기에서 이러쿵저러쿵할 필요까지는 없다.

93년에 출품된 이 작품들은 하나는 출품 가격의 10% 미만에, 또 하나는 10% 초과한 가격에서 낙찰되었다. 물론 필자도 이 경매에 참가하였는데 그 당시 내 생각으로는 판매 내정 가격이 일반 상식보다 좀 높다는 생각이 들기도 하였다.

그 당시 두 점 중 「백자 청화 당초 무늬 향합」은 호암박물관의 85년 '조선 시대 백자전' 도록에 등재되어 있었으므로(아마 빌려 왔든지 아니면 사진만 게재된 것 같지만) 아마 호암에서 낙찰하지 않았을까 하고 추측해 보기도 하였지만, 사실 여부를 확인할 길은 없었다. 그러던 중 이번 경매에서도 「아카보시 컬렉션」의 소장품이 나타났으니 한편 반갑기도 하고 또 한편으로는 두렵기도 하였다. 이는 행여 미국까지 온 우리 도자 미술품이 다시 일본으로 가게 되지나 않을까 하는 우려에서였다.

세상에서 단 두 점 밖에 없는 정도로 워낙 유명세가 붙어 다니던 이 작품에는 머리 조아려지는 일화가 얽혀 있다.

필자가 잘 아는 분으로 뉴욕에 살고 있는 '키요코' 의 친구 한 분이 있는데 이분의 말을 빌리면 '아카보시' 와 '아타카' 가 살아 있을 때의 일로 '아타카' 가 이 접시 한 점을 양보받기 위해 7번이나 '아카보시' 를 찾아가서 사정하였는데도 끝내 거절당하였다고 한다.

이 이야기를 듣는 순간 왠지 가슴 한구석에서 뭉클함을 느낄 수 있었다. 두 사람 다 당대의 이름 있는 컬렉터였음은 주지의 사실이다. 그런데 한 쌍으로 만들겠다는 생각에 이 작은 접시 하나를 위해 자존심 다 버리고 7번씩이나 찾아가서 머리 조아리며 사정하였다고 하니 과연 아타카 컬렉션이었구나 하는 생각이 들었으며, 또 이 세상에서 그 무엇과도 바꿀 수 없노라 하고 죽는 순간까지 자신의 소장품을 지킨 아카보시의 그 집착 역시 대단하다는 생각이 들었다.

이런 내력을 지닌 이 유명한 작품이 30억 원에 경매되었다고 발표되자, 우리 국민은 너 나 없이 놀라는 눈치들이지만 그렇지 않다. 지난 4월 12일과 13일 양일간에 신라호텔에서 프리뷰를 할 때 이 접시를 진열한 바로 그 옆 벽면에 근현대 유럽 인상파 화가들의 그림들이 몇 점 전시되고 있었고 그 내정 가는 보통 400만, 또는 600만 달러 정도였으며 실제 경매장에서는 700만, 800만 달러에 팔리고 있어도 아무도 입 벌어지게 놀라는 사람은 보지 못하였다. 그런데 우리 고미술품 한 점 그것도 세상에 단 두 점밖에 없는 500년 전 유물이 280만 달러에 낙찰되었음은 오히려 당연한 일이 아닐까.

이번 크리스티 경매가 남긴 교훈이 있다. 그것은 우리 것이 얼마나 소중하며 조상님들이 남긴 우수한 유물들이 세계에서 어떤 자리에 있는가에 대해 다소 늦은 감은 있지만 우리가 모두 새롭게 눈을 떴다는 것이다.

국제 미술품 경매장 이야기 II

_고려 시대 제작된 수월관음도 (낙찰가 – 1,600,000$)

1991년 10월 22일 뉴욕 소더비(Sotheby s)에서 열리는 한국 미술품 경매에 참가하고자 10월 21일 오후에 출발하는 뉴욕 행 대한항공에 몸을 실었다.

89년부터 해마다 빠짐없이 참석하는 일이지만 이번에는 다소 들뜬 기분으로 공항으로 향했다. 유물이 흔치 않아서인지 한국 고미술 시장에서 거래된 예가 매우 드물었고, 불교 미술품 도록에서도 눈에 잘 보이지 않았던 고려 후기에 제작된 불화 수월관음도가 출품되었기 때문이다. 낙찰 예정 가격 역시 달랑 150,000$이라고 표기되어 있었다. 주최 측이나 의뢰자 측에서 작품의 미술적 가치나 학술 가치 및 희귀성과 재화(財貨) 등의 문화적 가치에 대해서 알면서도 작전상(경쟁자들을 많이 모이게 하려고) 싸게 출품하였는지 아니면 정말 몰라서 싸게 출품하였는지는 모르겠으나 아무튼 150,000$이면 상당히 싼 값이라는 생각이 들었다. 수십 년을 고미술 시장 바닥을 누비는 동안 제작 연대가 그리 오래지 않은 후불탱들의 거래는 가끔 보았지마는 고려 불화 특히 수월관음도가 거래되는 것을 본 일이 없었으므로 가격이 싸다 비싸다 결론 내기는 어렵겠으나 그래도 감이라는 게 있다.

출발 전 내가 아는 몇몇 수집가들(이름 있는 사립 박물관과 개인 수집가들)에게 이 불화에 대한 구매 의사를 타진해 보았지만, 아무도 흥미를 나타내지 않았다. 혹시 당시 학자들의 표현대로 내가 무식한 상인이기 때문에 '네깐 장사치가 뭘 안다고 떠들어 떠들긴.' 뭐 이렇게 생각했는지도 모를 일이지만 말이다. 아무튼, 그 누구로부터도 아무런 회답도 받지 못하고 언제나처럼 나 홀로 이코노미석 구석진 자리에서 졸고 있었다.

예정 가격인 150,000$에 낙찰된다면 아무라도 베팅할 수 있을 것이지만, 잘 모르긴 해도 최하 백만 불은 더 올라갈 것 같다는 생각이 들었다.

이런저런 생각을 하면서 비몽사몽간을 헤매고 있는데, 갑자기 주위가 소란스러워진다 부스스 눈을 떠보니 기내식을 배달하고 있었다.

어디쯤 왔을까? 창문을 열고 밖을 내다보니 캄캄했다. 아직 앵커리지까지 오지는 안 했으니 아마 북태평양 어디쯤 되는 듯했다. 부산한 식사가 끝나고 커피 한 잔 홀짝거리고 나니 잠은 멀리 달아나 버리고 언제나 버릇처럼 하던 기와집 짓기가 시작되었다. 지었다 허물고 허문 자리 다시 짓고 몇 번을 지었다 허물었다 하다가 앵커리지에서 잠깐 쉬고 난 뒤 금방 뉴욕으로 날아갔다.

이제 케네디 공항이 그렇게 낯설지만은 않다. 내가 뉴욕에 올 때마다 나를 안내해주던 '미스터 정' 의 한국인 택시를 타고 32가에 있는 단골 호텔인 「스텐포드 호텔」에 짐을 풀자마자 요크 에브뉴 72번 가에 있는 「소더비경매장」으로 달려갔다.

택시에서 내리는 나를 본 도어맨이 반색을 했다. 이 백인 도어맨은 벌써 3년째 얼굴을 익히고 있었고, 볼일이 끝나고 밖으로 나오면 나를 위해 택시를 잡아주면서 공손하게 "설" 하면서 인사하면 매번 5불 정도 팁을 줬다. 그러니 제 놈이 좋아할 수밖에, 말하자면 동양인인 나를 좋아하는 것이 아니라 5$를 좋아한다는 말이다.

오전 시간이라 그런지 전시장은 한산했다. 문제의 그 '수월관음도(水月觀音圖)' 앞에 서서 찬찬히 그리고 세밀하게 관찰하였다. 미소 머금은 자비로움 속의 근엄하고도 신비로운 얼굴 관세음보살상 그 발밑에 법을 구하는 선재동자의 애원하는 맑은 눈망울, 이 작은 화폭에 큰 우주가 담겨 있는 듯했다. 그러나 여기저기 몇몇 부분은 지금 당장 보존 처리를 해야 할 정도로 상태는 좋지

▲ 수월관음도

못하였다. 그러나 나로서는 처음 대하는 고려 시대 제작된 불화, 그것도 말만 들어본 수월관음도였기에 더욱 신비롭게만 보였다. 불화 앞을 떠나 여유롭게 전시장을 한 바퀴 쭉 훑어보고 옆방 아프리카 원시미술품 코너도 돌아보고 '메디션 에비뉴' 에 있는 한국인 골동 가게 두어 곳을 들려보고서 호텔로 돌아왔다.

저녁 식사 후 언제나처럼 로비에 붙어 있는 커피숍에서 나를 포함한 한국인 상인 이삼 명이 모여 경매에 대한 이런저런 이야기들을 나누고 있을 때, 명동 사채 시장의 큰손으로 알려진 이 회장이란 사람이 들어왔다. 이 사람은 센추럴파크 옆에 있는 특급 호텔에 묵고 있다고 들었는데, 이곳 삼류 호텔까지 기웃거린다는 것은 틀림없이 '수월관음도' 에 대한 정보를 얻고자 왔을 것임을 직감케 했다.

서울에서 딱 한 번 인사 나눈 일이 있는 이 회장은 대뜸 '김 회장님, 그 불화 얼마 정도면 살 수 있을까요?' 라며 내게 물어보았다.

'글쎄요, 아마 오십만은 더 가겠지요. 적어도 오십만 이상 백만까지는 생각해야 할 것 같습니다마는 경매는 알 수 없는 변수가 있으니까요.' 가만히 듣고만 있던 이 회장이 뭔가 골몰히 생각하는 듯하다가 그냥 일어나서 나가버렸다.

이 회장이 나가자 그날따라 우리와 동석하고 있던 소더비 서울 지사장 '미스터 조' 도 부리나케 따라나간다. 조 지사장은 그날 처음 이 회장과 인사 나눈 사이인지라 별로 할 말도 없었을 테지만, 아마 돈 많은 고객 하나 확보하면 회사로부터 특별 보너스라도 받는 모양이었다.

귀중한 정보를 얻었으면 하다못해 커피 값이라도 내고 가야지 자기가 마신 커피 값조차 내지 않고 그냥 말없이 나가 버렸다. 본래 비서들에게 계산을 맡기고 다니던 습성이라서 그런지 아니면 돈 빌리러 오는 사람들로부터 대접만 받아본 습성이라서 그러한지는 몰라도 가난한 장사꾼들이 묵은 누추한 삼류 호텔까지 찾아와서 가르침을 받았으면 하다못해 커피 값이라도 내고가야 예의건만, 쩝! 있는 자들이 보통 이러했다.

다음날 드디어 결전의 날이 다가왔고, 시간이 되어 한 사람 두 사람 경매장에 모여들었다. 그러나 응찰자 중 고려 불화에 대한 희귀성을 아는 한두 사람을 제외한 대부분의 고객은 불화에 대해 크게 관심이 있지 않은 것 같았다. 물론 불화 특히 고려 시대 제작된 '수월관음도'에 대한 상거래가 고미술 시장에서 흔히 이루어진 일이 없었기 때문일 것이다.

경매 시간이 되자 직원들은 각자 맡은 전화기 앞으로 진열해 앉고 호자(Auctione er)는 단상에 서서 경매 규칙을 알리는 절차가 끝나자마자 바로 출품 번호 1번부터 경매가 시작되었다.

그런데 이 자리 꼭 있어야 할 명동의 이 회장이 보이지 않았다. 이 양반은 이 불화 한 점 사려고 이곳까지 온 사람으로 알고 있는데, 경매가 시작하는 시간까지 모습이 보이지 않으니 의아한 생각이 들기까지 하였다. 그러나 이것은 기우라는 것을 곧 알게 되었다. 어젯밤 서울 지사장이 따라나간 이유가 그 회답이란 것을 말이다.

이날 처음 안 일이지만 큰손들은 현장이 훤히 내려다보이는 따로 마련된 일인용 방에서 구내전화(inter-phone)로 현장 직원을 통해 응찰하는 특별대우를 받을 수 있으며 이 회장은 어제 급히 따라나간 지사장의 배려로 현재 이러한 대우를 받는 것이 분명한 것 같았다.

어떻든 1번부터 한 점 한 점 낙찰 또는 유찰로 진행되던 중 드디어 고려 불화 '수월관음도' 차례가 되었다. 경매 시작 2분도 채 되지 않아 100만 불까지 올라가더니 진행 속도가 주춤거리며 십만 불씩, 십만 불씩 아주 천천히 진행되었다.

지금까지 '소더비' 나 '크리스티' 등 경매장을 지켜보았지만 높은 가격으로 올라가는 작품은 경매 현장에서의 경쟁이 아닌 전화 손님과 전화 손님끼리 경쟁하는 일이 대부분이었다. 이 전화 서비스는 국제전화인 경우도 있고 고객이 묵는 숙소인 경우도 있지만 앞에서 말한 경매장 안의 개인 방에서 현장 분위기를 보면서 구내 전화로 응찰하는 예도 있다.

오늘의 전화 응찰의 분위기를 보건대 한쪽은 진행이 빠른데 반하여 다른 한쪽은 진행이 다소 더딘 것 같았다. 이는 진행이 빠른 쪽은 현장 어딘가에서 분위기를 직접 보고 있으므로 그 판단이 빠를 수 있지만 진행이 느린 쪽은 자신의 응찰을 대신하는 직원으로부터 현재 진행 상황을 전화상으로 일일이 설명을 들은 뒤 다시 지시를 하여야 하므로 자연히 느리게 진행할 수밖에 없을 것이기 때문이다.

해서 진행이 빠른 쪽이 한국에서 온 '이 회장' 쪽일 것이고 반대편의 느린 쪽은 한국인지 일본인지는 알 수가 없지마는 아마 국제 전화가 아닌가 하는 추측을 해보았다. 아무튼, 숨을 죽이는 경쟁이 조용히 진행되면서 느린 쪽으로부터 150만 불까지 올라가고 있었다. 호자는 조용하지만, 힘 실린 목소리로 '자 150만 불입니다. 더 이상 없으시면 150만 불에 낙찰하겠습니다.' 하면서 파이널 콜을 불렀다. 그런데 여태까지 상대편에 비해 다소 빠르게 진행되던 것과 달리 이번에는 다소 시간을 두면서 생각하는 듯했다. 왜냐하면, 전화응찰 하던 직원이 조금만 기다려 달라고 하는 것 같았다. 그리고 전화기에 대고 뭐라고 의논하는 것 같더니 금방 미소 띤 얼굴로 손을 번쩍 들어 올렸다.

'160만 달러, 현재 최고가 160만 달러 더 이상 안 계십니까?' 몇 번이나 파이널 콜을 부르면서 상대편을 바라보았지만, 직원의 힘 빠진 얼굴은 좌우로 흔들렸다. 낙찰을 알리는 '딱' 하는 경매봉 소리와 함께 '160만 달러!' 갑자기 조용하던 장내가 소란스러워지더니 여기저기서 박수 소리가 터져 나왔다.

뒤에 남은 출품들 경매 끝나고 숙소로 돌아온 한국인 몇몇 사람은 당연히 160만 불짜리 불화에 대한 화제가 술안주가 되었으나, 대화의 핵심은 그 작품의 학술적 가치나 미술적 가치 또는 희소가치 등의 문화가치 문제가 아니고 과연 누가 그렇게 큰돈을 내고 낙찰받았는가였다. 누구나 관심을 가질 만하였다. 여태까지 경험해보지 못한 고려 시대 불화 '수월관음도'에 대한 참 가치를 알게 되었으니 궁금한 것이 한 가지가 아니었을 것이다. 다만, 그 낙찰자가 한국인이기를 기대할 뿐이었다. 물론 내 개인적으로는 짐작 가는 사람이 있었지만 말이다.

경매가 끝난 다음 날 몇 번을 다녀왔지만 올 때마다 가보고 싶은 「메트로폴리탄」박물관이다. 런던 경매에 가면 역시 「대영박물관」 「빅토리 엔 알버트 뮤지엄」을 빠지지 않고 찾아보는 일과 같이 이젠 버릇처럼 되어버렸기 때문이기도 하다.

「메트로폴리탄」으로 옮겨져 있는 나일 강 변에 있었던 고대 이집트의 신전과 「대영박물관」에 진열된 고대 아시리아의 성문들을 보고 있으려면 강대국들의 힘과 약소국들의 무력함이 비교 전시되어 있는 것 같아 가끔은 허탈감마저 느끼게 한다. 이러한 유물들은 보고 또 보고 몇 번을 보아도 지겹지가 않기 때문에 올 때마다 가보는 지정 코스였다.

대충 볼일을 끝내고 이번 경매에서는 청화백자 운용 무늬 항아리 한 점 외, 별로 낙찰받은 것 없이 참가했다는데 의미를 두고 이코노미 좌석표 한 장을 손에 쥐고 출국장으로 가던 중 '이 회장'을 만났다.

"김 회장님, 혼잡니까?"

"예, 혼잡니다."

"아, 그러시면 저하고 함께 라운지로 가서 쉬도록 합시다."

둘이서 퍼스트 클레스 라운지에 가서 쉬는데 이 양반 자랑 삼아 하는 말이

"불화 누가 샀는지 아세요?"

물론 당신이 샀을 것이라는 짐작은 하였지만 그래도

"글쎄요, 잘 모르겠는데요. 이 회장님은 아십니까?"

하며 넌지시 보았다. 이 양반 아주 자랑스러운 얼굴로

"내가 샀습니다." 한다.

"아이쿠! 참으로 잘 되었습니다. 저는 혹시나 한국으로 오지 못하면 어떡하나 하고 걱정하였는데 참 잘 되었습니다."

"그런데 절대로 제가 샀다는 거 비밀로 해주세요. 하도 세상이 그래서 말입니다."이런 문제는 말하지 않아도 잘 아는 사항들이다. 우리나라는 특히 외환 문제에 대해 민감할 뿐 아니라 이때까지만 해도 그림 한 점에 십 수억 원이나 주고 사온다고 하면 이를 이해해줄 국민이 많지 않다는 점을 말이다.

서울에 도착한 다음 날 몇몇 신문사 기자들로부터 인터뷰 요청과 원고 청탁이 있었지만, 낙찰자의 국적과 이름은 약속한 대로 끝내 밝히지 않았다.

훨씬 뒤에 들은 이야기지만, 불화를 바로 들여오지 못하고 일단 일본까지 운반해 두었다가 그곳에서 보존 처리하고 나서 한국으로 반입하였다고 한다.

자그마한 불화 한 장이 수십억이 나간다는 기사가 일간지나 주간지를 통해 세상에 알려지어 한국이나 일본의 사찰들은 큰 수난을 당하게 되었다. 한국 사찰들은 제작된 연대가 언제였던 상관없이(이들 절도범이 전문 지식이 없고 얼치기들의 교사에 의해서 행해짐으로) 법당에 장엄하여 있던 탱화들이 밤손님들에 의해 예리한 면도칼로 오려져 나가버렸고, 일본 사찰들은 한국에서 원정 온 밤손님들에게 같은 방법의 수난을 당하고 있었다는 소식들이 심심찮게 들리고 있었다. 후불탱화뿐만 아니라 소장되어 있던 「금사경(금물로 필사한 경전)」을 포함한 수많은 경전도 함께 수난을 당하게 되었다고 한다. 물론 이 도난품들은 한국으로 반입되어 일부는 개인 박물관으로 또 일부는 개인 수집가들에게 흘러들어 갔다고들 한다. 이러한 사실들은 알만 한 사람들은 다 알고 있으며 누구의 소행이라는 것까지도 아는 공공연한 비밀이다.

아무튼, 이번 소더비 「수월관음도」경매 사건 이후 한국의 고미술 시장은 새롭게 눈을 뜨게 된 것은 사실이며 불화 값이 폭등하게 되니 자연적으로 위조 불화들이 나타나게 되고 여태까지 보이지 않던 보존 상태도 양호한 「수월관음도」가 수십 장이 나타나게 되었다. 일설에 의하면 한국에서 제조하던 위조 전문가들이 중국으로 자리를 옮겨 상당한 수의 불화를 제작하여 한국이나 일본으로 흘려보냈다고 한다. 지금도 어디서인가에 아직도 꿈을 깨지 못하고 가짜 고려 불화들을 안고 기와집 짓는 사람이 참으로 걱정된다.

*덤으로 끼어들기 넷

_청화안료(산화 Cobalt. CoO)에 대한 토막상식

1. 개념

Cobalt는 도자기 안료로서 산화철(FeO, 산화동(CuO)과 함께 아주 광범위하게 응용되는 장식 안료로서 불에 저항하는 힘이 대단히 강하며 십만 분의 일 정도만 유리에 함유시키면 엷은 색 유리가 될 정도로 착색률이 강력한 원소로서 고대 트로이(TROI)나 이집트(EGYPT) 신왕조 초기인 BC 1500년경에 이미 Cobalt를 함유한 유리로 된 기물들을 사용하고 있었다.

중국에서의 Cobalt 사용은 이들보다 많이 뒤진 당대에 와서 당삼채에 나타나는 남색유가 그 시발로 보인다.

동양에서의 도자기 삼대 안료로 알고 있는 철과 동 그리고 Cobale 중, 철이나 동은 1,250℃ 이상의 열에서는 타버리든지 또는 휘산(翬散)되지만, Cobalt만은 1,250℃ 이상의 환원염에서 가

장 아름다운 남색으로 발색하게 된다.

멀리는 이집트에서 가깝게는 중국 당나라 때 Cobalt를 이용하여 연유계(鉛釉系) 남색 유약을 제조하여 사용했지만, Cobalt는 색유(色釉)로서의 안료보다 유하채(釉下彩) 안료로서 그림에 나타나는 청화 발색에서 그 진가가 나타난다.

원(元) 후기에 들어오면서 발견한 유하채 안료로서의 Cobalt는 명대(明代)에 와서 전성기를 누리게 되었으며 우리나라는 15세기에 들어와서 처음 나타나기 시작했다.

그러나 조선에서는 세조와 예종 연간에 순천 밀양 등지에서 발견된 유사 회회청으로 시번(실험적 소성)해본 뒤 이렇다 할 기록이 없고 청화자기가 극히 희귀한 것으로 보아 국산 Cobalt 즉 토청(土靑)은 생산되지 못한 것 같다. 이유는 원석은 발견되었으나 제련 기술의 미숙으로 양질의 Cobalt를 생산하지 못한 것이라 판단된다.

2. Cobalt 원광(原鑛)

천연에서의 Cobalt 광석은 오랜 시간 공기나 수분에 노출되어 산화되면서 물에 용해된다. 이 코발트가 용해된 물은 다시 암석에 침투되는데 암석에 침투된 용해된 Cobalt는 땅속 깊이에까지 도달하기도 전에 산화Cobalt가 되어 다시 고체화된다. 이렇게 고체화되는 과정에 주변에 녹아 있던 산화철(FeO)이나 산화동(CuO)과도 혼합되어 함께 고체화된다. 이렇게 고체화된 Cobalt는 굴뚝의 검정 덩어리처럼 흑색 또는 흑갈색이나 청 흑색의 덩어리로 암석의 벌어진 틈 사이에 끼어 있다가 풍우(風雨)나 식물 뿌리 등에 의하여 파괴되면서 모래처럼 작은 입지가 되어 일부는 모암 가까운 곳에 퇴적된 상태로 존재하고 일부는 비바람에 떠밀려 비중이 무거운 놈은 가까운 곳에 가벼운 놈은 먼 곳까지 이동하여 강바닥에 침전하게 된다. 이것이 Cobalt 원석으로 광물학상으로 오수토(吳須土) 또는 그냥 오수라고 하고 이 원석을 가공하여 안료로 만든 것을 고대 로마에서는 Smaltum이라 하였고 중국에서는 蘇麻離靑(소마리청 - Sumali-ching) 또는 불상 머리에 칠하였다고 하여 불두청(佛頭靑)이라고도 하였다. 그러나 일반적으로 이들 Cobalt(CoO)를 통칭하여 회청(回靑) 또는 회회청(回回靑)이라고 부르는데, 이는 회교도 국가로부터 들어온 청료(靑料)라고 하여 붙여진 이름이지만 가장 보편적으로 사용되는 명칭으로 우리나라에서도 주로 사용되던 명칭이다.

3. 제조 과정

산이나 강바닥에 퇴적되어 존재하는 Cobalt 원광들은 오랜 시간 비바람에 떠내려 오면서 주변에 산재해 있던 여러 가지 물질들과 섞여 퇴적하게 된다. 이러한 원석을 채취하여 잘게 분쇄하여 가벼운 규석이나 기타 불필요한 암석 물질들을 수비(水飛)하여 제거시키고 남은 무거운 Cobalt만 모아 환원염 분위기에서 소성하여 잔류수분과 함께 비소분(砒素分)이나 유황분(硫黃分)을 제거시킨다. 이렇게 어느 정도 정제시킨 Cobalt를 다시 한 번 분쇄하여 좌석을 이용하여 철분을 제거시키고 나서 뜨거운 물로 씻어 잔여

유황 분을 제거시킨다.

이렇게 정제된 Cobalt 가루를 자기로 만든 유발과 유봉을 이용하여 오랜 시간 분쇄하여 미세한 분말로 만들고서 다시 한 번 자석으로 미세하게 분말이 된 철분마저 제거시키면 양질의 Cobalt 안료가 완성된다. 이때 주의할 점은 철제로 된 유발이나 유봉을 사용해서는 안 된다는 점이다.

이 마지막 분쇄 과정을 소홀히 하여 입자가 고르지 못하면 시문 번조 후 그릇에 나타나는 청화는 얼룩이 지게 되는 수가 있다.

국제 미술품 경매장 이야기 III

_루마니아 부쿠레슈티 미술품 경매장에서 생긴 일

1995년 단풍이 곱게 물든 가을 어느 날, 대구에서 가전제품 생산 공장을 하던 '박 회장'이라는 후배가 내게 특별한 제안을 해왔다.

부쿠레슈티에 있는 루마니아 국립박물관 소장품 중 명화들을 선별하여 한국에서 전시하고자 하는데 나에게 함께 가자는 것이다. 그러나 나는 고미술품 그중에서 특히 고도자기를 전문적으로 취급하는 상인이므로 중세나 근 현대의 서양화에 대해서는 전혀 아는 바 없는 문외한이다. 인상파니 추상화니 낭만파니 하는 서양 미술사에 대한 기초 이론들도 내게는 생소할 뿐이었다. 가끔씩 미술 잡지에 게재되는 칼럼에서 한두 줄 읽은 것 외에는 서양미술사 단행본 한 권도 제대로 읽어보지 못한 주제다. 그래서 일언지하에 거절해 버렸다.

참 별일이 많다. 그는 나보다 미술에 대해서는 더더욱 문외한인데도 어쩌자고 그 유명한 작품들을 가지고 와서 전시하겠다는 기발한 발상을 한 것인지 원 참.

그가 돌아가고서 하나의 난센스로 치부해 버리고 잊어버렸다. 그런 몇 달 뒤 '박 회장' 이 다시 찾아와서 정색하며,

"형님이 꼭 동행해 주셔야 하겠습니다."라고 하며 쉽게 물러설 기색이 보이지 않았다. 물론 모든 경비 일체 박 회장 쪽에서 부담하는 조건에서였다.

"아, 이 사람아, 자네도 알다시피 나는 골동쟁이지, 그림쟁이가 아닌데 왜 자꾸 내게 귀찮게 하나? 꼭 사람이 필요하면 서양화 전문 상인을 소개시켜 줌세."

"아니요 다른 사람은 필요 없어요. 형님은 전시 준비와 전시장 물색 등 실무를 지도해 주시면 됩니다."

"그러면 내가 루마니아까지 갈 필요는 없지 않은가? 자네 말대로라면 작품들이 한국에 반입되고 나서 개입해도 늦지 않겠구먼 뭘!"

"에이 참, 그런 게 아니라니까요, 참 내. 실은 대구 모 대학 서양화과 교수 한 분을 모시고 가기로 했는데, 과연 그분이 제대로 볼 줄 아는지 모르지만 제가 원하는 것은 작품성보다 전시 효과가 있는 작품을 선택해야 장사가 될 거 아닙니까? 그래서 형님이 함께 가서 이런저런 자문을 좀 주십사 하는 것입니다."

"서양화 교수라니, 도대체 누군데?"

이 모라는 여자 분이라는데 들어보지 못한 이름이다. 하긴 그

많은 교수 분들을 내가 어찌 다 알겠나마는 그래도 몇몇 이름 있는 분들은 들어보면 금방 알 테지만 전혀 생소한 이름이었다. 과거 이 친구로부터 신세 진 일도 있었고, 또 마침 12월에 런던 고미술품 경매도 있고 해서, 겸사겸사 동유럽도 한번 가보고 싶다는 생각이 들기도 하여 그러자고 일단 승낙하고, 경매 날짜에 맞추어 일단 런던에서 만나 거기에서부터 함께 행동하기로 일정을 잡아 두었다.

나는 국내 여행도 그러하지만 외국여행 시에도 한 번 머물던 숙소는 특히 정이 든 것은 아니지만, 다음에도 꼭 그 호텔에 짐을 풀게 되는 습성이 있다. 그때만 해도 일 년에 예닐곱 번씩 뉴욕과 런던 등지를 날아다닐 때였는데, 동경에는 '우에노' 에 위치한 '파인 힐 호텔', 오사카 '오이마쭈 죠' 의 '이스트 호텔', 뉴욕에 가면 브로드웨이 32가에 있는 '스텐포드 호텔' 이 그러하지만, 런던에 가면 가난한 상인이 고급 호텔에 머물 수는 없고 자그마한 '벤팅크 하우스' 라는 여인숙 개념의 여관에 머물게 된다. 이 습성은 그 뒤 수년 동안 배낭여행을 다니면서도 인도와 방콕 중국 등지에서도 변하지 않았다. 그래서 위의 단골 호텔들의 주소와 전화번호 등이 수첩에 잘 기록되어 있어 내가 언제부터 언제까지 '밴팅크 하우스' 에 묵게 될 것이니 날짜 잘 맞추어 만나도록 하자고 약속하였다. 요즘 같으면 휴대전화가 있어 이런저런 약속이나 시간 맞추고 하는 불편함이 없겠지만, 그때는 일일이 확실하게 약속해 두지 않으면 머나먼 외국 땅에서 만나지도 못하고 돌아와야 하는 낭패를 당하게 된다.

이러한 철저한 상호 약속 덕택에 그해 12월 Sothebys 런던 경매에 참가하고 나서 대구 모 대학 이 모 여자 교수 분을 포함한 박 회장 일행과 합류하여 루마니아 부쿠레슈티로 날아갔다. 그때까지만 해도 런던에서 부쿠레슈티 직항로가 개항되지 않아 스위스 취리히에서 환승해야 했고, 런던으로 돌아올 때는 취리히에서 일박을 하고 다음날 아침 비행기로 돌아와야 하는 다소 불편한 코스였다.

아직 자본주의 질서가 제대로 자리 잡지 못한 탓인지 몰라도 부쿠레슈티에서 제일 좋다는 호텔에 짐을 풀었지만, 호텔 시설은 일본의 작은 비즈니스호텔급 밖에 되지 않았다. 이 숙소도 이곳에 사는 과거 박 회장 회사 직원이었던 '한 차장' 이라는 분이 미리 예약해둔 덕분에 세 개나 되는 방을 잡을 수 있었으며, 동유럽의 사회주의 벽이 무너지면서 발 빠르게 진출한 한 차장 부인은 이곳 문화 사교계의 마당발로 이번 미술품 대여 프로젝트를 연결했다고 했다.

동유럽이 열리면서 서방 세계의 여러 나라로부터 정치적, 또는 사업상 목적으로 찾아오는 수많은 사람으로 인해 호텔은 늘 만원이고 눈으로 질퍽거리는 거리는 가고 오는 사람들로 붐비고 있어 막 자리 잡아가는 시장 경제를 실감 나게 한다. 마치 할리우드 서부영화에서 보는 금맥 찾아 모여드는 서부 개척 시대를 느끼게 한다.

다음날 마치 타임머신 타고 19세기에 와 있는 것처럼 펼쳐진 거리 모습을 기웃거리며 한껏 낭만적 분위기를 만끽하고 있자니 박 회장이 빨리 미술관에 가자고 보챘다. 그도 그럴 것이 박 회장으로서는 적지 않은 경비를 들여 머나먼 이곳까지 왔기 때문에 하루라도 빨리 일을 마무리하고 돌아가야 했다. 그래야 얼마라도 경비를 절약할 수 있기 때문일 것이다.

한국에서 온 필자를 포함한 네 명과 그곳에 거주하며 이 일을 주선한 한 차장 부부와 통역 이렇게 일곱 사람이 우르르 몰려가니 단아하고 지적으로 생긴 오십 대 초반의 여자 관장이 눈이 둥그레졌다.

물론 사전에 약속은 되어 있었겠지만 이렇게 많은 사람이 오리라고는 예상하지 못한 듯했다.

관장실로 안내되어 차를 나누며 이런저런 대화들을 나누는 중 오랜 세월 상인으로 살아오면서 늘어난 것은 눈치뿐인지라 우리를 반기지 않는 눈치가 역력하였다.

아무리 윗선(문화부 장관)에서 결정된 일이지만 오랫동안 아끼고 돌봐온 명화들을 빌려준다는 사실이 퍽 괴로운 것 같았다.

그러나 어찌하나, 상부의 명령인 것을, 포장문제 수송문제 보험문제 등에 대한 대략적인 이야기를 마치고 수장고로 안내되었다. 이상한 점은 전시장에는 알만한 작가들 작품으로 몇십 점 정도밖에 걸려 있지 않고 대부분의 작품은 수장고에 대충대충 포장되어 바닥에 줄지어 나열되어 있었다. 우리에게 보여주기 위해선지 아니면 원래 이들의 보관 방법인지 모르지마는 우리나라 국립박물관이나 미술관 등의 수장고에 비하여 적이 놀라지 않을 수 없었다.

임대 작품은 50점 한도로 우리 쪽 마음대로 선택한다는 조건이어서 일단 작품 리스트를 훑어보았더니 정말 입이 딱 벌어졌다. 세계 유명 미술관에서나 볼 수 있는 작가의 이름만 들어도 귀가 번쩍할 '루벤스', '르누아르', '다빈치', '고흐', '모네', '샤갈', '피카소' 등 그 외에 누구누구 등등 기억나는 작가와 기억나지 않는 작가들 작품 등이 수백 점은 될 것 같았다.

그 많은 작품 중 50점을 선별하기로 하고 대구에서 온 이 교수님에게 작품 선택을 일임하였다. 앞서 말한 바와 같이 필자나 박 회장 등은 서양화에 대해서는 문외한이기 때문이다. 그러나 이 작품들이 만약 진품이라면(아마 진품이었겠지만) 내 생에 최대의 영광을 누리게 되는 순간이 아닐 수 없다. 하다못해 프레임이라도 내 손으로 직접 만져볼 수 있었고 작품과 불과 수십 센티미터 거리에서 감상할 수 있었으니 도대체 이게 꿈인가 생시인가 서로가 믿기지 않았다.

몽롱한 정신으로 작품 하나하나 열어보고 있는데 갑자기 관장이 싸늘한 표정으로 따끔하게 한마디 했다. 그렇게 가까이에서 작품을 보지 말라고 하며 특히 프레임이라도 작품에 직접 손을 대는 것은 극히 삼가라고 하였다.

순간 나도 모르게 몇 발자국 물러서면서, 아차! 명색이 고미술품을 다룬다는 사람이 작품에 직접 손을 대다니 이거야말로 국제적 망신이었다. 더군다나 전직 '한국 고미술협회 회장'이라는 명함까지 건넨 마당이 아니던가, 너무나 부끄러워 얼굴이 확 달아오르며 머리가 띵해졌다. 이 교수도 마찬가지였을 것이다. 그때부터 작품으로부터 멀찌감치 떨어져 있었고 어떤 작품을 어떻게 보았는지 기억조차 나지 않았다.

미술관에서의 일을 대충 마무리 짓고 우리 일행 일곱 명은 민속춤을 관람하면서 식사도 하는 관광 식당에 가서 식사하는 중에도 미술관에서의 부끄러운 지적을 받아 영 기분이 개운치 않았는데, 이렇게 가라앉은 기분으로 묵묵히 식사만 하는데 테이블 안쪽 모서리에 꽂혀 있는 팸플릿이 눈에 띄어 별 생각 없이 한 장 뽑아서 보았더니 고미술품 경매(Antiques Auction) 선전물이었다. 눈이 번쩍했다. 참새가 방앗간을 어찌 그냥 지나치랴. 한 차장 부인에게 위치를 물어보니 자기들은 자주 가는 경매장이란다. 경매일이 바로 내일이었다. 여태까지 착 가라앉은 기분은 순식간에 루마니아 밤하늘로 날아가 버리고 대신 어떤 기대감마저 생겼다.

다음날 아침부터 바쁘게 설쳐 댔다. 이곳 경매장 규칙은 전시와 경매를 하루에 끝낸다. 즉 모든 출품 물은 당일 오전에만 전시하며 오후부터는 바로 경매에 들어가는 시스템이었다.

박 회장과 이 교수는 다른 일로 어디론가 가 버리고 필자와 한 차장 부부만 경매장에 가게 되었다.

전시장을 한 바퀴 쭉 둘러보니 유럽 미술품들은 원래 대부분이 가구들이고 가끔씩 유화가 섞여 있으며 그 외 도자기와 은제 또는 동제 조각품들이 다소 나타나기도 했다. 그러나 이런 골동품들은 아무리 뚫어지라고 보아도 내가 알 수 있는 작품들이 아니었다. 이것저것 구경하며 다니다가 문득 어느 한 작품에 눈이 고정되어 버렸다. 길이 약 30cm 높이 약 10cm 정도의 누워 있는 나부상

(裸婦像)으로 받침대에 작가의 이름이 새겨져 있었지만, 어느 나라 문자인지 날렵한 필기체인지라 아무리 보아도 작가의 이름을 기억할 수가 없었다. 그러나 나도 모르게 그 작품에 내 마음이 확 빨려 들어갔다. 청동제 유물은 상당히 만져본 경험이 있는지라 재료는 동합금의 청동제로서 파도치는 머리카락은 귀 뒤로 넘어가 출렁 거리는 듯하고 부드러운 어깨선에서 알맞은 볼륨의 유방 표현에서 적당히 날씬한 허리선과 풍만한 둔부 늘씬한 하반신 살짝 굽어진 무릎선 등 참으로 아름다웠다. 마치 비너스가 누워 있는 것 같았다.

출품 가는 미화로 겨우 1,500$ 정도였다. 내 아무리 서양 미술의 문외한이지만, 자꾸만 나를 끌어당기는 무언가의 힘이 작용하는 듯하였다. 속으로 5,000$까지만 올리면 아마 내게 낙찰될 것이다. 라고 생각하였다. 5,000이면 출품가의 세 배가 넘으니 말이다.

여권을 담보로 경매 참가 자격을 얻어 한참을 기다리니 대망의 그 작품 경매 차례다. 드디어 경매가 시작되고 여기저기에서 손이 번쩍 뻔쩍 올라가더니 순식간에 3,000$이 넘어간다. 이때까지만 해도 이 나라에서의 미화 3,000$이면 적은 돈이 아닌데도 돈 무서운 줄 모르고 쑥쑥 잘도 올라갔다. 나는 그때까지 손 한 번 제대로 들어보지 못하였다. 3,500$이 넘어가니까 경쟁자가 두어 사람으로 줄어들었다. 나도 그 가운데로 슬그머니 끼어들어 본격적인 레이스가 시작되었다.

여기에서부터는 나를 포함한 세 사람의 레이스가 되었다.

4,000$, 4,500$, 5,000$, 7,000$, 9,000$, 10,000$. 15,000$까지 이를 악물고 따라붙었다.

순간 겁이 덜컹 났다. 만약 내게 낙찰이 된다면 어쩌나 하고 말이다. 내게는 15,000$의 현찰이 없었다. 겨우 3,000$과 박 회장에게 얼만가 빌린다 해도 그 돈이 된다는 보장도 없다. 그리고 그들은 지금 여기에 없다. 작품에만 욕심이 나서 정신없이 레이스에만 열중하다가 잘못하면 여권만 날아가는지 아닌지 모를 일이었다. 아주 짧은 순간 생각이 여기에 미치니 그때부터 손이 올라가지 않았다.

그러나 이런 생각은 혼자만의 기우였다. 내가 아주 짧은 순간 이런 생각을 하고 있는데 금방 16,000 그리고 17,000, 20,000을 넘어 30,000$까지 올라가는데 그리 오랜 시간이 걸리지 않았다. 결국, 최종가 35,000$에서 옥션으로부터 파이널 콜이 나왔다.

"딱!"

끝났다. 최종 낙찰가 35,000$였다.

히야! 동유럽이라고 얕보다 아주 큰코다쳤다. 며칠 전 처음 도착하였을 때의 제설작업이 제대로 이루어지지 않아 질퍽거리던 거리와 무질서한 교통 체계 골목마다 널브러져 있는 쓰레기 더미들 등에 대한 첫인상이 예술의 역사가 깊은 이 나라를 건방지게도 너무 우습게 본 것 같았다.

부쿠레슈티를 떠나 취리히 일박 후 런던으로 돌아오면서 혼자 자조했다. 미술관에서의 싸늘한 관장의 눈총과 매섭게 쏘아붙이던 충고 그리고 경매장에서의 오만한 생각 등이 회초리가 되어 종아리를 쳤다.

귀국 후 명화 전시 준비를 위해 예술의 전당이나 국립 현대미술관 등 여러 곳에 문을 두드려 보았지만, 쌍수로 환영할 줄만 알았던 본래 생각과는 전혀 반대의 대접을 받았고, 그리고 특히 일체의 국가나 대기업들의 스폰서 없이 오직 관람료에만 의존해야 하는 수입만으로는 보험금과 임대료 등을 충당할 수 있는 계산이 나오지 않았다.

뒤에 안 일이지만 부쿠레슈티에 있는 한 차장 부인의 루마니아 정계 및 관계에 사용한 로비 자금의 횡령 문제가 불거져 의욕을 잃은 박 회장이 사업 자체를 포기해 버렸다.

지금 생각해 보면 참으로 좋은 기회였는데, 아무튼 루마니아에서는 생각하지도 못한 망신만 톡톡히 당하고 돌아온 셈이었다.

국제 미술품 경매장 이야기 IV
_쾰른 경매장에서 생긴 일

1992년 6월 여느 해와 마찬가지로 뉴욕에서 열리는 소더비와 크리스티 경매가 끝나던 바로 그날 밤, 다음날 오후에 열릴 예정인 독일의 쾰른 고미술품 경매에 참가하기 위하여 야간 비행기로 독일 프랑크푸르트로 날아갔다.

지난해부터 한 해에 두어 번씩 파리의「드루」나 런던의「본햄」과 함께 독일 쾰른에 있는「쾰른 옥션」에서도 전시경매 안내 책자가 우송되어 왔다. 필자가 동서양을 넘나들면서 여기저기 명함을 흘리고 다녔으니, 나에 대한 정보 수집은 아주 쉬웠을 것이다. 그들로서는 한국의 고미술 협회장에다 한국의 미술 문화 중심지인 인사동에서 미술품 무역 회사를 경영하면서 고미술상을 크게 벌인 '김대하' 라는 상인을 상업적 목적에서라도 고객 명단에서 절대로 빼버리지 않았을 것이다.

특히 지난여름 런던에서 개최된 CINOA(서유럽 고미술상 연합체)전시회에 초대되어 참가한 일이 있었고, 그곳에서 많은 유럽 상인들과 명함을 주고받은 일이 있어 그 후 여기저기에서 행사 초대장들을 많이 받게 되었는데, 이처럼 필자가 고미술협회 회장 재임기간 중(1991~2) 에는 국제 고미술상 기구들로부터 초대를 받으면 꼭 참석하였지만, 필자의 앞에 또는 뒤에 한 회장들은 단 한 사람도 그런 대회에 참가했다는 이야기를 들어보지 못한 일이 아쉽기만 하다.

필자들의 궁금증을 풀어 드리기 위해 CINOA에 대해 필자가 아는 범위 내에서 짚고 넘어가도록 하자.

CINOA라는 단체의 창립시기에 대해서 그 당시에는 들어서 알고 있었지만, 지금은 기억나지 않지만 확실한 것은 본부사무실은 벨기에 브뤼셀에 두고, 그리고 상당히 오랜 역사를 가지고 있었다는 사실이다. 이는 소더비(Sothbys)나 크리스티(Christees)가 약 300년의 역사를 가지고 있다는 점을 미루어 대략 짐작할 수 있을 것이다.

CINOA 회장국은 임기 1년으로 가입된 국가 단위로 돌아가면서 맡는데 91년도의 회장국은 영국 고미술 협회 회장이었고, 매년 회장국은 의무적으로 'Antique- Festival' 을 개최해야 한다.

영국 고미술협회 조직 가운데 필자가 부러워하는 점은 인적 규모나 사업 규모 등 이런 세속적인 것이 아니라 협회 상임고문이 엘리자베스 여왕의 모후라는 사실이다. 여왕의 모후는 영국 왕실의 제일 큰 어른이다. 영국 왕실의 권위가 어느 정도인지는 필자가 굳이 설명하지 않아도 알 것이다. 그러한 모후가 고미술상인 단체의 상임고문을 맡고 있다니 그때는 참으로 부러웠다. 한국에서는 상상도 못할 일이다.

그해 봄 크리스티 런던 경매장에서 알게 된 영국 회장으로부터 CINOA에 대한 자세한 설명을 들은 뒤 우리도 우물 안 개구리처럼 좁은 곳에서 하늘만 쳐다보며 팔딱거리지만 말고 많은 회원들이 더 넓은 세상으로 뛰쳐나가 국제 사회에서 활기찬 교류를 하면서 세계 시장을 누비게 하고 가까운 시일 안에 서울에서 Antique-Festiva을 개최하여 우리 협회의 위상을 크게 한 번 높일 수 있는 절호의 기회가 되겠다는 생각이 들어 귀국 후 CINOA 가입 건에 대한 안건은 이사회 결의를 얻어 한국 고미술협회장 명의로 신청 절차와 신청서 양식 그리고 참고 책자 등을 요청하여 몇 주 뒤 도착한 서류 양식에 충실하게 사실 기재하고, 한국 고미술협회 회원 명단과 함께 CINOA 사무국에 발송했더니, 한국은 고미술품에 대해 특별한 법(문화재보호법)이 있어 상인들은 국가 허가 없이 국제적 활동을 할 수 있는지 자기들로서는 알 수 없으니 소관 부서의 허가서를 첨부하라는 회답이 왔다.

나는 주무 관청에 보고서 겸, 허가 신청서를 제출하였지만, 해가 바뀌도록 감감무소식이었다.

그래도 나는 안 되면 우선 한국, 일본, 홍콩, 중국(당시는 대만을 지칭) 이렇게 동양 4국이 중심이 되어 차츰차츰 동남아와 폴리네시아 여러 국가를 아울러 연합체라도 만들어 보려고 개인 사비를 써가며 뛰어다녀 보아도 이들 나라는 아예 관심조차 보이지 않는 와중에 한국 미술 시장은 발등에 불이 떨어졌다.

'서화 골동에 대한 양도소득세법' 이 국회에서 심의 중이였으므로 눈만 뜨면 여의도로 출근하면서 법안 통과저지 로비에 죽기 살기로 매달리다 보니, 회장이고 뭐고 간에 몸과 마음이 너무 지쳐버려 주무 관청에 신청한 허가서 따위는 신경 쓸 겨를이 없었다.

마침 대선 레이스(YS와 DJ)의 양대 진영은 처절하게 싸우던 와중이라 이쪽저쪽에 발품 팔며 손바닥이 다 닳도록 비비고 다닌 덕택에 소위원회에서 3년 유예라는 선물은 얻게 되었지만, CINOA에 대한 열정이 많이 식어 버린 데다 회장 임기가 끝나버렸다.

물론 연임하여 추진하던 사업에 열정을 쏟아 붓고 싶은 마음도 있었지만, 회장직에 앉아 사기 감정 등으로 한몫 챙기려는 철학이 결핍된 무식한 무리의 끈임없는 모략중상에 그렇잖아도 지쳐 있는 마음에 환멸감마저 느껴 한국 고미술 협회를 국제 사회로 업그레이드 시키겠다는 야심 찬 꿈과 함께 물러나 버렸다.

지금 생각하면 참으로 후회막급이다. 그때 주위 눈치 보지 말고 사비가 얼마가 들던 앞만 보고 그냥 내달렸더라면 오늘날과 같은 타락한 협회는 되지 않았을 텐데 말이다. 정말 절호의 기회를 놓쳐버렸음을 하늘을 향해 한을 토해 본다.

이렇게 전 세계를 돌아다니며 뿌린 명함 덕택에 개인적 또는 단체 행사의 초대장들과 함께 중소경매회사 도록들이 우송되어 왔다.

이들 중소 경매회사들의 도록들을 보면 출품 물들 중 특별한 메인(Main) 외에는 대부분이 사진 없이 품목만 게재됨으로 진위 및 조건과 상태 등을 짐작할 수조차 없다. 이런 불확실성 정보를 가지고 그 먼 곳까지 가볍게 훌쩍 날아가고 싶은 생각이 나지 않았는데, 이번에는 좀 달랐다. 리스트 중 비록 흑백이지만 관심을 끌기에 충분한 물품이 등재되어 있었다.

그것은 민화 화조문 병풍 한 점과 '오원' 이라고 낙관 되어 있는 기명절지 병풍과 함께 청자상감 구름무늬 호리병 모양 팔각 작은 병 하나가 눈에 띄었다 파손되지 않고 완벽하다는 리마크를 달아두면서까지 말이다.

쾰른 경매 회사에 필자의 신분을 밝히면서 경매에 참가하겠다고 하니 아주 반갑게 반색을 하면서 경매 당일 하루에 한해서 회사 부담으로 방을 제공하겠다고 했다. 이것도 CINOA 가입을 위하여 부지런히 뛰어다니며 이 사람 저 사람 좌충우돌한 덕이 아닌가 생각되었다.

예약된 스케줄대로 아침 시간 프랑크푸르트에 도착하여 쾰른까지는 열차로 이동하였고, 경매장이 있는 호텔 로비에서 이름 밝히고 여권을 제시하였더니 방 열쇠를 내어주었다. 짐이 없으니 방에 갈 필요도 없이 바로 전시장으로 가서 스태프에게 신분을 밝히며 도착하였음을 신고하였다. 물론 고맙다는 착실한 감사 인사와 함께 말이다. 방까지 하나 얻었는데 이 정도 인사는 해야 할 것 같아서였다.

서로 인사 나누고 명함을 뿌리고 난 뒤 전시장을 둘러보는데, 필라델피아에 사는 '미스터 최' 라는 사람이 인사를 건넸다. 이 친구는 뉴욕과 런던 등 고미술 경매장에는 빠짐없이 나타나는 사람이지만 믿을 수 있을 정도의 안목 소유자는 아닌 것 같았다. 그런데도 이렇게 열심히 뛰어다니는 데는 그만한 이유가 있다.

수년 전 필라델피아에 사는 어느 미국인 노인 집에서 박수근 그림 3점을 아주 헐값에 산 일이 있었다고 했다. 미국인은 박수근 그림의 가치를 잘 모르고 미스터 최는 박수근의 유명세는 귀동냥으로 알고 있었으나, 진위에 대한 감식력이 없었으므로 도박하는 기분으로 아주 싼 값(들리는 말로는 3점에 만 달러 정도)에 흥정하였다고 한다.

그런데 이것이 대박이 나버렸다. 서울에 가지고 오니 금방 100만 불이 넘는 돈을 손에 쥐어졌다고 했다. 이런 일이 있었던 뒤로는 그의 형제와 함께 적극적으로 고미술품 수집에 나서게 되었다. 그 뒤 필자가 그의 초대를 받아 필라델피아의 그의 집에 가 보았는데 풀장을 갖춘 상당히 큰 집도 그 돈으로 산 것이라고 했다.

"회장님, 오원 병풍은 진짜 아니지요?" 하며 웃었다. 나도 같이 웃으며 그 말에 동의를 표했다.

"민화는 어떻습니까?"

"글쎄요, 그렇게 오래된 것 같지는 않네요. 그리고 작품이 좀 빠지는 것 같네."

이 말은 별 볼일 없다는 의미로 한 말이다. 그리고 민화는 진짜 가짜 개념이 아니라 제작 연대가 언제인가가 중요하며 작품의 바탕 재질과 안료 등을 살펴 값을 정하고 있기 때문에 민화에 대해서만은 진짜니 가짜니 하는 것은 잘못된 판단이고 단지 언제 제작된 것인가를 문제 삼아야 한다.

한국말로 반갑게 인사를 나누고 있는데 옆에서 전시품 구경하던 다른 두 사람이 인사를 했다. 미스터 최가 회장님 어쩌고저쩌고하면서 하는 대화를 들은 듯,

"아니 한국에서 오신 고미술협회 김 회장님이십니까?"

하면서 그전부터 알고 있었다는 듯 반가워했다. 그 두 사람이 다 성이 김 씨였다. 한 사람은 서울에서 온 김xx 라는 사업가라고 하며, 다른 한 사람은 독일에 사는 김**라고 했다.

속으로 오늘 경매 피 터지게 생겼다는 생각이 들었다. 이 사람들 모두가 작은 청자병 하나를 목표로 왔을 것이니 말이다.

내가 제안을 했다.

"여러분 모두 청자병 사러 오신 듯하고 또 내 신분을 알았으니, 일단 방에 가서 의논이나 좀 합시다."

고맙게도 이들이 순순히 내 의견에 쫓아주었다.

방에 모인 네 사람에게 제안을 했다.

"그 물건은 외국인들에게는 관심 밖의 물건이므로 어차피 우리 네 사람 중에 누군가에게 낙찰되겠지만, 낙찰받기까지 상당한 경쟁을 거쳐야 할 것이고, 그 경쟁 상대들은 다른 사람이 아닌 바로 우리 네 사람이 될 것이며, 그렇게 되면 그 사람은 지나치게 비싼 값을 치러야 하니, 차라리 우리 네 사람 중 대표로 누군가가 응찰에 참여하면 아마 낙찰 최저가(Ester-mater Prise)에 낙찰받게 될 것임으로 그런 다음 우리끼리 방 안에서 다시 경매하여 그 차익금을 다른 세 사람이 공평하게 나누어 가지면 어떨까 합니다마는, 다른 좋은 생각이 있으시면 말씀해주시고요. 또 제 제안에 동

의할 수 없다고 생각되시면, 이 논의는 없었던 일로 하고 지금 경매장에 가서 다 함께 경쟁에 참여하시던지 여러분의 의사에 따르겠습니다."

방 안에 모인 다른 세 사람 모두 서로의 눈치를 살피고서 이구동성으로

"좋습니다. 그렇게 합시다."

이렇게 합의를 하고 대표로 독일에 산다는 김 사장(프라이버시를 위하여 이름은 밝히지 않지만, 그 뒤 귀국하여 현재 인사동에서 화랑을 경영하고 있음)이 경매에 참가하기로 하고 나머지 세 사람은 방에서 기다리기로 했다.

방에서 차 한 잔 마시고 이런저런 잡담을 나누며 한 시간 정도 지나니 대표로 나갔던 '김 사장'이 예상한 대로 최저 낙찰가(아마 우리 돈으로 약 100만 원 정도로 생각된다.)에 물건을 들고 돌아왔다. 보면 볼수록 깜찍하게 생겨 가지고 싶다는 욕심이 날 정도의 물건이었다.

"잘 관찰하고서 경매하도록 합시다."

서로 돌아가며 나름대로 관찰하고서

"자 이제 경매 시작합니다. 그러나 저는 제안자이기 때문에 이 경매에 참석하여 경쟁한다는 것은 옳지 않다고 생각되기 때문에 저는 빠지겠습니다."

이는 나름대로 회장이라는 자존심 때문에 양보하여 경쟁자를 한 사람이라도 줄이고 싶었다.

요리조리 눈치를 살피고 있던 독일 현지에 산다는 '김 사장'이

"저도 이곳 현지에 살고 있기 때문에 경쟁에 불참하겠습니다."

진심에서 하는 말인지 아니면 유명한 고미술 협회장이 포기하기 때문에 혹시 잘못된 것은 아닌가 하는 의심에서 포기한 것인지 알 수 없지만, 아무튼 두 사람이 포기하니 남은 두 사람이 경쟁하게 되었다.

내가 경매사(Auctioner)가 되어 "1,000$가 원가이니, 1,000$에서 시작하겠습니다. 누가 사겠습니까!"

필자의 말이 끝나기 무섭게 1,000, 2,000, 3,000……. 8,000 ,9,000, 10,000……. 하면서 서울에서 오신 '김 사장' 이란 사람과 필라델피아에 사는 '미스터 최' 가 끝도 없이 올라갔다.

가만히 두고 보니 이 사람들 올바른 시가도 모르고 그저 자존심 대결 같았다. 그래서 내가 계속되던 경쟁을 일단 중단시켰다.

"이것들 보세요. 나 오늘 여기 '미스터 최' 를 제외하고 다들 초면이지만 당신들 이 물건에 대해 한국 시가라도 알긴 알고들 이러는 겁니까? 이건 말입니다. 국내 시가는 소매가격으로 한화 약 6~700만 원 정도로 추정할 수 있으며, 그 이상은 무립니다."

착 가라앉은 근엄한 목소리로 주의를 준 다음 다소 부드러운 목소리로

"두 분 다 이 물건을 가지고 싶은 것 같지만, 내 생각으로는 사업차 서울에서 오신 '김 사장님' 이 가지고 가시는 것이 좋을 듯합니다. 왜냐하면 '미스터 최' 는 어떻든 상인이기 때문에 상인보다 수장가에게 우선권을 주어야 한다는 것이 제 생각입니다. 그리고 적정 가격은 국내 시세를 기준으로 하여 US $6,000이 좋겠습니다."

이렇게 필자의 중재에 아무도 토를 달지 않았고, '김 사장'은 금방 $6,000을 내어 놓으며

"감사합니다. 회장님"

하고 깍듯이 인사를 했다.

"내게 감사할 것 없습니다. 서울 가시면 후회하지도 않으시겠지만, 특히 감사할 일도 없을 것입니다. 아무튼, 수장하는 사람으로서는 잘 샀습니다."

그리고 5,000$을 삼등분하니 뉴욕에서 쾰른까지 비행기운임을 포함한 작은 경비 정도는 충당되는 듯하였다.

그런데 이야기가 여기에서 끝난 게 아니다. 이런 일이 있었던 그 이후 단 한 번도 경매 초대장이 오지 않았다는 것이다. 수년 동안 한 해도 빠짐없이 보내던 초대장이 하필 이 사건 후 딱 끊어져 버렸다.

그 얼마 후 누군가가 내게 이런 말을 해 주었다.

"혹시 그 누군가가 쾰른 회사에 그때 담합한 사실을 고해 바쳤다고 하던데 사실인지 아닌지는 확실하지 않지만 말입니다. 하하하."

그 누군가라는 사람이 누구일까 짐작되는 사람이 있긴 있지만, 나는 좋은 뜻으로 행한 일이었는데 입맛이 썼다.

중국은 로또 시장이 아니다

1998년 1월 모 지방 신문사 발행인 손 회장이란 사람으로부터 고향이 같은 박 사장이란 분을 소개받게 되었다.

붙임성 좋게 그때부터 선배님, 선배님 하면서 아주 공손하게 굴었다. 이 사람을 소개받게 된 이유는 이렇다.

박 사장의 직업은 중고 의료기기 중개상으로, 주로 한국의 큰 병원에서 신형과 교체되어 나오는 중고 MRI 같은 대형 의료기기를 싸게 사서 개발도상국 병원들에 되팔면서 꽤 짭짤한 재미를 보고 있던 사람이다.

비록 중고라 하더라도 MRI 가격은 그리 녹록치 않은 액수로 중국을 몇 번 들락거리면서 제법 큰돈을 만지고 있었으니, 이를 지켜보아 온 중간 소개꾼인 통역하던 사람과 골동품 위조 판매단과의 결탁이 이루어져 그들 사기단의 작전에 말려들게 된 것 같았다.

개성 박물관 관장을 지낸 모 모라는 사람이 정년퇴임하기 직전 박물관 소장품 고려 시대 청자 두 점을 현대 제작한 청자와 바꿔치기하여 지금 중국 모처에 은닉시켜 두었는데 이를 공개적으로 처분할 수 없어 극비리에 싼값에 판매하려고 하니, 박 사장이 사서 한국으로 반입하기만 하면 그깟 MRI 10개 파는 것보다 훨씬 많은 이윤을 얻을 수 있다.

주) 이러한 가설들은 북경이나 심양 또는 단동, 연길 등 조선족이 많이 거주하는 곳이라면 길가에 널려 있는 싸구려 정보들이다. 뿐만 아니고 서부전선 모 모 사령관이 군사기지 건설 중에 발굴되어 판매차 보내진 물건들이라는 등, 좀 더 고급스러운 루머로는 당 고위 간부가 북한 지배층의 비자금 조성을 위하여 북한 국립박물관 소장품을 주 중국 북한 대사관에 극비리로 판매 의뢰한 고려청자라는 등. 이 경우 사실 확인을 위하여 사기꾼과 함께 북한 대사관까지 동행하여 정문 밖에서 기다리면 보자기에 묶인 골동품을 들고 나오고 대사관 문 앞에는 이를 감시하는 듯한 대사관 직원으로 보이는 사람이 이 사람들을 주시하고 있으니 감쪽같이 속아 넘어간다. 타고 간 택시 안에서 물건을 확인해 보면 굽바닥에 박물관 소장 일련번호가 찍힌 라벨까지 부착되어 있으니, 믿지 않을 수 없게 된다. 이러한 수법이 알려지기 전까지는 많은 사람이 당하였다. 이 경우는 사기꾼은 북한 대사관 직원과 짜고 위조품을 대사관 직원에게 맡겨 두었다가 일확천금을 꿈꾸는 한국사람 하나 걸리면 이렇게 멋들어진 연극이 연출된다.

감언이설에 유혹되어 제 딴엔 약게 하느라고 서울 종로구 인사동 등지에서 이런저런 방법으로 시가를 조사해 보니 그들이 제시하는 값의 열 배는 넘게 달라고 했다. 이때부터 '히햐, 그 사람들의 말이 사실인 것 같다.' 라고 생각하게 되고 그래서 확실하고 믿을 수 있는 감정가를 물색하던 중 그전부터 잘 알고 있던 신문사 손 회장을 통하여 필자를 소개받게 되었단다.

"해서 말씀인데 모든 경비는 제가 다 부담할 테니 저와 함께 중국으로 가 주실 수 없겠습니까? 제가 입수하게 되면 그 물건은 물론 선배님에게 드릴 테니 알아서 처분해 또한 이윤도 반반으로 해 드리겠습니다."

박 사장의 설명을 다 듣고 난 뒤 웃음을 참을 수 없었다. 사기 수법치고는 너무 고전적 수법이었기 때문이다. 그러나 나를 만나려고 일부러 서울까지 올라왔는데, 그냥 쫓을 수만은 없어 몇 마디 상담하는 척은 해야겠기에,

"그래 물건은 지금 어디에 숨겨두었답니까?"

그러나 이 양반 내 얼굴만 빤히 쳐다볼 뿐 입을 꾹 다물고 대답을 하지 않았다. '쿡쿡' 하고 웃음이 나왔다. 이 양반 아마 자기만이 아는 비밀을 내가 캐묻는 것으로 판단하는 듯해서였다.

어이가 없었다. 이 사람 옆자리에 앉아있던 손 회장을 넌지시 건너보고 실실거리며 웃고 있으니 손 회장도 웃으며 그 사람에게

"박 사장 괜찮으니 숨김없이 이야기해도 괜찮소."

내가 한마디 거들었다.

"박 사장님 이야기 들어보니 어느 사기꾼 꼬임에 빠진 것 같은데, 그런 이야기들은 중국 어디서든 발에 차이는 이야기들인데, 그런 신라 시대 수법에 넘어가 시간 낭비하지 말고 그만 잊어버리시고 본업에 충실하세요."

시골에서 온 손님이라 찻값은 내가 치르는 것이 예의인지라 일어서서 계산대 쪽으로 가니 박 사장이 급히 일어서며,

"아이쿠! 선배님 왜 이러십니까? 찻값은 제가 계산할게요."

그러면서 내 소매를 붙잡고

"잠깐만 앉아보이소."

하면서 나를 다시 자리로 앉혔다.

"사실은 그 사람들의 말이 보관 장소가 누설되면 자기들은 물론 저까지도 북한 보위부 요원들에게 쥐도 새도 모르게 죽는다고 하여 함부로 발설하기가 두려워서입니다."

나도 어수룩한 사람 중 한 사람이지마는 나보다 더 어수룩한 사람 같았다.

"야 이 양반아! 보위부는 무슨 말라빠진 보위부, 그 사람들이 할 일이 없어 남의 나라인 그 넓은 중국까지 도자기 찾으려 돌아다니겠소? 이 어리석은 사람아!"

나보다 나이가 한참 아래에다 고향 후배라고 자처한 처지라서 말을 좀 심하다 싶게 태방(핀잔)을 주었다.

"그리고 어딘지도 모르고 내가 왜 따라간답니까. 중국이 남한만 한 작은 땅덩어리인 줄 알아요! 나 원 참"

"사실은요, 거기가 '하얼빈' 이랍니다."

"뭐, 하얼빈? 아니 이 추운 겨울에 '하얼빈' 까지 가자고요? 아이쿠, 난 싫습니다."

그것으로 면담을 끝내고 헤어졌다.

다음 날 손 회장으로부터 연락을 받고 다시 그 사람을 만났다. 어제는 여러 가지 선배님에게 미안하게 되었노라고 고개 숙이며 사과 한다.

그러나 따지고 보면 뭐 그렇게 사과까지 할 필요는 없는 일이었지만 이렇게 정중하게 사과까지 하면서 함께 점심을 하자고 하는 것을 보면 오늘은 결판을 보자고 작정을 한 것 같았다.

"시골에 가신 줄 알았는데 아직 안 내려가셨어요?"

"허허 박 사장이 꼭 부탁을 하고 가야 하겠다고 하여 하룻밤 여관 신세 지고 이렇게 다시 만나자고 하였습니다."

"어제 내가 그곳은 너무 추운 곳이라서 가기 싫다고 했는데,"

그러니 박 사장이

"아무리 춥다고 해도 겨울은 여기나 거기나 다 같은 겨울인데 뭐 괜찮습니다. 저는 자주 가지만 견딜 만합디다."

순간 뇌리 한편에서 전광석화같이 잠깐 스쳐가는 한 줄기 기억이 되살아 났다.

1995년 여름 지금은 다 고인이 되어 이 세상에 아니 계시지만, 대학원에서 동문수학하던 친구 중 민속학자인 김태곤 교수가 경희대학교의 지원을 받아 '사하공화국(야쿠츠크)' 문화부 장관 초청으로 민속예술품 특히 무속(Shamanism)이나 토속신앙(Totemism)과 관계되는 민속품들을 수집 연구하기 위하여 떠나는 동북 시베리아 여행길에 역시 같은 동문인 경제학자 서성한 교수와 동행하여 10여 일간의 원주민들의 무속과 토속 신앙들의 흔적들을 답사 수집한(수집품 중 대부분은 반출이 허가되지 않아 포기하였지만) 뒤 민속학자 김 박사는 '하바롭스크'에서 서울로 돌아가고, 서 교수와 나는 서울행 대신 하얼빈행을 택했었다.

하얼빈에서 심양까지의 12시간 넘게 달리는 철마의 차창에 기대앉아 끝없이 펼쳐지는 옥수수 밭이 지평선을 이루고 있었는데 문득 이런 생각이 들었다. 지금 내 눈앞에 전개되고 있는 드넓은 이 평야에서 우리 할아버지 그리고 아버지들이 독립을 쟁취하기 위해 말 등에 높이 앉아 먼지 일으키며 달렸을 바로 그 북만주 벌판이었음을, 지금은 여름이라 푸르름이 넘실거리고 있지만 눈 오는 한겨울의 드넓은 이 평야의 풍경은 과연 어떤 그림이 그려져 있을까? 라는 생각에 미치니 영화 '닥터 지바고'에서 보았던 설원의 낭만적 풍경이 영상화되면서 문득 겨울 만주 풍경이 보고 싶어졌다. '눈이 펑펑 쏟아지는 하얀 겨울에 꼭 한 번 와 봐야지.' 하고 나 혼자만의 약속을 한 일이 있었지만, 몇 년이 지나도록 그때 그 약속을 아직 지키지 못하고 까맣게 잊어버리고 있었다.

그런데 왜 하필 이 시점에 완전히 잊힌 약속이 번쩍하고 떠올랐을까? 글로서 표현하고자 하니 좀 길어진 것 같지만, 정말 눈 깜짝할 사이에 이런 생각이 떠올랐다. 그리고 불끈하고 가보고 싶다는 생각이 일어났다.

"알았어, 갑시다. 언제 출발하면 되겠소? 마음 내킨 김에 빨리 갔다 옵시다."

이렇게 하여 박 사장과 함께 심양 따오산(挑山) 국제공항에 도착하니 통역을 담당하는 안내원 아주머니 한 분이 마중 나와 있었다.

우리는 여장을 풀지도 않고 얼음 위에 굴러도 괜찮을 정도로 고어텍스 오리털 아웃도어로 무장하고 하얼빈행 밤 열차에 올랐다.

어두운 밤에 출발하였기 때문에 바깥풍경을 알 수는 없으나 열차 연결 틈으로 눈보라가 쉴 새 없이 날아 들어오고 있었고, 얼마나 추운지 화장실은 아래로 떨어져 나가야 할 변기 구멍은 누런

오물 얼음으로 꽉 막혀 얼음 동산을 이루고 있는데도 그 위에 한 덩어리 또 한 덩어리 포개지면서 제법 불룩한 산이 형성되면 열차 승무원이 곡괭이와 더운물로 아래로 떨어뜨리곤 하였지만 얼마 가지 않아 똑같은 동산이 생기곤 하였다. 기온이 몇 도인가를 짐작키 어려울 정도였다.

밤이 지나고 아침을 맞은 북만주 들판은 하늘과 땅이 구별되지 않고 집과 산이 또 그렇다. 온 세상이 모두 잿빛이었다. 공기조차도 잿빛으로 느껴졌다. 저곳이 어느 여름날 내가 보았던 그 짙푸른 들판이었나 싶다.

아침에 하얼빈 역에 도착하여 아무 생각 없이 대합실 밖으로 나갔다. 대합실 밖을 두어 발자국 옮겼을 때 '어이쿠!' 하면서 나도 모르게 뒤로 돌아 대합실로 후퇴해 버렸다. 숨을 쉬니 콧구멍 안으로 들어오는 냉기가 허파를 찌르는 듯 뜨끔하였다. 동행한 사람들은 그래도 참을 만하다는 듯 나를 보며 씩 웃었다.

심양 약방에서 산 면 마스크를 두 겹으로 겹쳐 끼고 마음 단단히 고쳐먹고 다시 밖으로 나갔다. 저기 택시 있는 곳까지 약 50미터 정도 가는 동안 마스크 사이로 올라오는 하얀 김이 눈썹에 붙으면서 금방 얼어 고드름이 되어 버린다. 운전사 말에 의하면 그날 기온이 영하 40도란다. 이렇게 지독한 추위 경험은 난생처음이었다.

아무튼 물건이 있다는 집에 가 보니 창문은 모두 두꺼운 솜이불로 커튼 삼아 가려져 있었고 방바닥은 전기 카펫을 깔고 그 위에 솜이불을 덮어놓았다. 깡마른 체구에 불량스럽게 생긴 주인이 내어오는 따끈한 차 한 잔 마시고 나니 얼었던 몸이 좀 풀리는 것 같았다. 박 사장이 주인에게 나를 소개하며 물건을 보여 달라고 하였다.

옆에 놓여 있던 큼지막한 나무 궤짝에서 번쩍거리는 구름과 학을 상감한 청자 매병 한 점을 꺼냈다. 인사동 공예품 가게에 진열된 현대 공예품보다 못한 수준의 작품이었다. 아무 말도 나오지 않았다. 그리고 또 꺼냈다. 이번엔 연꽃과 물고기를 상감한 분청사기 병이었다. 이렇게 몇 점인가를 더 보여주었으나 어떤 물건인지 기억도 나지 않았다. 박물관 명품 두 점이 숨겨져 있다고 들은 것 같은데, 이게 도대체 몇 점이야 뭔 명품이 이리도 많담.

"어이쿠! 추워라. 이거 이러다 얼어 죽겠는데 어디 가서 따끈한 '완당' 이라도 한 그릇 먹었으면 좋겠네."

하면서 일어서니 모두 따라 일어섰다. 추운 겨울 따끈한 하얼빈 완당이 유명하다는 말은 익히 듣던 터라 이 기회에 한 번 시식해 봐야겠다는 생각 겸 이 자리를 피하고자 함이었다.

실은 심양에서 말을 맞추어 놓았다 물건을 보고 내가 엉뚱한 말이나 또는 아무런 말도 하지 않고 일어서면 이상한 물건이라는 의미로 알라고 말이다. 주인도 눈치를 알아 차렸는지 몰랐는지 알 수 없으나 함께 일어서며

"아, 완당 잘하는 집 내가 안내하지요."

택시를 타고 하얼빈 역 부근 포장마차로 안내했다. 포장을 젖히며 안을 들여다보니 틀림없는 한국의 포장마차 분위기다. 손님은 우리밖에 없었다. 아직 점심으론 좀 이른 편인가 보았다. 완당

두어 공기 먹고 나니 몸이 좀 풀리는 것 같아,

"여기까지 왔으니 '송화 강' 이라도 보고 가야지!"

하면서 일어서는데 미리 일러둔 대로 박 사장이

"이따 김 회장님의 의견을 들은 후 전화로 연락하겠습니다."
라고 하니

"네 뭐 그러시오."

하면서 먼저 나가버렸다.

원래 서울을 떠날 때는 하얼빈에 오면 하얗게 눈 덮인 북국의 또 다른 낭만을 만끽하면서 얼어붙은 송하 강변을 거닐며 어쩌고 저쩌고 해보겠다고 마음 부풀어 왔던 터라 일단 송하 강부터 먼저 가 보았다.

만약을 위해 타고 온 택시를 대기시켜 놓고 강변에 서서 보이는 송하 강은 강과 강둑의 구별이 되지 않을 정도로 모든 주위가 잿빛으로만 칠해져 있는 두꺼운 도화지처럼 느껴질 뿐 서울에서 꿈꾸어 오던 그런 향긋한 낭만은 한순간 날아가 버렸다. 너무 추워서 잠시라도 머물고 싶은 생각이 없어져 버렸다.

"이봐, 박 사장! 그따위 사기꾼들한테 놀아나지 말고 당신 하던 장사나 열심히 하세요. 그리고 예약해 둔 호텔도 취소하세요. 나는 오늘 밤차로 심양으로 내려가렵니다. 그리고 남의 말만 듣고 다니다가는 믿는 도끼에 발등 찍히는 일도 있다는 말이 있지 않습니까?"

물론 옆에 따라다니는 안내원을 조심하라는 뜻으로 한 말이었다. 아무래도 그녀가 수상하기 때문이었다.

“그러면 선배님은 먼저 가세요. 저는 이곳에 볼일이 있어 며칠 머물다가 가겠습니다. 그리고 심양에는 얼마나 더 머물 예정입니까?”

“글쎄 한 삼사일 머물게 될 것 같소 만 왜 그러오?”

“아, 아닙니다. 혹시 무슨 일이 있으면 선배님 휴대전화 번호 알고 있으니 연락이라도 해볼까 해서요.”

나는 일 년에 네댓 번 정도 중국을 오가기 때문에 한국으로부터 급한 연락이라도 받으려고 이곳 휴대 전화를 가지고 있었다.

“무슨 일은 무슨 일! 당신 지금부터 골동품 근방에도 가지 마시오!”

야멸치게 한 마디 뒤로 던지고 역으로 와 버렸다.

심양은 영하 20도란다. 단 하루였지만 영하 40도의 강추위를 경험한 터라 그런지 서울에서의 영하 20도면 상상도 못할 추위를 느꼈을 것이지만, 지금은 그렇게까지 춥다고 느껴지지 않았다.

심양에는 이곳 의과대학 교수로 지내며 말술을 마다하지 않는 친구 한 사람이 있어 그나마 심심하지는 않고 때로는 영양분 있는 골동품 정보도 흘려 듣기도 하기 때문에 한 번 오면 적어도 사오일 정도는 죽치고 있게 된다.

그런데 이번에는 내 계획에 의해 온 것이 아니라서 그런지 삼 일을 헤집고 다녀도 아무런 정보도 얻지 못하였다. 그래서 모레쯤 한국으로 돌아갈까 하고 생각하고 있던 차에 박 사장으로부터 전화가 왔다.

“저 선배님 여기 만주리인데요.(만주리-내몽고 경계) 시간 되시면 여기 좀 오실 수 없겠습니까?”

만주리라니 그곳도 역시 하얼빈 못지않게 엄청 추운 곳이다.

“이봐 당신 제 정신이요! 나보고 만주리까지 오라니 이 사람 참으로 상종할 사람 못 되겠구먼.”

“아, 그게 아니고 여기 진짜 엄청난 유물이 있는데, 틀림없는 진품이랍니다. 만약 가짜면 때려죽여도 좋답니다.”

참으로 못 말리는 위인이었다. 이러쿵저러쿵 전화상으로 한참을 주고받은 뒤

“그렇다면 물건을 가지고 심양으로 오면 되지 않소? 나는 모레 한국으로 돌아가니 오시려면 내일까지 오도록 하세요.”

다음날 오전 예의 그 아줌마 안내원과 함께 내 숙소로 찾아온 박 사장의 작은 가방 안에서 나오는 물건은 하얼빈에서 본 물건보다 더 기가 막힌 물건이었다.

금으로 도금된 갑옷 파편과 무인들의 팔목 보호용 토시목 등의 작은 파편들이었다. 그러면서 하는 말이 이 견본을 주지 않아서 만약 진품으로 판정되면 산다는 조건으로 얼만가의 금액을 보관시키고 가지고 왔단다. 그 얼만가의 금액이 적은 액수가 아니었다. 기억은 나지 않지만 약 5,000불 정도의 달러를 맡기고 왔다는 것이었다.

참으로 어처구니가 없었다. 병이 들어도 아주 불치병에 든 것 같았다. 이제 화가 났다.

“야 이 머저리 같은 인간아, 이곳 중국 바닥을 내로라하는 골동쟁이들이 줄을 잇고 다니는데 그들의 거미줄 같은 정보망을 벗어

당신 같은 사람들의 손에 들어갈 골동품이 어디 있겠나!"

"아닙니다. 다시 한 번 상세히 잘 검토 해 보이소, 이건 틀림없는 진품이라고 천지신명에게 맹세까지 했는데요."

이제 말도 섞고 싶지 않았다.

"어이 이 사람아, 당신 재산 얼마나 되나? 그 재산 반만 나를 다오. 그러면 평생 내가 당신의 고마움에 감사하며 살게. 어차피 오래가지 못할 재산 아끼면 뭘 해 차라리 내게 인심이라도 쓰는 게 낫지."

이 정도의 모욕적인 충고를 하면 더러워서라도 정신을 차리겠지 하는 마음에서였다. 그리고 옆에 아무 말 없이 앉아있는 아주머니 보고

"아주머니, 이런 머저리 통역하느라고 고생 많으시겠지만, 이따위 사기꾼들은 소개하지 마세요! 이 사람은 그래도 고향 후배라서 여기까지 따라왔지만, 도대체 이게 뭐 하는 짓입니까? 한 번도 아니고 말이야! 그 사기꾼들에게 내가 당신들한테 농락당할 사람으로 착각하지 말라고 전하세요! 이 바닥에서 내 이름 대면 웬만한 사람은 알 겁니다."

이것이 박 사장을 본 마지막이었다. 그 후 재산을 날려 먹었는지 아니면 구역질 날 정도의 내 충고에 정신 차리고 제 직업에만 열심히 했는지는 알 길은 없다.

다섯 번째 꾸러미

운보 부엉이 그림 가리개 위작 소동

1977년 사업 실패로 부도를 맞고 나서 내가 할 수 있는 일이라고는 골동 장사밖에 없었으니 당연히 골동 시장으로 컴백하게 되었다. 1979년 여름 부산 광복동 입구에 가게를 연 지 불과 사오 개월 만에 운전 부주의로 삼 개월 동안 구속되는 바람에 문을 연 지 오 개월을 채우지 못하고 가게 문을 닫게 되었다.

집에서 빈둥거리고 있었던, 1980년 여름 어느 날 평소에 친하게 지나던 전주에 사는 '송 선생'이란 분이 인사차 찾아왔다. 특별한 일이 있어서가 아니고 내 신변에 이런저런 불미스러운 일들이 일어났다는 소문을 접하게 되어 위로차 방문하게 되었단다.

'송 선생'은 나보다 연배이지만, 필자가 고미술업계에 입문하기 훨씬 이전부터 호남 지방에서 제법 대상 행세를 하던 사람으로 업계에 갓 입문한 내게 이런저런 많은 이야기를 친절하게 해 주셨던 분이다.

한 가지 예를 들면 1967년으로 기억되는 어느 겨울날 작은 가방 하나 달랑 들고 호남 지방으로 행상을 떠났는데, 맨 먼저 찾아간 곳이 전주였고, 전주에 가면 가장 먼저 만나 뵙는 분이 고전적 양반 풍의 연로하신 '김 선생' 이란 분이었고, 그다음 찾아뵙는 분이 바로 '송 선생' 이란 분이었다. 그때 이분들이 모여 있는 곳이 전주 남문 시장 부근의 어느 다방이었다. 요즘은 각자 사무실 하나 내는 것은 별 어려운 일이 아니겠지만 그때만 해도 개인 사무실을 가지고 영업하는 사람은 별로 없었고 대부분의 사람은 목이 좋은 다방을 단골로 정해 놓고 아침부터 회사 출근하듯 그곳으로 모여들었다. 그곳에 가면 멤버들의 근황에 대한 정보들이 다 있다. 누가 언제 왔다 언제 어디로 갔고, 누군 누구와 만나 언제 나갔는데 몇 시경에 다시 온다고 했다는 등등…….

그날도 그 다방에 가니 '송 선생' 이 햇볕이 잘 드는 구석진 창가에 앉아 반갑게 맞아주었다.

"어! 추운데 여기까지는 웬일이여? 추우니 따뜻한 차나 한잔하시지."

"장돌뱅이가 추운 날 더운 날 가려가며 장사 다닙니까? 그래 형님은 허구한 날 다방에만 죽치고 있으면 먹을 게 하늘에서 뚝 떨어진답니까?"

인사말로 별 의미 없이 이렇게 농을 하며 앞에 앉았다. 커피 한잔 홀짝거리며 이런저런 잡담을 늘어놓던 중 갑자기 '송 선생' 이 정색을 하며,

“이봐, 김 군! 자네 혹시 큰돈 낼 수 있는 손님 하나 있어?”

윗사람이 정색하니 나도 자연적으로 긴장되며 자세를 고쳐 앉게 되었다.

“아니 갑자기 그게 뭔 말씀이래요?”

하면서 속으로 ‘아하, 뭔가 큰 게 하나 터졌나 보다’ 라고 생각하며 ‘송 선생’ 입을 바라보며 다음 말을 재촉하였다.

“차 다 마셨어? 그럼 우리 집에 좀 가보실라오?”

이 사람들은 평소에는 다방에서 노닥거리다가 상행위를 할 때는 고객을 각자의 집으로 모시고 가서 진검 승부를 하게 된다. 지방에서 거래되는 대부분의 고미술품은 불법적 도굴품에다 거액이 오고 가기 때문에 비밀리에 거래되는 것이 통례이며 수많은 눈이 번뜩이는 다방 같은 곳에서 거래한다는 것은 생각지도 못할 일이다.

군불을 따뜻하게 지핀 사랑채 아랫목에 앉은 내게 벽장에서 신문지에 둘둘만 팔뚝만 한 물건을 꺼내어 풀어 보여주었다. 적어도 높이가 30cm는 좀 넘을 것 같다. 순간 숨이 꽉 막혔다. 누런 황금색의 금동 입불상이다. 올챙이 주제인 나로서는 진위 문제를 떠나서 우선 그 불상의 크기에 기가 질렸다. 목 줄기에 마른 침 넘어가는 소리가 고막을 흔들었다. 그 후 44년이 지난 지금까지도 그렇게 큰 금동불상은 박물관 진열품 외에 본 일이 없었다.

“이봐, 자네 같은 올챙이에게 팔려고 보이는 것은 아니고 부산에 계신 수장가 가운데 이 정도 거물에 돈질할 수 있는 자가 있으면 연결 한 번 해보라는 뜻으로 보이는 것이니 부담 가지지 말어.

물론 자네들은 이 정도 살 돈은 어려울 것 아닌가?"

"잘 모르겠지만, 이 정도면 가격은 도대체 얼마나 갑니까?"

"글쎄 한 돈 십만 원 정도 받아 볼까 하는디."

속으로 가슴이 콩닥거렸다. 당시 100원권이 최고 고액권일 때였다. 10만 원이면 고액권 10 뭉치였다. 당시 우리 같은 행상들은 만원 다발(백 원권 100매 묶음) 다섯 다발을 전대에 꽁꽁 넣어 배에 차고 전국을 돌아다니며 골동품을 두 박스(C레이션박스-지금의 라면박스 두 배 정도의 크기)에 꽉 채우고도 두 다발 정도 남을 때가 보통이었을 때였으니 순진한 올챙이가 10만 원이란 말을 듣는 순간 간이 콩닥거리는 것도 무리는 아니었다.

"만약 관심 있는 손님이 생기면 전보를 치게(당시 전화 있는 가정집이 그리 많지 않았다. 그리고 설령 전화가 있다 해도 도청이 염려되어 주로 우리끼리 통하는 암호로 전보로 연락하곤 했다. 물론 손선생 집에는 전화가 있었지만). 그러면 내가 물건을 가지고 부산으로 가던지 아니면 자네가 손님과 함께 이리로 오던지 하세나."

그러면서 조금 뜸을 들이고 나서,

"암튼 자네에게서 연락이 올 때까지는 그 누구에게도 이 물건은 보이지 않겠네. 이것만은 내 약속함세."

얼마나 고마운 제안인가. 젊은 행상(일명 가이다시)을 도와주려는 마음가짐이 참으로 고맙게 생각되었다. 그러면서 아주 정색을 하며 내게 다짐을 했다.

"내가 자네를 잘 보아 도우려는 것이니 자네도 내 부탁을 꼭 들어주어야 하네."

“네? 뭘 말입니까 부탁이라니요?”

“지금 이 시간부터 자네는 이 물건에 대해서 그 누구에게도 발설해서는 안 되네. 다만, 베팅할 손님 말고는 말이야. 약속하겠나?”

이 장사는 본래 비밀스러운 장사가 되어서 선배들로부터 귀에 못이 박일 정도로 듣는 말이 무거운 입을 요구받는 일이었다. 만약 입이 가벼워 여기저기에 나불거리면 믿을 수 없고 신의 없는 놈이라는 딱지가 붙어 다닌다고 들어왔다.

“네, 잘 알겠습니다. 그 점 걱정 안 하셔도 됩니다.”

부산에 돌아와서 당시 부산 제일 수장가로 알려진 모 치과의사에게 상의해 보니 그때까지만 해도 잘 알려져 있지도 않은 올챙이 말을 믿으려 하지 않았다. 허긴 제대로 눈도 뜨지 못한 내 말을 믿지 못하는 것도 당연한 일이었겠지만.

고대 어느 철학자가 이렇게 말했다지. ‘너 자신을 알라!’ 그래 내가 나 자신을 알아야지 기껏 천 원 이천 원짜리 사금파리나 들고 다니는 주제에 십만 원이라니, 하늘이 내려다보고 웃고 있을 일이었다.

이삼일 혼자 고민하다가 전주행 기차를 탔다. 입을 열지 않기로 단단히 약속한 터라 다른 동료 상인들과 의논할 수도 없었으므로 혼자 끙끙거리다가 포기한다는 뜻을 통고하기 위해서였다. 그냥 전보로 포기한다는 연락을 할 수도 있었지만, 이제 갓 출발한 올챙이에게 돈 벌 기회를 주셨는데 전보 한 장 덜렁 치는 것으로는 도저히 예의가 아니라고 생각되었기 때문이었다.

야간열차였으니 이른 아침에 도착하였고, 그 시간이면 아지트로 이용되던 다방은 아직 문을 열었을 리 없고 해서 집으로 직접 찾아갔다. 그날따라 함박눈이 펑펑 쏟아지고 있어 머리에 눈 고깔을 뒤집어쓰고 대문을 열고 들어서니 이 양반 깜짝 놀라며 눈을 동그랗게 뜨고 쳐다보았다.

"이런 눈 속에 어떻게 왔어? 그래!"

"아직 식전이지? 어여 따라와. 남문시장 복국집으로 가세나."

지금은 없어졌지만, 이 남문시장 입구에 있는 복국집은 우리 골동 행상들에게는 잘 알려졌었던 집으로 따뜻하게 군불 지핀 온돌방에서 된장국에 복을 넉넉히 넣고 끓인 국 한 사발에 하얀 이밥(쌀밥) 한 그릇 말면 이게 바로 천하일미 진수성찬이었다. 특히 아랫목에 솜이불로 덮어 둔 밥통에는 언제나 김이 모락모락 나는 흰 쌀밥이 그득하게 있었으니 얼마든지 마음대로 퍼먹을 수 있었다. 이때의 인심이 이러했다.

복국집 따뜻한 방 안에 들어서자마자,

"이 사람아, 어깨에 힘이 빠져 있는 게 일이 별로 재미없었나 보지?"

"네, 죄송합니다."

이때 진심으로 죄송스러웠다. 그래서 진정으로 우러나오는 죄스러움을 고개 숙여 사과했다.

"뭐가 죄송스러워? 장사하다 보면 얼마든지 일어날 수 있는 일들이야 괜찮으니까 미안해할 것 없네. 오신다고 고생했으니 어여 먹게나."

그러면서 껄껄 웃으며 내 어깨를 토닥거려주셨다.

식사 끝나고 아지트 다방에서 커피 한 잔 마신 뒤

"어이 김 군 우리 집에 가보세."

"아니 집에는 또 왜요?"

"허 이 사람 이번엔 그런 거 보여주지 않을 테니 그냥 따라와 봐."

저번에 왔던 그 방에 앉으니 예의 벽장에서 청자 병 한 점을 내어 놓았다. 아무 문양도 없는 소문 청자로서 유색이 그런대로 청자다웠다. 물끄러미 앉아 병을 만지작거리며 이걸 얼마에 사야 손해 보지 않겠나 하고 머릿속에서 한참 계산하고 있는데,

"이봐, 김 군. 그거 그냥 가져가게. 그거 팔면 아마 왔다 갔다 한 경비는 나올 걸세."

그 말을 듣고 그냥 멍하게 앉아 있으니

"자네 나하고 한 약속 꼭 지켜야 하네! 입 조심 말이야!"

그러면서 또

"자네 행동을 보니 믿을 수 있겠지만, 그래도 한 번 더 다짐을 해 두는 것이야!"

살 수 없다는 말 한마디 하기 위하여 그 먼 길을 밤차 타고 왔다는 점을 이 양반 나름대로 높은 점수를 매긴 것 같았다.

이런 일이 있고 수십 년이 지난 어느 날 나도 이 바닥에서 어느 정도 행세를 하고 있을 때, 이런저런 원로 분들과 함께 있던 자리에서,

"나 지금까지 수십 년 이 장사 하면서 여기 김 사장처럼 입 무거운 사람 아직 본 일이 없었지."

주위에 앉아 있던 여러 사람이 나를 쳐다보았다.

"옛날에 내가 진짜 국보급 불상 한 점을 이 사람에게 보여 준 일이 있었는데, 지금 이 순간까지 그 물건에 대한 말이 단 한 마디도 나오지 않았으니, 이 사람 입이 얼마나 무거웠겠나? 그 점 참 고맙게 생각하고 있다네. 그렇지 않고 소문이라도 났으면 자칫 큰 사건이 날 수도 있었지 않았겠나?"

그 자리에 있었던 많은 원로도 고개를 끄덕거리며 동의하는 눈치였고 그 후로 나를 많이 신임하는 눈치들이었다.

이 전주의 '송 선생' 과의 이런 인연이 있은 뒤, 참으로 오랜만에 위로차 나를 찾아왔다.

그때는 가게도 없을 때였으므로 집에서 만났다. 가게에 진열해 두었던 골동품이랑 그림들을 거실에 진열해 두었고, 벽에는 그림 몇 점을 걸어 두었는데, 그 중 운보 선생이 그린 부엉이 그림이 한 점 걸려 있었다. 이 그림은 원래 두 폭 가리개로 광안리 삼익아파트에 살고 있었던 어느 점잖은 부인으로부터 다른 그림 두어 점과 함께 사서 다른 그림은 적당한 값에 팔아버렸고, 이 가리개만 남아 횡액으로 표구를 해 벽에다 걸기 좋게 해두었던 것이다.

"어이, 김 사장 저기 걸려 있는 운보 부엉이는 얼마나 해?"

아마 내가 어렵다는 것을 알고 나를 도울 생각으로 그러는 것 같았다. 필자도 그렇지만 이 '송 선생' 도 도자기 하는 사람이지 그림 하는 사람들이 아니므로 가격에는 나나 그나 다 같이 좀 어두운 편이었다. 마음속으로 옛날 나도 신세 진 일도 있는데 이거 뭐 그리 대단한 물건도 아닌데 본전에 드려야 하겠다는 마음으로

"아 그거요. 글쎄 300만 원 정도면 됩니다." 이 값은 내가 살 때 지급한 값이었다. 그러나 이 양반 300만 원이면 비싼 값인지 싼값인지도 잘 모른 채 나를 돕는다는 생각으로,

"그래, 알았어. 유리는 빼고 알맹이 그림만 돌돌 말아주게나."

그리고 한 달 정도 지난 어느 날 건장한 남자 두 사람이 찾아왔다. 서울 용산경찰서에서 왔단다. 그리고 대뜸 나더러 서울로 함께 가자는 것이었다. 도대체 내가 당신들과 함께 경찰서에 가야 할 이유가 뭐냐고 물어보았다.

내가 위조 그림을 팔았다고 운보 김기창 씨로부터 고발장이 접수되었기 때문에 수사에 협조해 달라며 김기창 씨의 진술내용이라면서 지렁이 기어가는 꼬부랑 날림글씨로 크게 한쪽에 수 십자밖에 써 있지 않은 편지지 한 뭉치를 펴 보인다. 기분이 참 묘했다. 가만히 생각해 보니 내게 팔았던 광안리 점잖은 귀부인은 위조 세계와는 거리가 먼 사람 같았기 때문에 나는 절대 그 그림이 위조품일 리 없다고 강력하게 부인하였다. 그리고 그림을 산 경유를 소상히 설명해 주었다. 내 설명을 다 듣고 난 형사들이,

"지금 그 집을 찾을 수 있겠습니까?"

하고 심문조로 물었다.

"물론 찾을 수 있지요 나도 광안리에서 오랫동안 살았는데요. 뭐."

형사들과 함께 그 부인이 살던 광안리 삼익아파트로 갔다. 그런데 거기에는 다른 사람이 살고 있었다.

"여기에 살던 사람들은 어디로 가셨나 혹시 아십니까?"

하고 물어보니,

"네, 채 영사님이 몸이 좋지 않아 바닷가에 요양 차 잠시 와 계시다가 얼마 전 서울 본가로 올라가셨는데 왜 그러십니까?"

형사들이 내게서 말이 나오기 전에 먼저

"아 별일 아니고 그냥 뭐 좀 물어 볼 일이 있어서요."

하면서 수사관들의 타고난 유도 심문으로 이것저것 물어보니 그 채 영사라는 사람은 과거 뉴욕 영사관에서 영사로 근무하던 중 몸이 몹시 쇠약해 퇴직하였고 오랜 시간 투병 생활하다가 공기 맑은 이곳 광안리 친구 집을 잠시 빌려 부인과 함께 요양하다 갔다는 것이었다.

그러면 난 어떡하나? '아하, 이것 참 낭패다.' 하는 생각으로 어떻게 해야 할지 머리가 빨리 회전되지 않았다. 이런 경우는 역시 수사관이 빨랐다. 그때는 별도의 영장 없이도 주민등록 등의 개인 정보를 열람할 수 있었을 때였으므로 형사들과 함께 광안동 사무소에 가서 거주자 주민등록을 열람해 보니, 얼마 전에 주거지를 서울 용산구 어디로 이전하였다고 했다. 상대가 외교관이란 말에 형사들의 의심이 좀 누그러진 듯했다.

"이보시오, 김 사장 일단 서울로 가서 알아보고 연락하면 올라오셔야 합니다." 상 주겠다고 해도 가기 싫은 곳이 경찰서인데 범인 심문하듯 하니 기분 참 더러웠다. 그래서 나도 똑같은 투로,

"이보시오, 형사님들. 일단 서울로 가서 알아보시고 나서 조사 결과를 내게 알려주세요. 내게 잘못이 있으면 당연히 올라가겠지만, 내게 별 잘못이 없으면 내가 김기창 씨를 무고죄로 고소하겠

으니 말입니다."

형사들이 아니꼽다는 눈치로 나를 힐끗 한 번 쳐다보더니 택시 잡아타고,

"부산역 갑시다."

하고 휑허케 가 버렸다. 집으로 돌아와서 전주 송 선생에게 전화로 지금 벌어졌던 일들을 이야기하고 어떻게 된 사연인지 물어보았더니 사연인 즉 대략 이러했다.

내게서 그림을 받아 바로 서울로 갔단다. 왜냐하면, 서울에서 화랑을 경영하는 송 선생의 고향 후배가 기획전을 계획하고 있는데 선배로서 돕고 싶은 마음에 이 그림을 출품하게 되었고, 예비역 모 장군이 그 그림을 사게 되었는데, 구매자가 운보 선생에게 진위 감정을 해보니 "이거 내 그림 아니야!"라며 몹시 화를 내서 당장 고발하였다고 하였단다. 그 때문에 전시회 이미지는 엉망이 되어버렸다는 것이었다. 며칠 후 형사들이 전주까지 자기를 찾아왔기에 구입경로를 자초지종 이야기했지만 내게까지 갈 줄은 몰랐다는 것이었다. 구차한 변명으로 들리지만, 그림의 출처가 내게서 나갔으니 이런 일이 일어나도 모두 내 책임이었다.

그로부터 약 10일 정도 지난 어느 날 편지지 5매 정도의 편지가 배달되었고, 그 내용을 요약하면 부산에서의 지나친 실례를 사과한다는 말머리에서 시작하여 채 영사 집은 확인되었지만 채 영사 부부 모두 현재 미국으로 출타 중이라 직접 만나보지 못하였다고 하며 여러 가지 상황으로 보아 사기 건은 아닌 것으로 결론지었고 기분이 언짢았으면 미안하다는 등등 그리고 운보 선생도 채 영사

를 잘 아는 사람이라고 하면서 이 일은 여기서 그만 덮는 게 좋겠다고 하니 모든 일을 이만 종결하고자 한다는 내용이었다.

그 뒤 나도 나름대로 좀 알아보았더니, 채 영사라는 사람이 과거 뉴욕 영사관 재직 시절에 뉴욕에 체류하고 있던 운보 선생의 부인 박래현 씨가 채 영사 집에서 많은 신세를 졌고, 그 고마움의 표시로 운보가 이 부엉이 가리개 그림을 선물한 일이 있었다고 하며, 아마 너무 오래된 일이라 깜박하여 그런 실수를 한 것 같다고 했다. 이런 일은 비단 운보 선생뿐만 아니다 누구누구 할 것 없이 이름 있는 원로 작가들은 대부분이 한두 번씩 이런 실수에 대한 에피소드들이 인사동 골목 술집들의 술안주 감으로 자주 등장하고 있으니 말이다.

명망 있는 학자들도 예외는 아니다. 확실하게 알지도 못하면서 도서관에서 책 몇 권 읽고 얻은 얄팍한 토막지식으로 "아, 거 참 좋다." 또는 "아, 거 뭐 별로 좋지 못하구먼." 하고 던지는, 책임도 질 수 없는 그 한 마디가 훗날 잘못되었다고 하더라도 자기들은 특권층이니까, 아니면 '어, 그래. 그것참 미안해.' 하고 한 마디 던지면 그만이라 생각되겠지만 당하는 힘없고 이름 없는 피라미 상인들의 재산적 손해와 마음의 상처는 어디에서 누구로부터도 보상받을 수 없는 현실이 안타까울 뿐이다.

이솝우화에 '우물가에 앉아 놀던 아이가 장난삼아 툭툭 던지는 작은 돌멩이에 맞은 개구리는 그 자리에서 즉사한다.' 라는 말이 있지 않은가!

*덤으로 끼어들기 다섯

_완전품과 하자(瑕疵)품

고미술품의 미적 가치와 희소가치나 역사적 가치, 민속학적 가치, 고고학적 가치 등과 같은 학술적 가치와 함께 어깨를 나란히 하는 또 하나의 가치가 재화(財貨)가치다.

재화가치의 산정 기준은 미적 가치와 희소가치를 우선순위에 두고 이에 완벽성이 가감점(加減點)의 요인으로 작용하게 된다.

미적 가치와 희소가치를 재화가치의 우선순위에 둔다 함은, 완벽성을 전제 조건으로 한다. 아무런 하자(瑕疵) 없이 미적 가치나 희소가치에 충족된다면 말할 나위도 없지만, 어떤 결함을 안은 물건으로 만약 원형 그대로 존재한다면 참 아름다울 것 같다 라든지 희소성이 높은 작품이라든지 하는 물건이라도 결함을 안고 있는 물건이라면 결함의 강약(결함의 범위, 결함의 부위)에 따라 가치의 우선순위 자격 심사에서 감점(減點)의 요인이 되든가 아니면 아주 자격을 상실하게 된다.

이것이 골동품 시장에서 유통되고 또 수집하는 극히 일반적인 상식 문제로 시장적 가치로 통하고 있다. 그러나 수집가로서는 이처럼 지나치게 완벽성에만 치우치다 보면 진정 취해야 할 '아름다움'을 놓칠 수 있다. 다시 말하자면 '완벽성'이라는 프레임에 갇혀 '아름다움'이란 더 넓은 바다를 헤엄치지 못한다.

수집의 목적은 감상에 있고 감상의 핵심 포인트는 미(美)의 발견이다. 진정 아름다움을 지닌 물건이라면 결함이 있든 결함이 없든 그냥 아름다움 그대로이다. 어느 정도의 결함은 아름다움에 묻히게 된다. 즉 결함은 외면적 문제로 재화가치에 영향을 미칠 수는 있지만 '아름다움'이라는 내면적 문제에까지 영향을 미치지는 못한다. 즉 미적 가치와 재화가치는 별개의 문제다.

예를 들면 손잡이가 망실된 주전자나, 주둥이가 망실된 매병 또는 병과 같은 결함을 안고 있는 어떤 걸작품이 있다고 하자, 비록 손잡이나 주둥이가 망실된 큰 결함을 안고 있지만, 형태에서나 문양에서나 또한 색조 면에서 아름다움을 느낄 수 있다면 이 작품이 지닌 결함은 그 아름다움에 반하게 된다.

미(美)의 추구(追求)는 하자 유무를 초월해야 한다. 진정으로 '아름다움'을 이해한다면 어느 정도의 하자(瑕疵)도 너그럽게 품을 수 있는 마음가짐이 필요하다. 이러한 마음가짐이 미술품 수집가로서의 덕목이라 할 것이다.

계룡산 밭이 터졌다

1972년도 여름으로 기억된다. 이 바닥에서 장사께나 한다는 사람이면 누구에게나 고막을 간질이는 말 한마디가 입에서 입으로 전국으로 퍼져 나가고 있었을 때였다.

"야! 서천에서 계룡산 밭이 터졌단다."

이 정보가 내게는 남보다 한 발 먼저 입수되었다. 나와 거래가 활발했던 원주에 근거지를 둔 '백 선생' 이란 사람이 서천 부근에서 일(도굴)을 하는 꾼(도굴꾼)들과 서로 긴밀하게 연락이 닿는 사람들이었기 때문이다.

"형, 나 백인데 우리 서울에서 만납시다. 빨리 움직여야 합니다. 알았지요!"

목소리가 쩌렁쩌렁하는 전화를 받자마자 직감적으로 '하야, 뭔지 모르지만 재미있는 일이 생겼나 보다.' 라는 좋은 느낌으로 금고에 보관되어 있던 비상용 돈 가방(007가방) 들고 항상 대기하고 있던 자가용으로 고속도로로 향해 달려갔다. 지금처럼 온라인 시스템이 구축되어 있지 않을 때였으므로 자기의 주거래은행 이외에서는 돈을 인출할 수 없었기 때문에 주말이든 주중이든 언제 어디서 어떤 연락이 올지 모르므로 언제나 상당한 현금을 준비하고 있어야 했다. 물건을 내 손에 넣느냐 못 넣느냐는 목적지에 남보다 10분이라도 먼저 도착해야 하기 때문이다.

이때는 요즘처럼 마이카 개념이 요원하였던 시절이라 차가 밀려 약속 시간 놓치는 일은 거의 없을 때였기 때문에 시내 빠져나오는 시간도 빨랐고, 편도 2차선인 경부고속도로도 막힘없이 뻥 뚫려 있었을 그런 시절이었다.

"이봐! 김 기사, 미안하지만, 속도위반 하더라도 좀 빨리 가야 한다. 알겠나!"

이때는 고속도로나 어디서나 교통법규 위반하면 스티커 끊기 전에 지갑에서 한 장 빼주면 그냥 통과였다. 이렇게 한 두어 번 지갑 열고 달리니 저녁 시간 전에 언제나 단골로 묵던 충무로 라이온스 호텔에 도착하게 되었고, 커피숍에서 기다리던 원주의 백 선생과 함께 방에서 마주 앉았다.

내가 관광호텔을 자주 이용하는 것은 불심검문을 당하기 싫어서였다. 일반 여관에 묵으면 한밤중에도 불쑥불쑥 검문검색을 하니 아주 불쾌했다. 그리고 우리와 같이 비밀스러운 장사를 하려면 상대적으로 검문이 없는 관광호텔을 선호하게 된다.

소파에 앉자마자 숨 돌릴 틈도 없이,

"형! 서천에서 계룡산 밭이 터졌어."

당시까지만 해도 계룡산(분청사기 철화) 값이 상당히 좋을 때였다. 귀가 쩍 열렸다.

"형도 알다시피 서해 쪽은 검문이 심한 곳이지 않우? 대중 교통편을 이용하기는 어려우니 형의 차를 좀 이용해야 되겠수."

이때는 고속도로 이외 지방도로를 운행하다 보면 곳곳에 검문소가 설치되어 골동품을 아는 경찰관에게 걸리면 상당히 시끄러워지고 지갑에서 한두 장이 아니라 몇 장씩 뽑아주어야 했다.

"알았어. 그러지 뭐." 이 친구 부인과 함께 이제 겨우 돌 지난 아이까지 함께 왔었다.

"야 이 사람아, 큰일 하러 가면서 아이까지 함께 가냐?"

"그게 아니고요, 아이와 아내랑 함께 움직이면 검문소 통과가 용이할 것 같아서요."

듣고 보니 그럴싸하였다. 다음날 아침

"이거 비상 가방이야. 가지고 가서 잘 해결해 봐."

하면서 돈 가방을 그대로 건네주었다. 이들이 떠난 지 이틀 뒤 도착한 차 트렁크 안에 농산물과 함께 철화 분청사기가 한 차 실려 있었다. 농산물은 친정에 갔다 오는 위장용으로 서천에서 샀단다.

이것들을 모두 방으로 옮겨 정렬해 보았더니, 넓은 방의 벽 아래쪽에 두 줄로 빽빽하게 새워졌다, 한 점 구경하기도 어려웠던 계룡산을 한 번에 수십 점을 보기는 내 생전에 전무후무한 대사건이었다.

그들 가운데 파손되지 않고 완벽한 놈도 있었지만, 대부분은

▲ 분청사기 철화 모란무늬 장군병
◀ 분청사기 철화 당초무늬 병

주둥이 부분이 손실되었고, 문양(紋樣) 또한 대부분 삼엽 무늬(蔘葉紋)와 추상화된 당초무늬(唐草紋)계통이었다. 기형은 크고 작은 병과 단지 종류였고 장군병(獐本)이 딱 한 점 있었다.

나름대로 잔뜩 기대하였지만, 기대에는 미치지 못하였더라도 그래도 성공적으로 일을 마무리 지었으니, 백 선생과의 계산에서 나머지 물건값은 부산에 가서 송금해 주기로 하고 그들을 원주로 돌려보냈다.

이들을 돌려보내고 충무로에서 큰 가게를 운영하고 있던 이 바닥의 거물급 한 분을 모시고 와서 방 안에 두 줄로 세워둔 계룡산들을 사열시켰다,

대충 죽 훑어본 이 양반이

"이 사람 이등 했구먼."

그러면서 주둥이가 반 정도 파손된 장군 병 한 점만 집어갔다. 물론 만족하지는 않지만, 그런대로 적당한 값으로 흥정하였지만 그래도 이등 했다는 그 말이 무척 신경을 건드렸다.

나머지 물건 전부를 차 트렁크에 싣고 난 뒤 숙소에서 멀지 않은 이 양반 가게에 가 보았더니 눈이 휘둥그레질 정도의 계룡산들이 몇 점 사장실에 늘어서 있었다. 그 가운데 특히 눈에 띄는 장군병이 있었는데, 수초 사이에 새우를 물고 있는 고기 문양이 아주 해학적으로 표현되어 있었다.

이 양반이 사둔 계룡산들을 보니 호텔방에 나열되어 있던 수십 점의 물건들이 외면당했음이 당연하였다. 그래도 주둥이 일부가 파손된 장군 병 한 점이라도 사준 것은 나에 대한 체면을 세워주기 위해서였던 것 같았다.

비교적 고가로 거래되던 품목인 계룡산이 갑자기 풍년이 들었으니 희소성이 상실되어 시중 가격은 살짝 내려앉은 것이 피부로 느껴질 정도였다.

그런데 그렇게 떠들었던 계룡산 풍년 잔치가 결국 일이 터지고 말았다. 현장 도굴꾼 몇 사람이 구속되고 서울 대상 한두 사람이 구속되는 사태가 벌어졌다.

▲ 분청사기 철화 연당초무늬 단지

◀ 분청사기 철화 삼엽무늬 병

일이 이렇게 벌어졌으니 난들 마음이 편할 리 없었다. 그래서 서울로 급히 올라와 이런저런 정보를 주워 모으던 중, 누군가가 서울 중부경찰서에 '김대하가 지금 충무로에 나타났다고 고자질한 것 같았다. 내가 어느 가게를 막 나오는데 키가 나보다 작은 아주 악질같이 생긴 형사 풍의 사람이 그 가게 문을 들어서면서 "이봐, 오 사장! 김대하 왔다며? 지금 어디 있어!"

그러면서 주위를 두리번거렸다. 문 앞에 서 있던 내가 그 소리를 놓칠 리 없었다.

그때는 주차장이 별도로 없었고 길가 적당한 공간에 주차해 두었던 때라 길 건너에 있던 내 차로 한달음에 달려가,

"어이 김 기사, 빨리 가자!"

"사장님, 어디로 갈까요?"

"야 이 사람아, 난들 아냐? 일단 큰길로 나가서 아무 곳이나 멀리 가자."

김 기사가 말을 알아들었다. 어디쯤인지 모르겠지만, 영등포를 한참 지나 어느 건축현장까지 왔었다. 아마 밀고한 사람은 자기는 풍년 들었던 계룡산 이삭이라도 한 점 얻지 못해 심통이 난 소인배였을 것이다.

그날 밤 서울 모처에서 비밀이 보장될 만한 사람을 불러내어 물어보았더니 내가 도망하자마자 바로 내 차 있던 곳으로 형사가 뛰어가더란다.

그런데 이번 사건이 좀 이상한 점이 있었다. 서울에서 더는 머물 수가 없어 그날 밤 부산으로 급히 달려 내려와 혹시나 하고 집

으로 가지 않고 호텔에 묵고 다음날 김 기사만 가게로 보내어 이상 유무를 확인해 보았으나, 아직까지 아무런 일이 없었다고 하였고, 집으로 전화해 보아도 별일 없었다고 하니 말이다. 만약 이번 사건에 내가 수배 대상이었다면 관할 경찰서에서 이미 자택이나 가게로 누군가가 찾으러 왔을 텐데 아직 아무런 일이 일어나지 않았다는 것은 나는 수배 대상이 아니었다고 보였다. 그런데도 서울 중부경찰서 형사는 왜 나를 잡으러 왔을까? 이는 누군가가 전국을 누비고 다니는 김대하가 계룡산 장물도 취급했을 것이라는 추측성 밀고로 이 형사로 하여금 실적 올려주기 위해서였을 것이라고 짐작되었다. 아니면 용돈이라도 몇 푼 뜯으려고 한 짓인지도 모를 일이지만 말이다. 그땐 그런 일이 예사롭게 일어났던 시절이었으니까 말이다.

몇 달이 지나 충무로에 가 보았어도 아무도 나를 잡겠다는 사람은 없었고, 그 사건에 연루되었던 사람들은 대부분 무혐의 아니면 벌금이나 집행유예로 풀려나온 후였었다. 이렇게 사건은 용두사미가 되어 시장은 다시 평온을 되찾게 되었다.

이로부터 수십 년이 지난 이런저런 도자기에 관한 서적을 뒤적거려보아도 구 공주군 학봉리에서 번조된 계룡산이 어떤 연유로 한참 떨어진 해안 지방인 서천 지방 어느 야산에 형성된 집단 무덤에서 발굴되었는지 불가사의한 일이었다. 그 후 도굴꾼에게 직접 들은 이야기지만, 그때 많은 무덤 중에 계룡산외 다른 도자기는 발굴되지 않았다고 하였다.

세월이 한참 지난 1980년대 후반에 긴가민가하여 확실히 장담

할 수는 없지마는 오사카(大阪) 시립 동양 도자미술관에서 그때 충무로에서 보았던 새우를 물고 있는 물고기 그림의 장군 병을 보았다,

만약 내가 보았던 그 작품이라면 그렇게 시끄럽고 요란한 사건 와중에서도 명품 한 점이 용케도 빠져나와 어느새 외국으로 흘러간 것 같았다. 비단 이 한 점뿐이었겠느냐마는.

필리핀의 국제 게으름뱅이 그룹과 화란인 요트에서의 해저유물 감정

필자가 이 글을 쓰게 된 동기는 언젠가 TV 메인 뉴스에서 필리핀 근해를 누비고 다니며 침몰한 고대 중국의 도자기 무역선들을 탐사하는 장면이 소개되고 있었는데, 그 지휘자는 필자가 잘 아는 얼굴이었다. '황 사장' 이라는 이 사람은 한때 서울에서 고미술 상도 하였고, 또 건축업에도 손을 댄 사람으로 그동안 소식이 묘연했었는데 어느새 필리핀에서 해양탐사 사업을 벌이고 있었던 것이다.

'황 사장' 은 필리핀에서 돌아와 중국 고도자기 연구소를 운영하는 한편, 조선조 달 항아리를 잘 그려 지금은 직업이 모호한 기인으로 소일하고 있었다.

그 뉴스를 보는 순간 필자가 무역한답시고 이 나라 저 나라를 찔룩거리고 돌아다니며 금쪽같은 시간만 허비한 기억이 되살아난다.

77년 내 딴엔 평생 기업이랍시고 사돈의 팔촌 돈까지 몽땅 털어 넣은 제당공장이 부도를 맞아 회사고 집이고 풍비박산이 난 뒤, 몇 년 동안 무기력한 세월을 보내고 있었을 때 대구에서 주방기구를 생산하던 후배의 배려로 오퍼상을 설립하고 동남아 일대로 국제 세일즈맨으로 나서게 되었다.

국제 세일즈맨이라니까 유창한 영어 실력에 폼 나게 세계를 주름잡고 다니는 광고 선전물에 나오는 모델 같은 그림을 상상 하겠지만, 천만의 말씀이다. 이와는 정 반대의 중학교 일 학년 정도의 영어 실력에 너절한 작업복 차림의 축 늘어진 몰골로 태산만큼의 샘플을 휴대하고 가까운 나라부터 팔 개국을 순방하게 되었다(현지에 도착하면 물론 깔끔한 차림으로 변하지만).

처음 해보는 일이라서 일단은 일본 오사카에 있는 「山本 商事」라는 전자부품 오퍼상을 경영하고 있던 야마모토 사장을 만나 자문을 받고 떠나기로 하고 우선 오사카로 날아갔다.

이 야마모토 사장과는 이런저런 작은 거래가 좀 있었던 터라 나와는 별 허물없이 지내던 사이었다. 당시 우리나라 주방 제품은 「소니」나 「내셔널」 등 세계적인 대기업에서 출시되고 있던 주방기구와 경쟁 그 자체가 무의미한 처지라, 감히 일본 시장을 넘볼 수는 없으므로 후진국을 겨냥해야 했다. 그래서 야마모토 상사와 거래하고 있던 동남아 여러 나라의 몇몇 상사들을 소개받아 그때부터 용감하게 동남아 시장 개척을 위하여 힘찬 출발을 하게 되었지만, 이름 없는 중소기업체에서 생산된 「메이드 인 코리아」를 환영하던 나라는 거의 없었다.

이때만 하여도 일본을 여행하던 한국인 단체 관광객들의 휴대품 중에는 코끼리 표 전기밥통 하나씩은 다 가지고 들어오고 있을 때였다. 사정이 이러했으니 장사가 제대로 될 턱이 없었다.

일본에서 홍콩 경유 동남아 여기저기 몇몇 나라들을 방문하여 떠벌려 보았지만, 아무도 관심을 보이는 사람이 없었다. 처진 어깨가 더 쳐져서 아주 녹초가 되어 오사카를 떠난 지 20일 만에 다시 홍콩으로 돌아왔다. 여기에서 한국으로 돌아갈까 생각하다가 필리핀행 비행기를 타기로 했다. 야마모토로부터 필리핀 마닐라에 있는 별로 할 일 없는 미스터 박이라는 한국인 한 사람을 소개받았는데, 이 사람을 통해 여기저기 알아보면 혹시 작은 무엇이라도 이루어질지 모른다 하여 지푸라기 같은 희망을 걸고 다행히 홍콩에서 통화가 이루어졌고 미팅 일정까지 잡아두었기 때문이었다.

공항에 마중 나와 있던 미스터 박의 안내로 마닐라 다운타운의 고급 호텔을 피해 마닐라 변두리의 위성도시 격인 「매트로 시티」에 있는 「싼다우나 호텔」이라는 자그마한 비즈니스호텔에 묵기로 하였다.

필자가 길게 서론을 늘어놓는 것은 단순한 여행기를 쓰기 위해서가 아니다. 이 호텔에는 로비 한 가운데 똬리처럼 부채꼴 테이블을 원형으로 연결해놓은 라운지가 있는데, 오후 5시가 되면 백인, 흑인 폴리네시아인, 아시아인 등, 형형색색의 인종으로 구성된 '터프 가이' 들이 하나 둘 모여들어 밤이 새도록 맥주를 마시며 환담을 나누다가 새벽 3시가 되면 슬그머니 사라졌다가, 오후 5시가 되면 어김없이 어제 그 멤버들이 모여들어 어제와 똑같이 밤이 새도록 마시다가, 오전 3시경이 되면 헤어지는 아무런 일도 하기 싫어하는 천하의 게으름뱅이들의 이 이상한 행동들이 일 년 365일 단 하루도 빠지지 않고 계속된다고 했다. 싱글이어야만 가입이 된다는 조건이었기 때문에 가족이 있는 미스터 박은 멤버가 되지 못하였단다. 설명을 듣고 난 내가 이 모임의 이름을 「국제 게으름뱅이 그룹」이라고 이름을 붙여 불러보니 미스터 박이 딱 맞는 이름이란다.

이 「국제 게으름뱅이 그룹」이 마시는 맥주 값은 근사한 요트를 가지고 해저유물 인양을 취미로 하는 화란 인이 술값의 반을 부담하고, 나머지 반은 호주의 큰 목장주로서 겨울이 되면 이곳 필리핀으로 피서 와서 즐기다 가는 호주 사람이 부담한다고 했다.

미스터 박으로부터 이 그룹에 대한 희한한 설명을 듣고 흥미를 느끼던 중, 멤버 중에 한국인도 있다고 했다. 도착 삼일 째 되던 날 오후, 닉네임 '홍콩 김' 이라는 한국 사람을 소개받으면서 옵서버 자격으로 한 자리 비집고 앉게 되었다.

이야기의 내용을 이해하기 위하여 '홍콩 김' 의 정체를 알아두어야 할 필요가 있다. '홍콩 김' 은 본래 대전에서 태어나 6·25때 해군에 입대한 참전 용사로서 전쟁이 끝나자마자 한국을 떠나 국제 방랑자 신세가 되어, 지구의 웬만한 나라는 다 돌아다니면서 여러 종류의 사람들을 사귀면서 바람 따라 살아가다가 칠팔 년 전이 「게으름뱅이 그룹」에 정을 붙이면서 이곳에 눌러앉아 버려 단 한 번도 한국에 오지 않았다고 했다.

'홍콩 김' 은, 필리핀 사람은 물론 이곳에서 사업을 하고 있던 외국인들도 꽤 많이 아는 듯하였다.

홍콩 김의 소개로 메이드 인 코리아 가전제품도 소량이나마 수출 계약도 한 건 성사하였지만, 이 보다 더 흥미로운 일은 내가 도자기 전문 딜러라는 것을 알게 된 그가, 화란인 요트 주인에게 소개해주니 그 화란 사람이 다음날 자기 요트로 나를 초대하고 싶다고 했다. 이쪽에서 먼저 방문하고 싶다고 할 참이었는데 먼저 정중한 태도로 초대해 주니 거절할 이유가 없었다.

다음날 홍콩 김과 미스터 박 그리고 나 이렇게 세 사람이 작은 보트를 타고 바다 한가운데 떠 있는 제법 큰 요트에 올라갔다. 말이 요트지 이건 완전한 아담한 별장이었다. 방도 몇 개나 되는지 알 수 없으나 제법 큼지막한 방으로 안내받아 들어가 보니, 책꽂이처럼 벽면에 고정되어 둘러져 있는 진열장에는 형태를 잘 알 수 없을 정도로 조개껍질들이 눌어붙어 있는 수천 점으로 짐작되는 도자기들이 무질서하게 쌓여 있었다.

인양 작업을 시작하여 지금까지 단 한 점도 판매한 일이 없이 이렇게 고스란히 모아 놓았다며 이건 원대 청자고, 저건 송대 청자로 생각되며, 또 저건 명대 또는 원대 청화백자로 보였지만, 혹시 청대 초기인지도 모르겠다는 등, 중국 도자기사에 관한 제법 많은 책을 읽은 것 같았다.

그러면서 이 친구는 가격을 잘 모르겠다며 이게 얼마 정도의 가치가 나가겠느냐고 물어보았다. 스스로 제작 연대를 결정지을 정도로 지식을 갖추고 있고 자신이 직접 바다에서 인양하였으니 진위 문제는 염려할 필요 없을 것이지만, 다만 이 방대한 수집품의 환금 가치가 어느 정도일까 가 궁금하기 때문에 나를 초대한 것으로 보였다.

본래 중국은 황실 전용인 어용자기와 일반 민요로 구별하여 번조하였고, 특히 수출품은 일반 민요에서 대량 생산한 도자기로 관요에서 번조된 어용자기는 외국 수출이 금지되어 있으므로 여기에 있는 수천 점의 인양 유물이 거의 대부분이 민요에서 번조된, 이른바 무역도자기(Export Ceramic)일 것으로 짐작되며 무역도자기의 국제 시가는 상상 이외로 가격 형성이 낮게 평가된다.

참고로 일본의 미술 시장에서는 도자기의 가치 평가 중, 재화가치(財貨價値)의 기준은 좀 엉뚱한 점이 있다. 미적 가치나 역사적 가치, 민속학적 가치, 나아가서 골동적 감상 가치 등은 그것이 출토품이든 인양 품이든 전세품이든 영향을 미치지 않지만, 같은 조건에서의 재화가치를 평가하는 기준은, 첫째 전세품을 제일 윗자리로 치고 다음은 매장품이고 바다에서 인양된 도자기를 가장 아랫자리로 취급받으므로 지금 내 앞에 쌓여 있는 엄청난 수량의 유물들 가격은 이 사람이 생각하는 것보다 훨씬 밑자리로 내려가게 되리라 생각되지만, 필자가 이를 구매할 생각이 없는 한 이 사람의 희망마저 빼앗을 필요까지 없었다.

"글쎄 너무나 많은 양이라서 얼마의 가격이 되겠느냐는 금방 계산하기 어렵겠지만 어림잡아 천만 불은 넘지 않겠나?"라고 홍콩 김에게 통역시켰었다.

내 답을 듣던 화란 인은 '이 방대한 물량이 겨우 천만 달러 정도밖에 되지 않는다고?' 하는 눈치였지만 아무 상관없는 홍콩 김은 눈을 크게 떠 놀라며 혼자 신이 났었다. 혹시 그 양반 평생 마셔야 할 술값을 계산하였는지 모를 일이다.

잠깐 시간 간격을 두고 나서 화란 인이 커피 잔을 천천히 내려놓으면서,

"미스터 김, 혹시 당신이 원한다면 몇 점 양보할 의향이 있으니 선택해 보세요."

"글쎄, 물건은 좋은 것 같지만, 지금으로는 소지한 돈도 없으므로 다음 기회에 봅시다."

하고 웃으며 미안하다는 몸짓을 보냈다.

그런데 이것이 문제였다. 내 대답에서 내가 양도받고 싶지만, 지금은 돈이 없으므로 다음에 사겠다는 뜻으로 받아들인 것 같았다. 통역이 잘못되었는지 아니면 이 사람이 내 말을 잘못 이해하였는지는 알 수 없으나, 이 친구 갑자기 적극적으로 나왔다.

"지금 돈이 없으면 한국에 돌아가서 송금해 주어도 좋습니다."

히야, 이것 참 귀찮게 되어버렸구나 싶어서 홍콩 김에게 도움을 청하는 몸짓을 보냈더니 이 친구는 한 술을 더 떨었다.

"김 선생, 장사 될 만한 물건이 있으면 이 기회에 가지고 가고 도착 후 바로 송금해주면 된다는데, 이참에 장사 한번 크게 해 보시지요."

눈치가 없는지 아니면 내가 정말 물건은 탐이 나지만, 지금 당장 돈이 없어 그러고 있는지 하고 생각하는지는 알 수는 없었으나 답답한 사람이었다.

서양 사람들은 몇 번 권하다가 사양하면 금방 포기한다는데 이

화란 사람은 그렇지가 않은가 보았다. 이렇게 서로 무안한 말 몇 번을 주고받고 한 뒤 호텔로 돌아왔다.

그날 밤 호텔 로비에 모인 게으름뱅이 그룹 모임에서 요트 주인은 또 그 이야기를 꺼냈다. 그리고 나는 또 얼버무리고 피곤하다는 핑계로 일찍 방으로 올라 와버렸다.

그러나 문제는 여기서 끝난 게 아니었다. 필리핀이 스페인의 식민지이었을 때 기독교 유물들이 제법 남아 있었고, 이 유물들을 반입하여 경비 일부를 충당하기도 하였다. 이런 일이 있고서 나는 매년 필리핀을 방문하게 되었고, 홍콩 김과 미스터 박을 만나려고 「산다우나 호텔」 '국제 게으름뱅이 그룹' 의 옵서버로 자리 하나 채우는 재미도 있었다. 이보다 기독교 유물들을 수집하여 짭짤한 재미도 볼 수 있었기 때문에 자주 오게 되었고, 올 때마다 이 화란 친구의 인양 도자기 판매 작전 때문에 힘든 시간도 보내게 되었다.

몇 번 이렇게 신경전을 주고받다가 결국에는 골동 구매 이야기가 우리들의 인사말이 되어버렸을 정도였다.

아직 내가 붙여준 「국제 게으름뱅이 그룹」이 존속되고 있는지 아니면 모두 다른 세상으로 갔는지 또한 마닐라 연안의 화란인 친구의 요트는 아직도 바다에 떠 있는지, 그리고 그 많은 유물은 어떻게 되었는지 궁금하기만 하다.

세계 청년 학생 축전을 위하여 희생된 조선백자

1988년은 단군 이후 처음으로 이 땅에서 세계인의 축전인 올림픽이 열렸던 해였다. 당시 대한체육회 회장(1982~84)을 맡고 있었던 고 정주영 현대그룹 회장과 부회장이었던 김운용 박사(유치 결정 뒤 86년에 IOC 위원에 선임되었음)를 중심으로 한 올림픽 유치단의 체계적이고 효과적인 맹활약으로 1988년 하계 올림픽은 서울에서 개최하게 되었다.

유치단이 올림픽을 서울로 유치하기 위하여 활발하게 로비하고 있었을 때, 이런저런 방법으로 방해만 하던 북한에서는 서울 개최가 확정되자, 이제 와서 국제 IOC에 남북한 공동개최를 요구하고 나섰고, 한국 정부는 이를 거절하고 단독 개최하게 되었다(당시 국제 올림픽위원회 사마란치 회장의 언론 인터뷰에 의함).

공동개최를 거절당한 북한은 대신 세계 청년 학생 축전을 88년 올림픽 다음 해인 89년도에 평양에서 열게 되어, 그 준비를 위하여 북한 주민들의 노력 동원령이 내려짐과 동시 자금 조달의 목적으로 주민들이 보유하고 있던 오래된 도자기를 비롯한 골동품 징발령이 시행되었다. 물론 어느 정도 대가를 지급하였는지 어떤지는 알 수 없었지만, 만약 대가를 지급하였다 해도 북한의 사회 체제상 아주 미미한 수준이었을 것으로 짐작된다.

1979년 이른바 삼 김 시대(김영삼, 김대중, 김종필)가 열리려는 서울의 봄을 얼어붙게 한 12 · 12 쿠데타로 집권한 신군부는 민심 회유의 목적으로 야간 통행금지 해제와 외국여행 자유화 조치로 민심을 되돌리려 했었다. 독재에 맞서 투쟁하던 민주 투사들을 제외한 일반 보통국민은 통행금지 해제로 부분적이나마 자유를 느낄 수 있었고, 여행 자유화로 너도나도 외국을 나갈 수 있게 되었다. 그 중 바로 이웃인 일본은 가장 가기 쉬운 곳이었고, 또 매력 있는 곳이기도 하였다. 당시 웬만한 집에는 코끼리 표 전기밥통 하나쯤은 갖추고 싶어 할 때였고, 도쿄의 '아끼야 바라' 나 오사카의 '닙뽄바시' 등지의 전자상가에는 한국 여행객들을 호객하는 한글 안내문이 나붙기까지 하였다. 이것이 당시 일본 전자상가의 풍속도였다.

한국인 단체 관광객이 떠날 때의 호텔 로비 한쪽 구석에 그물망에 덮여 보관되어 있던 짐들 속에는 많은 수의 코끼리 표 전기밥통들이 섞여 있을 정도였다. 이러한 현상이 당시 일본으로 관광여행하던 한국 부인들의 여행 풍속도였다면 일본으로 여행하던 골동 상인들은 전자상가가 아닌 일본 전국에 흩어져 있던 골동 상가들을 누비고 다녔다.

70년대 후반부에 접어들면서 고도성장을 하던 한국 경제에 보릿고개라는 단어는 이제 사전에서나 볼 수 있을 정도가 되어버렸고, 경제적으로 형편이 좋아진 사람들은 고미술품 수집으로 눈을 돌리게 되었다.

고미술품은 하루가 다르게 가격이 오르내리고 있었을 때, 강남의 이른바 복부인들이 골동품 투기 세력으로 등장하게 되어 하루가 다르게 고미술품 시세가 뜀박질하게 되었다. 이때 기자들은 '골부인' 이라는 신조어를 만들어 내었다.

이러다 보니 수요와 공급의 균형이 무너지게 되어 공급이 수요를 따르지 못하게 되니 일본이 한국과 비교하면 두 배 이상 비쌌던 시장이 80년대로 접어들면서 오히려 한국 시장이 비싼 값으로 거래되었다.

시장이 이렇게 되니 장사꾼 중 눈 달리고 입 가진 자들은 너도나도 일본행 비행기를 타게 되었다. 한국 상인들이 얼마나 일본 전역을 누비고 다니며 한국 골동품 내놓으라고 성가시게 굴었던지 심지어는 도쿄 록본기(六本木)의 어느 고미술 상점문 앞에 「한국인 출입 금지」라고 써 붙여놓을 정도였다고 한다.

이는 오사카에 살던 필자의 친구인 야마모토(山本)의 증언이었다. 또 "앞집 강아지나 뒷집 고양이까지 온다."라고 표현하기까지 하였다. 이런 지나친 표현을 하던 그 친구가 매우 불쾌하게 생각되었다. 비속한 비유법이기는 하지만은 호텔 로비나 골동 상점 주인들의 언동 등으로 미루어 보아 나올 법한 표현들이었다.

필자 또한 이들 고양이나 강아지들에 포함되어 있었다. 80년대 중반에는 위의 야마모도(山本)씨가 경영했던,(전자부품 외국수출을 전문으로 했던) '야마모도 상사 주식회사(山本商事 株式會社)'의 한국 대리점으로서 기타 여러 아이템으로 오퍼상을 하고 있을 때였고, 이런 사업상 일본으로 출장을 다니면서 염불보다 잿밥에 마음이 더 가 있었으니 말이다.

이렇게 몇 년을 일본을 들락거리던 중 88년 올림픽 개회식을 며칠 앞둔 여름날 일본으로 갔었다. 여기 서울에 있다고 해도 어차피 개회식은 참관하지도 못하고 텔레비전이나 보고 있을 처지이니 TV를 보려면 한국에서 보나 외국에서 보나 마찬가지일 테니 말이다.

오사카 거래 회사에 잠깐 들렀다가 골동 가게가 모여 있는 '오이마쯔죠(老松町)'로 가서 이 가게 저 가게를 기웃거리고 다니던 중 대구에 가게를 가진 안목도 그리 높지 않고 자금도 별로 넉넉지 못한 김이라는 골동쟁이를 만났다.

"아이쿠! 이게 누구십니까, 김 사장님 아니십니까! 한국에서는 만나기 어려운 분을 이곳에서 이렇게 뵙게 될 줄 몰랐습니다."

이 정도로 반갑게 맞아줄 사이도 아닌데 이날따라 무척 반갑게 대했다.

"아, 예 반갑습니다. 그래 언제 왔습니까?"

내가 마지못해 인사를 나눴다.

"마침 참 잘 만났습니다. 어디 커피숍에라도 갑시다. 좋은 일이 있으니 말입니다." 이 친구 본래 말을 속에 담아놓고 참지 못하는

성미였다. 커피 잔을 앞에 놓고 마시기도 전에,

"저기 말입니다. 한 건 했는데, 나는 자금이 모자라니 김 사장님이 사시고, 내게 커미션 20%만 주세요."

"아니 이 양반아! 대체 뭔데 이 야단이요? 밑도 끝도 없이 무슨 말이오!"

"뱃넘이 이북 골동품 가지고 있는데 백자하고 또 상당히 많은 숫잔데 그거 한탕 합시다."

이 사람과 대화하게 되면 숨 쉴 틈도 없이 따발총처럼 말을 뱉어냄으로 두 번 세 번 다시 물어보아야 한다.

"이봐요 김 선생, 말을 좀 알아듣게 찬찬히 해 보세요. 누가 무슨 골동품을 어디서 뭘 가지고 왔다는 것이요?"

이 사람 말을 종합하여 정리해 보니 대략 이러했다. 내년 89년에 열릴 세계 청년 학생 축전을 위하여 지금 평양에서는 많은 사람이 노력 동원되어 대회장 공사가 한창이며 이에 따른 경비 조달을 위하여 북한 민가에 소장되어 있던 골동품들을 반강제로 거둬들이고 있는데 그 중 상당량의 조선 시대 청화백자들을 일본과 변칙 거래되고 있었다.

즉 조선 시대 도자기들을 잔뜩 실은 북한 배는 동해상에서 일본 어선들과 접선하여 냉장고나 전기밥통, TV수상기 등과 같은 가전제품들과 물물교환하는 방법으로 수천 점의 도자기가 일본 전역으로 흩어지고 있었는데, 그 중 오십여 점을 가지고 있는 사람과 연락이 닿고 있으며 원한다면 자기가 거래를 성사시켜주겠다는 것이었다. 내가 마다할 이유가 없었다.

"좋소. 지금 당장 합시다."

"현찰이 아니면 안 되는데 그 정도 현금이 당장 준비가 되겠습니까?"

이렇게 말하는 것도 무리는 아니었다. 그 당시 여행자들에게 환전할 수 있는 외화는 미화 2,000$밖에 되지 않았고 50여 점의 조선 시대 도자기라면 평균 쳐서 점당 1,000$씩 쳐도 50,000$는 있어야 하니 말이었다.

"아시다시피 한국에서 그 많은 돈을 어떻게 가지고 옵니까? 그러나 일본에 있는 친구들로부터 그 정도 돈은 빌릴 수 있으니 돈 걱정일랑 접으시오!"

내가 실없는 소리는 하지 않는다는 것을 잘 아는 친구다.

그를 따라 오사카에서 좀 떨어진 고배(神戸)의 어느 허름한 집으로 안내되었다. 일본식 좁은 방 안에는 크고 작은 청화백자가 잔뜩 나열되어 있었고, 그 대부분이 구름 용무늬와 모란 무늬 및 구름 봉황무늬의 항아리와 병들로 대개 19세기 후기에 번조된 작품들이었다. 한 점 한 점 살펴보았더니 반 이상은 작은 흠집은 있으나 거의 완벽한 편이었고, 나머지 반은 몸통에 금이 나 있던지 또는 주둥이가 다소 파손된 작품들이었다.

원래 본업이 골동 상인이었지만, 당시는 오퍼상에 더 관심을 가지고 왔다 갔다 하던 내게까지 이 정도의 물량이 나타날 정도면 이미 상당량이 일본 또는 한국 시장으로 흩어져 있었을 것은 자명한 일이었다.

소개하던 김을 잠깐 밖으로 불러내어,

▲ 백자 청화 구름 용무늬 병

▲ 백자 청화 구름 용무늬 항아리

"이봐 물건이 생각보다 너무 험하니 당신 커미션 20%는 무리고, 10%로 합시다. 그렇지 않으면 흥정하기 전에 여기서 그만두고 돌아가겠습니다."

"알았습니다. 그렇게 합시다."

뱃사람같이 보이는 일본 사람과 밀고 당기고 하면서 전부 20,000$에 해당하는 일본 엔화를 지급하기로 하고, 계약금 조로 얼만가를 지급하고 그날로 고배 어느 호텔 지배인으로 일하던 친구로부터 빌린 돈으로 물건값을 완불하고 돈을 융통한 호텔로 모두 옮겼다.

이렇게 땀을 뻘뻘 흘리며 일을 끝내고 나니 벌써 어둠이 깔리기 시작했다. 일본인 뱃사람이,

"선생, 거래가 성사되었으니 오늘 내가 저녁을 사겠으니 따라오세요."

했다. 가까운 곳으로 자리를 잡고 몇 순배 술이 돌고 나니 이 양

▲ 백자 청화 구름 용무늬 항아리

▲ 백자 청화 모란무늬 단지

반 그 물건이 일본에 흘러들어온 경로를 자랑삼아 떠벌렸다. 즉 동해상에서 물물교환하였고 잘은 모르긴 하지만 이러한 거래가 몇 달 전부터 일어나고 있었으며, 아마 수천 점이 일본으로 건너왔을 것이고, 그 중 상당량이 이미 한국으로도 건너갔을 것이라고 했다.

이렇게 수집된 도자기들을 국내로 반입하던 중 몇 점은 운반 부주의로 파손되었고 나머지 수십 점을 국내 고미술 상가에 풀려고 하니, 어느 정도 예상은 했지만 이미 상당량이 인사동과 답십리 쪽은 물론 전국 대도시 고미술 상가에 뿌려져 있었다.

시장에 공급 물량이 넘쳐나면 가격은 하락하게 되는 것이 시장원리다. 이전과 비교하면 약 30% 정도 하락한 값으로 이 사람 저 사람에게 나누어 줘버렸다. 왜냐하면, 알고 보니 내가 막차를 탄 것 같아 지금이라도 빨리 처분하지 않으면 본전도 못 찾을 것 같았기 때문이었다.

요즘도 경매장이나 일반 매장에 진열된 청화백자 구름 용무늬나 구름 봉황무늬 항아리 등을 보면 저 물건이 혹시 그때 그 물건들이 아닌가 하는 생각들이 들기도 한다.

방콕 짜뚜짝 주말 시장의 유리구슬

1980년대 중반에 무역을 한답시고 더운 동남아 지역을 순방하면서 국제 세일즈맨의 체면을 유지하기 위하여 하얀 적삼에 색동 목댕기를 펄럭이며 A급 호텔에 묵으면서 꼴값을 떨고 다닐 때 홍콩과 방콕은 특히 자주 들락거렸다.

홍콩은 중국 골동에 대해서 배우고 싶은 욕망과 올챙이 무역상의 적자를 메우기 위한 경비 조달처로 활용되던 할리우드 로더라는 홍콩의 인사동이 있었기 때문이며, 방콕 역시 경비 조달처로 활용되던 '짜뚜짝' 이라는 주말 시장이 있기 때문이었다.

당시만 해도 우리에게는 중국이 개방되기 전이였으니, 중국 골동을 구경하려면 홍콩 할리우드 거리로 가야 했다. 거기에서 눈에 찍히는 한두 점을 사오면 비행기 삯이라도 건질 수가 있었다,

그리고 방콕의 '짜뚜짝' 시장은 태국의 가정이나 산하에 존재

하던 모든 물건, 즉 똥 덩어리부터 금 덩어리까지 없는 것이 없는 시장이기 때문에 주말을 잘 맞추어 이곳에 가면 신라 시대 고분에서 출토되었던 장식품인 유리구슬과 같은 것들이 상당히 많이 판매되고 있었고, 이 구슬들을 사서 한국 골동 시장으로 운반하면 어느 정도 경비는 충당되었다. 문제는 너무 많은 양의 구슬을 가지고 비행기에 탑승할 수 없어서 몇 줄의 목걸이 정도의 적당량을 짐 속에 넣어 올 수 있었다. 지나치게 많으면 공항 검사대에 적발되어 시끄러워지기 때문이었다. 아마 발굴 문화재로 간주하는 듯하였지만, 적당량 정도는 여행자들의 장식용 기념품으로 취급되는 듯하였다.

이 '짜뚜짝' 시장의 유리구슬이 골동 계에 알려지면서 서울은 물론이고 각 지방 골동품 가게마다 유리구슬들이 진열되어 있었다. 문제는 신라 시대 유리구슬과 방콕의 유리구슬이 거의 구별할 수 없을 정도라는 것이었다. 다만, 신라 시대 구슬은 알이 좀 굵은 편이지만 방콕의 구슬은 대부분 알이 좀 작은 편이었다.

그러나 신라 유리구슬도 작은 알의 유리알들도 상당히 많이 출토되었으므로 크기로 구분한다는 것은 매우 어려운 일이었고, 단 필자의 안목으로는 신라 고분 출토의 유리구슬은 짙은 남색이었고, 방콕의 유리구슬은 신라 구슬보다 옅은 남색을 하고 있었던 것 같다.

그러나 필자가 전문적으로 유리구슬을 연구해보지 않았기 때문에 이 기준을 단정 지을 수는 없고 다만 상당한 기간 유물을 취급해 보았기 때문에 나름의 감에 의한 판단 기준일 뿐이었다.

이 유리구슬은 신라 시대 고분에서 출토되었다 해서 신라 제조품이 아니고 방콕에서 출토되었다 해서 태국 문화라 할 수는 없다.

한국에서 발견된 유리구슬을 포함한 유리 제품은 제조 연대를 올려 잡아도 6세기를 더 올릴 수 없지만, 필자가 방콕 시장을 이리저리 헤매고 다녔을 때 귀공자같이 생긴 어느 젊은 수집가 한 사람을 만났는데, 그의 말로는 내가 사고자 하는 유리구슬은 BC 1,500년 이전의 유물이라고 하였다.

유리구슬의 착색제는 코발트광으로 이는 고대 이집트에서 사용되었고, 순수 코발트는 십만 분의 일의 비율로도 유리를 염색시킬 수 있을 정도의 강력한 착색제로, 신라 고분에서 출토되고 있던 남색 유리구슬과 같은 색깔의 유리제품들이 이집트 신왕조 때 파라오들의 피라미드를 비롯한 귀족들의 고분들과 트로이 고분들에서 발견되고 있었고, 신라 왕릉에서 발굴된 봉황 머리 모양 유리병이나 부도탑 등에서 나타나는 사리장치기로의 작은 유리병들의 원류를 고대 이집트나 페르시아를 비롯한 서역 일대에서 제작된 이른바 로만글라스(Roman Glass)

▲ 유리 구슬(신라)

▲ 유리 구슬(방콕 짜뚜짝 주말 시장에서 구입한 위조품–2001년 구입)

에서 찾는다면 신라의 유리구슬도 해상 무역로에 의한 서역으로부터의 박재품(舶載品)이었을 가능성을 배제하지 못한다. 같은 해상 무역로의 길목에 있는 방콕이나 그 주변 지역에서 발굴되고 있는 유리구슬과 신라 유리구슬은 같은 성질의 것들이 아니었을까 하는 생각이 들기도 하였다.

이 정도로 구별이 힘든 유리구슬이었기 때문에 한국 골동 시장에 걸어두면 영락없는 신라 유리구슬로 둔갑하여 고가로 거래되곤 하였다.

시장 환경이 이러하니 너 나 없이 방콕을 여행하던 골동 상인들은 예외 없이 이 유리구슬을 들고 들어왔다. 물론 필자도 예외가 아니었다.

지금도 이때 들여왔던 유리구슬들이 신라 유리구슬들과 혼동하여 유통 또는 수장되어 있지 않을까 짐작된다.

이로부터 십수 년이 지난 새천년이 시작될 때 그때는 늙은 배낭족의 신분으로 하얀 적삼과 색동 목댕기 대신 땟국물 흐르는 작업복과 덜걱거렸던 샌들을 신고 비단 길 따라 서역과 천축국을 여행하던 중, 중간 귀착지인 여행자의 천국 방콕 카오산 로드에 진을 치고 옛 추억 더듬으며 짜뚜짝 주말 시장에 가보았더니 한 번 들어가면 찾아 나오기 어려울 정도로 미로처럼 형성된 무질서한 시장이 재정비되어 가게들이 질서 있게 줄지어 서 있었고, 모든 가게가 바둑판처럼 규격화되어 들어가고 나오기가 아주 쉽게 되어 있었다.

그런데 그 옛날 유리구슬 팔았던 골동 가게의 위치를 알 길이 없어, 이리저리 한참을 헤매던 중 마침 몇 줄의 유리구슬들이 매달려 있는 가게를 발견하게 되었다.

이렇게 오랜만에 유리구슬을 보니 반가운 마음이 앞섰다.

"이 유리구슬은 값이 얼맙니까?"

하고 물어보면 옛날 같으면 반갑게 맞아주면서 친절하게 아양을 떨었었는데 지금은 아니었다. 힐끗 한 번 쳐다보더니,

"아 그건 3,000 빠트요(약 10만 원 정도의 가치)."

그런데 아무리 봐도 이상했다. 모조품 같은 맛이 났다. 저 안쪽에 따로 걸려 있던 다른 한 줄의 유리구슬이 있었다.

"저건 얼마요?"

"그건 50,000 빠트요."

"그럼 저 앞의 것은 현대 모방품입니까?"

"아니요. 모방품이 아니고 진품입니다."

그러면 왜 값이 열 배나 차이가 나느냐고 물어보았더니, 둘 다 진짜지만 앞의 것은 색이 연하고 알이 잘기 때문이고 뒤의 것은 색도 짙고 알도 굵어서 비싸다고 했다. 입에 침도 바르지 않고 거짓말을 했다. 50,000 빠트면 당시 환율로 국내 구슬 값보다 오히려 비싼 값이었다.

밀고 당기고 흥정하여 강의용으로 활용하기 위하여 모방품 구슬 한 줄을 사고 서둘러 시장을 빠져나왔다. 옛날과 같은 순수함이나 낭만을 느낄 수 없어 마치 아끼던 무엇을 잃어버린 그런 씁쓰레한 기분과 아쉬운 마음이 들었다.

어느 시장이나 수요가 많아지는데 공급이 모자라면 값이 오르

게 됨과 동시에 수요를 충당하기 위하여 비슷한 모조품이 나타나게 된다. 이것은 위조가 나타나게 하는 동기 부여로서 위조 발생의 역사적 사실이다.

'짜뚜짝' 주말 시장은 오만 가지가 다 모여 있다는 소문이 나게 되면서 한국 여행자들의 필수 코스가 되었을 것이다. 특히 한국에서는 희소가치가 높은 유리구슬과 같이 골동 가치가 있는 물건들은 싹쓸이 우선 대상품이 되었을 것이니, 값이 오르게 됨은 극히 당연한 일이므로 위조품이 등장하게 되는 것 역시 수집의 역사이다.

북경에 가면 '판자웬' 이라는 주말 골동품 시장이 있다. 이 시장에는 거의 100%가 위조품인데도 한국 여행자들은 물어물어 이곳을 찾아간다. 그래서 현지 한국인 상인들에게 그 이유를 물어보았더니 이 사람들의 하는 말이 이곳을 로또 시장으로 알고 보물찾기하러 온다고들 했다. 100%가 위조품이라고 아무리 설명해 주어도 그래도 혹시나 하는 요행 심리가 작용하여 코끼리 줄넘기보다 더 낮은 확률의 보물찾기하러 오늘도 내일도 몰려든다는 것이었다.

100%가 가짜인 북경의 '판자웬' 에 비하면 그래도 방콕의 '짜뚜짝' 은 정말 보물찾기가 가능한 시장이다. 확률은 낮겠지만 그래도 가끔은 진품들이 나타날 가능성이 전혀 없지는 않은 곳이니까 말이다.

올챙이들의 좌충우돌

필자가 골동 업계로 진출한 지 얼마 되지 않은 올챙이 시절에 있었던 웃지 못 할 이야기 하나를 회상해 보고자 한다.

1967년도로 기억된다. 올챙이들의 지방 행상은 보통 두 명이 한 조를 이루고 다니게 되는 것이 보통이었지만, 이 조직은 한두 번 어울렸다 헤어지는 그런 장사 조직에 불과했다. 이렇게 어울려 다니는 동안은 동업 형태를 이루게 되므로 투자나 손익에 대한 책임 모두 공동 부담으로 진행되었다.

이때의 파트너는 지금은 고인이 된 탁상태(탁군으로 통하던 사람)라는 친구로 그 역시 나와 비슷한 시기에 입문한 올챙이였다. 두 사람은 각자 오만 원씩(당시 100원이 가장 큰 고액권) 전대로 묶어 배에 두르고 아침 일찍 집을 나섰다.

한 바퀴 도는 루트는 언제나 처음 마산 경유 진주 찍고, 남원 경유 정읍 찍고, 전주 종착을 가장 많이 다녔던 코스였고 거기에서 좀 더 욕심을 내면 광주 경유 영산포로 내려갔다. 전주로 돌아오는 연장코스였다. 이 루트가 부산 행상들이 가장 즐겨 다니던 루트로 전 코스를 버스에 의존하게 되었다. 때로는 광주에서 다시 보성 고흥 반도까지 왕복하기도 했다.

전주에 베이스캠프를 차리고 그 주변을 순회하는 이유는 당시 중간 중간 검문소가 있어 시도 때도 없이 버스를 정차시켜 검문을 하기 때문에, 골동품 도자기를 들고 다니다가 검문을 당하면 대단히 귀찮은 일을 당하기 십상이었다. 이곳저곳 다니면서 수집된 도자기를 전주 베이스캠프에 집화시키고서 전주 발 부산행 직행 버스 그레이하운드를 타고 12시간 이상 소요되는 긴 여행을 하게 되었던 것이다.

뒷날 매장을 가진 뒤 신 루트는 부산 출발 대구, 김천, 대전, 천안 경유 서울 종착의 열차 코스를 많이 이용하게 되었다. 이 코스는 대부분 왕복 코스로 이용되었고 가끔은 대전을 중심으로 한 부여, 공주를 둘러보기도 하였다.

골동품 판매장을 운영하려면 토기에서 청자 분청사기에서 백자 청화백자까지 두루 구색을 갖추고 있어야 하며, 조선 시대 전세유물(18~9세기 청화백자를 비롯한 조선 시대 유물들)은 서울 종로구 인사동에 모여 있었기 때문에 지방 수집가들에게 이들 조선백자를 공급하기 위하여 반드시 골동품 메카인 인사동을 찾지 않을 수 없었다.

이야기를 앞으로 되돌려보겠다. 탁 군과 나 두 사람이 두툼한 전대를 배에 두르고 아침 8시 출발 전주행 버스를 타고 마산, 진주 경유 지리산 고개고개 넘어 남원, 정읍을 거쳐 오후 6시가 좀 지난 시간에 전주에 도착하여 단골인 허름한 여인숙에 베이스캠프를 차렸다.

그날 행상에는 지나온 마산, 진주, 남원, 정읍 등지에서는 단 한 점도 사들이지 못한 최악의 여로였다. 그래서 우리는 전주, 광주 경유 영산포로 순회하여 다음날 일찍 광주로 향했다.

그러나 광주 역시 별 소득이 없어서 영산포로 발 빠르게 치고 올라갔지만, 마찬가지로 이렇다 할 실적을 올리지 못하고 빈손으로 전주 베이스캠프로 회군하였다.

두 사람 모두 축 늘어진 어깨를 하고 힘겹게 전주 시내에 흩어져 있는 이 가게 저 가게를 돌아다니다가 언제나처럼 '고려 고물상' 에 들렀다. 이 가게는 말 그대로 골동품 상점이라기보다 만물상이었다. 이 '고려 고물상' 은 우리가 이해하는 그런 잡동사니 고물상이 아니고 일정 시대부터 그 자리에서 해왔던 이런저런 잡다한 물건들을 진열해 파는 철물점과 같은 그런 만물상이었다.

"아저씨, 그동안 재미 좋았습니까?"

그때는 요즘처럼 아무나 김 사장님, 이 사장님, 하고 부르던 시절이 아녔으므로 우리는 가게 주인을 '박 씨 아저씨' 라고 불렀다.

주인 '박 씨 아저씨' 는 언제 보아도 무언가를 숨기는 듯한 어두운 얼굴을 하고 있어 누가 인사를 해도 그저 건성으로 "그리어," 하면서 눈도 마주치지 않았다. 그런 아저씨가 오늘따라 어느 때와 좀 다르게 부드러운 말로,

"어, 자네들 왔는가! 어여, 들어와!"

하고 의외로 우리를 반기면서 방안으로 들어오라고 했다. 우리는 속으로 '어! 이 양반 오늘따라 좀 이상하네?' 하고 생각하면서 서로가 고개를 갸웃거리며 방 안으로 따라 들어갔다.

"자네들에게는 좀 버거운 물건인디, 어디 한번 해 볼 텐가?"

이 버겁다는 말은 물건이 고가품이라는 의미로 너희 같은 올챙이들에게는 가격 결정 능력과 판매처 등 모두가 빈약하니 이런 고급 물건을 소화시킬 능력이 있겠느냐는 뜻으로 하는 말이었다.

이 말을 듣는 순간 자존심이 확 상했다.

"아니 얼마나 좋은 물건이기에 그러십니까? 아무리 비싸도 물건만 좋으면 지금 당장에라도 현찰 지급하겠으니 어디 한 번 보기나 합시다."

정색을 하고 덤벼보았지만, 이 양반 그래도 마시던 찻잔에서 눈도 떼지 않은 채,

"글쎄, 자네들은 아직 경험이 얕아서 좀 걱정이네만."

기분이 묘하게 상했다.

"아저씨, 우리를 그렇게 약하게 보면서 무엇 때문에 방으로 데리고 들어와서 물건 얘기를 꺼냅니까?"

그러면서 일어서서 나오려고 하였더니. 아저씨가 마시던 찻잔을 탁자 위에 내려놓으면서,

"허 이 사람들 역시 젊은 사람들이라 성질이 급하군. 그렇게 급해서야 어떻게 이 장사를 하겠나? 허 참, 그냥 앉아 있어보게!"

그러면서 벽장 안에서 종이가 여러 겹 쌓인 물건을 꺼내어 탁

자 위에 풀어 보였다.

눈이 휘둥그레졌다. 그때까지만 해도 진위 구분에 크게 자신이 없었을 때였지만 하여튼 전신이 굳어지는 것 같았다. 탁자 위에 놓여 있는 거대한 물건은 대략 25cm 정도 크기의 분청사기로서 목 부분을 남겨놓은 몸체 전부분을 깨알 크기의 백토로 인화한 발 무늬(繩簾紋)로 덮어 놓았다.[주-분청사기 인화 발 무늬(印畵 繩簾紋) 병] 이리저리 만져 보고 살펴보아도 아무런 하자도 발견되지 않은 완벽한 물건으로 보였다. 이 바닥에 발 들어 놓은 지 얼마 되지는 않았지만 이렇게 대물을 만나본 적이 아직 한 번도 없었다.

▲ 분청사기 인화 승렴무늬 병

이번 원행 길은 거의 공치는 줄 알았는데 이런 대물을 만나게 되었으니 심장이 콩닥콩닥 마음이 급해졌다.

"값은 얼마나 받으려 하십니까?"

질문이 떨어지기 무섭게

"오십만 원"

아주 짧게 한 마디 던지고 물건을 다시 포장하여 벽장에 넣어 버렸다. 오십만 원이면 지금 돈으로 환산하면 아마 일억은 넘는 가치일 것이다.

순간 기분이 확 뒤틀렸다. 이 양반이 꼭 우리를 놀리는 것만 같았다. 그러지 않고서야 사람을 방으로 불러놓고 잠깐 눈요기를 시킨 다음 엄청난 가격으로 놀라게 해 놓고 물건은 그대로 집어넣어 버렸으니 말이다.

오십만 원이면 우리 같은 올챙이 실력으로는 간이 오그라들어 도저히 살 수 없는 가격이었지만 그보다 '그러니까 너희는 아직 멀었어.' 라며 사람을 아주 얕잡아보는 것 같아 겨우 붙어 있던 얄팍한 자존심마저 상하게 하여버렸다.

언젠가 읽은 기억이 있는 『봉이 김 선달』이라는 해학소설의 내용 중 쉰 팥죽 장수 이야기가 생각났다.

어느 팥죽장수가 미쳐 다 팔지 못한 팥죽이 반 통이나 쉬어버렸다. 그래서 버리려고 하는데 그때 어느 과객이 "그 팥죽 버리려면 차라리 내게 한 푼에 파시오!" 했다.

"여보시오 이 팥죽은 쉬어서 먹지 못하는데 이걸 사서 뭘 하려고 그러시오?" 했더니,

"아따, 남이사 뭘 하던 당신들은 한 푼이라도 받으면 좋지 않소?"

딴에는 그렇다. 어차피 버리려 하던 팥죽이니 이 양반이 한 푼이라도 주겠다니 얼쑤 좋다 하고 팔면 그만이지 그걸 어디다 쓰던 내 상관할 바는 아니다.

"좋소! 그렇게 합시다."

"그런데 내가 두 푼을 더 줄 테니 당신들은 그냥 아무 말 하지 말고 내

가 시키는 대로만 하시오."

이렇게 흥정을 끝내고 김 선달이 마루에 턱 걸터앉아 빈 죽 대접이 놓인 소반을 앞에 놓고 이빨을 수시며 앉아 있는데, 마침 어느 보부상 복장을 한 두 사람이 들어서며,

"주인장 여기 팥죽 두어 그릇 내 오시오!"

"네, 그러지요. 그런데 오늘 저희 집 팥죽은 특별한 팥죽이라 값이 좀 비싼뎁쇼."

그때 김 선달 왈,

"이봐 주인장, 사람 봐 가면서 팥죽을 내어 와야지 아무에게나 그 고급 팥죽을 내어오면 쓰나? 대궐에서만 맛볼 수 있는 팥죽 맛을 저런 무지렁이들이 어찌 그 오묘한 맛을 알겠나? 에잇, 그만두게나. 이 맛을 모르는 상것들이 먹으면 혹여 배탈이 날 때도 있다는데."

손님이 듣자 하니 슬그머니 부아가 치민다. 사람을 깔보는 태도지만 상대방 행색을 보아하니 양반 같아 대들지는 못하겠고 한 번 갚아봐야겠다는 생각으로,

"이봐, 주인장. 내 언젠가 그 대궐 팥죽 먹어본 일이 있었다오. 빨리 두어 그릇 내어 오시오!"

"그런데 값이 보통 팥죽보다 비싼뎁쇼."

"흠 그래요? 한 그릇에 얼마나 하건대 그리 소란이요?"

"예, 한 그릇에 한 냥씩이외다."

보부상들이 속으로 깜짝 놀랐다. 뭐야 한 그릇에 두 푼이면 먹던 팥죽을 한 냥씩이나 달란다. 그렇지만, 어쩔 수 없다. 오늘은 팥죽 값이 문제가 아니고 저 거만한 양반 나부랭이 콧대를 꺾어야겠기에,

"내 값은 진즉에 알고 있소이다. 빨리 상이나 차려 오시구려!"

하면서 미리 두 냥을 내어놓았다. 그래도 보기에는 먹음직스러운 팥죽 두 그릇이 큰 대접에 넘칠 정도로 담겨 동치미와 함께 차려 나왔다. 첫 숟가락 한입 넣어보니 시큼한 쉰 냄새가 입맛에 영 걸렸지만, 무지렁이 상것이란 말 듣기 싫어서 꾹 참고 꾸역꾸역 반 대접 정도 먹는데 벌써 배에서 비정상적 신호가 왔다.

"주인장, 아까 고뿔기가 있는 것 같아 오늘은 입맛이 영 없어 이 귀한 음식을 그만 남겨야 할 것 같으니 이만 상을 물리시오!"

하고 일어서기 바쁘게 뒷간으로 달려갔다.

순간적으로 우리의 현재 그림이 쉰 팥죽을 사 먹은 보부상들의 영상과 겹쳐졌다. 순간 수양을 하지 못하고 인내심 약한 젊은 혈기가 폭발해 버렸다. 두 사람은 누가 먼저랄 것도 없이 그 상점을 나오자마자,

"에라이, 이 영감탱이야! 벼룩의 간이나 빼 먹어라!"

"어디 바가지 씌울 데가 없어서 우리 같은 피라미한테 바가지 씌우려 하느냐?"

"늙어도 아주 더럽게 늙어 먹었네 그려."

가게 앞에서 젊은 두 놈이 고래고래 고함을 치고 있었으니 이 양반 화가 머리 꼭대기까지 올라왔나 보았다.

"야 이 똘마니 같은 놈들아! 빨리 꺼져버려!"

하면서 물 한 바가지가 날아왔다. 별 미련도 없었다. 그 물건이 진짜인지 가짜인지도 불확실할 뿐 아니라, 올챙이들에게는 물건

값이 도무지 이해가 되지 않는. 설령 진짜라 하더라도 올챙이인 우리를 아주 얕잡아보아 몽땅 바가지 씌우려고 함이 분명하다고 판단되었기 때문에 목청 터지라 실컷 욕을 하며 돌아와 버렸다.

이렇게 장사를 망치고 이렇다 할 실적도 없이 거의 빈손으로 부산으로 돌아와 부산에서 가장 활발하게 수집하고 있던 어느 의사 선생님께 작은 물건 한 점 흥정하던 중 지나가는 이야기로 전주에서 있었던 분청사기 사건을 들려주면서 나쁜 영감탱이가 우리에게 바가지 씌우려 했는데도 당하지 않았다고 의기양양하게 자랑하고 있었는데 수집가 병원장님이 자세하게 설명하라고 해서 우리가 본대로 그림을 그리면서 설명했더니,

"지금 빨리 가서 그 물건을 사오라고 했다. 만약 물건이 진짜면 육십만 원 줄 테니 가능한 한 꼭 사오도록 해 보세요."

순간 머리가 띵해졌다. 침착하지 못하고 안목이 얕아서 큰돈을 놓치고 말았다는 자책감에 가슴을 쥐어짜게 했다.

"원장님, 그렇지만 우린 그만한 큰돈이 없는데요."

"돈은 걱정하지 않아도 됩니다. 아직 물건이 있으면 전화하세요. 내가 바로 돈을 가지고 갈 테니."

다음날 아침 일찍 전주행 그레이하운드에 올라탔지만, 전주까지 가는 12시간 동안 아무 생각도 없고 오직 '고려고물상' 박 씨 아저씨에게 어떻게 사과하며 어떻게 설득하느냐 하는 문제로 머리가 지끈거렸다. 그날 왜 그렇게 욕을 하였는지 참으로 후회막급이었다. '아이쿠, 언제 인간이 될꼬!', '벼는 익을수록 머리를 숙인다.'라는 흔해빠진 교훈을 초등학교 때부터 귀에 못이 박이도

록 들었지만 실천하기가 이렇게 어렵구나.' 이렇게 후회하며 자조하면서 전주에 도착하였지만, 그날은 이미 날이 저물었다. 다음 날 아침 양과점에 진열되어 있던 케이크 중 제일 큰놈으로 하나 잘 포장하여 찾아갔다.

눈도 제대로 바로 뜨지 못한 채 두 무릎 공손히 꿇어 머리 조아려,

"젊은 놈이 아직 수양이 약해 버릇없이 어른을 몰라 뵙고 죽을 죄를 지었으니 한 번만 용서해 주십시오."

하고 몇 번이나 몇 번이나 사과를 드렸다.

그런데 화를 내며 불호령이 떨어질 줄 알았는데 이 양반은 별 반응도 없이 그냥 물끄러미 바라보며 가엾다는 듯 싱긋이 웃고만 있었다. 순간 불안한 생각이 들었다.

"그저께는 아직 안목이 여물지 못해 명품을 알아보지 못하여 정말 죄송합니다. 아직 화가 풀리지 않으셨겠지만, 지금이라도 그 물건 저희가 사려고 합니다."

"흥! 늦었어. 이 사람들아, 어제 서울 사람들이 가지고 가버렸네!"

꿇었던 무릎에 힘이 빠지고 머리에 쥐가 내리면서 얼굴에 소름이 돋았다. 허망한 마음으로 부산으로 돌아오는 버스의 차창 밖에 스쳐 지나가는 눈에 익은 산야들이 오늘따라 참 낯설어 보였다.

'골동은 안목 싸움이다(骨董は 目の勝負なり)' 라는 일본의 속담을 절절이 가슴에 새기면서 피곤한 눈을 감아본다.